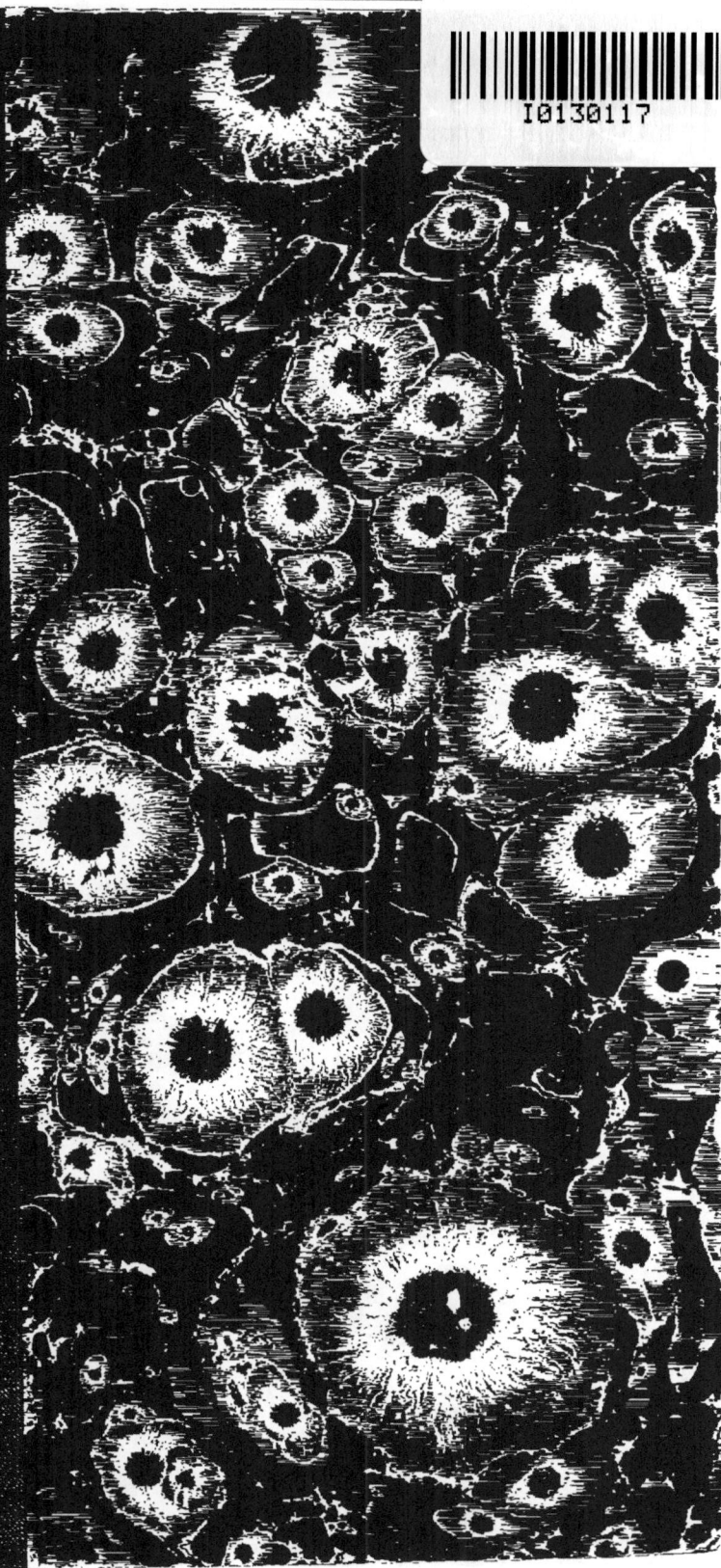

LA
POLICE
CONTEMPORAINE

TROISIÈME ET DERNIÈRE PARTIE

DES

MYSTÈRES DE LA POLICE

PARIS

LIBRAIRIE CENTRALE

24, BOULEVARD DES ITALIENS

—

1864

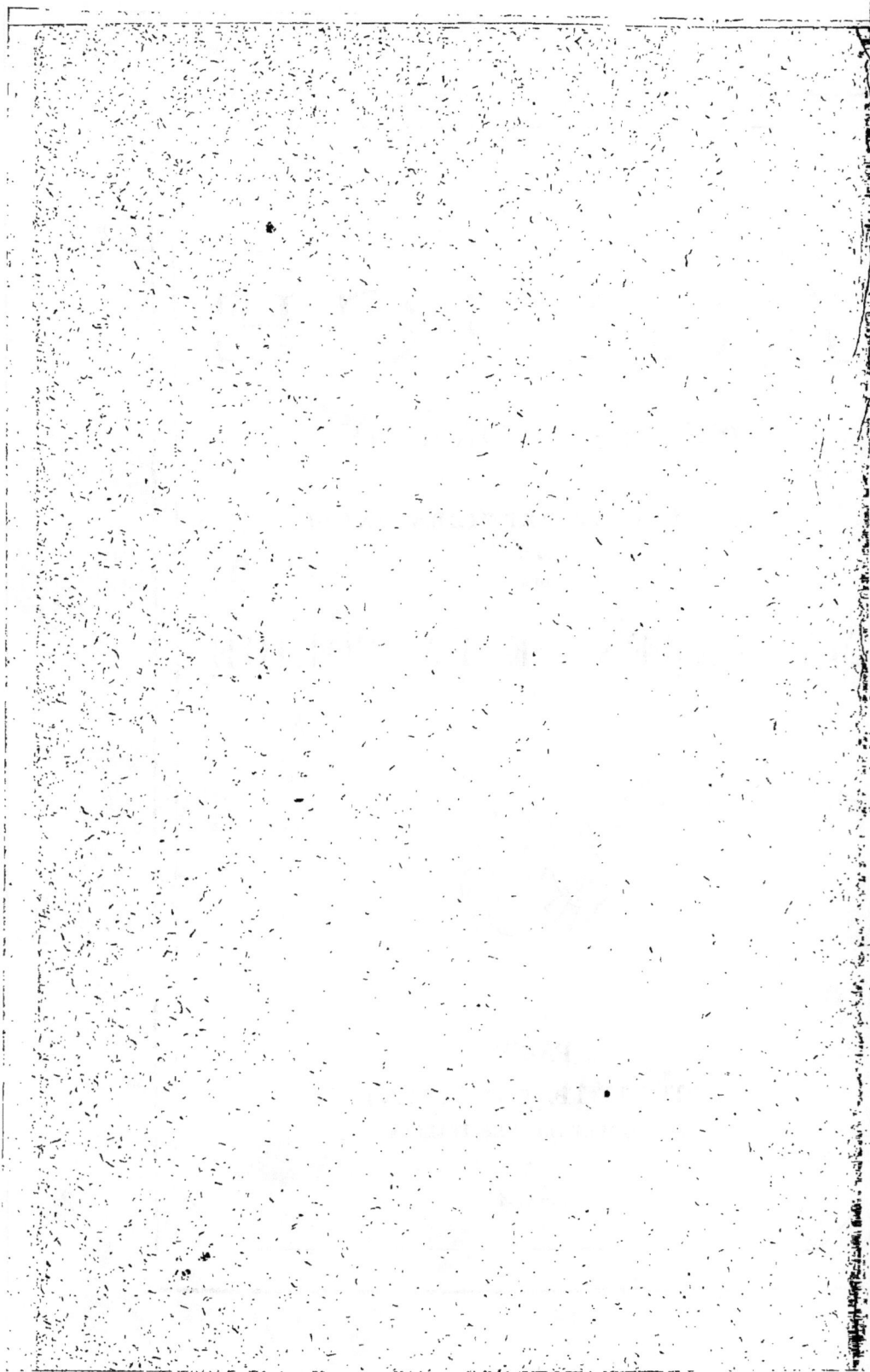

LA

POLICE CONTEMPORAINE

TROISIÈME PARTIE DES

MYSTÈRES DE LA POLICE

VERSAILLES. — IMPRIMERIE CERF, RUE DU PLESSIS, 59.

LA
POLICE CONTEMPORAINE

TROISIÈME ET DERNIÈRE PARTIE DES

MYSTÈRES DE LA POLICE

PARIS

LIBRAIRIE CENTRALE

24, BOULEVARD DES ITALIENS, 24

—

1864

LES MYSTÈRES

DE

LA POLICE

CHAPITRE I

Physiologie de la Police moderne

M. Gisquet. — Devoirs de la police. — Police municipal e.—
portance toujours croissante de la police politique. — Coup d'œil
sur la police de l'ancien régime et la police révolutionnaire. —
Comment la police serait une des conquêtes de 1789. — Réhabilitation des agents secrets. — Comment tout le monde fait de
la police. — Anecdotes. — Les remords d'un jeune pharmacien.
— Les trucs du métier. — Le joueur de bourse, les liserés verts,
le profond calculateur et le tapage nocturne. — Qu'est-ce qu'un
agent secret ? — Variétés de l'espèce. — Singulier effet produit
par la lecture de l'*Espion* de Cooper. — Rôle des femmes dans
la police. — Histoire d'une certaine baronne.— La police refaite
et jouée. — Mystification. — Un moyen renouvelé de Rabelais
de voyager aux frais de l'État. — Portrait de l'*Observateur*. —
Les devoirs des préfets de police. — Ce que Caussidière entendait par une bonne police. — La police de provocation. —
La police appréciée par Benjamin Constant.

Quelques pages des mémoires de M. Gisquet, célèbre
préfet de police sous le gouvernement de juillet, nous

paraissent offrir une physiologie complète de la police, d'autant plus curieuse qu'elle est écrite par un homme du métier, et qu'en pareille matière le cynisme a tout l'attrait de la couleur locale. Ce sera une introduction naturelle aux récits que nous allons faire :

« La police a des devoirs à remplir de deux natures distinctes.

» Le premier objet de son institution est l'administration d'une partie des intérêts de la cité. Cette branche occupe de nos jours les dix-neuf vingtièmes des employés de la Préfecture, et si le préfet de police veut y donner les soins qu'elle comporte, il ne peut y consacrer journellement moins de dix à douze heures de travail.

» Le second objet, autrefois très-accessoire, bien qu'il ne soit encore que secondaire, quant à l'emploi du temps et à la multiplicité des travaux, est devenu, depuis quarante ans, d'une importance qui le place en première ligne; c'est assez dire qu'il s'agit de matières politiques.

» Jusqu'à l'époque où Louis XIV créa les lieutenants-généraux de police, la direction de cette partie des services publics avait été confiée, d'abord aux prévôts de Paris, ensuite aux lieutenants civils et criminels qui présidaient le Châtelet. Leurs attributions ne comprenaient que la police municipale, la police judiciaire et la question des intérêts communaux (à l'exception de ceux placés entre les mains du prévôt des marchands).

» Mais, quand l'édit de 1667 eut institué une autorité spéciale pour la police, le chef de l'État comprit tout l'avantage qu'elle pouvait offrir dans une surveillance en matière politique.

» Cependant, sous une monarchie absolue, sous un roi tel que Louis XIV, dans un temps où la nation semblait avoir fait pour toujours le sacrifice de ses libertés, où il n'existait aucune faction menaçante pour la dynastie, où l'on n'eût pas même osé mettre en question les droits illimités du souverain et l'excellence de son gouvernement, les devoirs de la police, en ce qui touche la politique, étaient nécessairement fort circonscrits. Il s'agissait de suivre le fil de quelques intrigues dans les régions supérieures où des ambitieux se disputaient la faveur du prince.

» L'intérêt gouvernemental n'était pas précisément attaché à la solution de ces débats ; il importait peu au pays que tel ou tel personnage eût la direction des affaires, puisqu'ils procédaient tous d'après les mêmes errements, qu'ils étaient tous les instruments dociles de la volonté suprême.

» La mission de la police, à l'égard du gouvernement, pendant les règnes de Louis XIV et de Louis XV, se bornait donc à éclairer le roi sur les manœuvres de son entourage, sur la conduite des princes de sa famille, et trop souvent, comme au temps de M. de Sartines, on la faisait descendre jusqu'à scruter la vie privée des personnes admises à la cour, pour amuser le monarque et ses favoris par des anecdotes scandaleuses.

» Sous Louis XVI, la police se renferma dans le cercle de ses attributions municipales. D'ailleurs eût-elle été plus fortement organisée, elle ne pouvait suffire à protéger les institutions monarchiques contre le déchaînement des passions ; la séduction des idées nouvelles soulevait les masses, et rendait hostiles au pouvoir, même les hommes chargés de le défendre. Ce n'était pas là une émeute, un complot restreint à une fraction de la population, un de ces dangers que la police est en mesure de prévenir ; c'était la nation presque tout entière revendiquant ses droits, et, pour les reconquérir, brisant tous les obstacles.

» Dans l'intervalle écoulé entre la prise de la Bastille et l'établissement du Directoire, l'administration de la police, morcelée et momentanément confondue avec l'autorité communale créée par la ville de Paris, ne put avoir un mandat bien défini en matière politique, la mobilité des pouvoirs qui présidaient aux destinées de la France ne lui permettait point de suivre des règles fixes, d'adopter un plan de conduite ; le manque d'unité, l'absence d'un chef sur qui seul aurait pesé la responsabilité, ne laissait pas aux administrateurs placés dans une position secondaire, l'autorité et la force

nécessaires à la bonne direction de cette partie des
services.

» Le *comité permanent*, le *bureau municipal*, les
comités révolutionnaires, la *commission administrative*, le *bureau central*, auxquels furent successivement confiées les attributions de police, depuis la
suppression des lieutenants-généraux (15 juillet 1789),
se trouvaient dans la dépendance de la municipalité,
n'avaient que peu de rapports directs avec le gouvernement, et manquaient des fonds indispensables pour
subvenir aux dépenses secrètes. Dans cette situation, il leur était impossible de faire une *police
politique*.

» A l'avénement du Directoire, alors que l'autorité
gouvernementale se résumait dans les mains de cinq
directeurs, les administrations publiques reçurent une
impulsion uniforme; l'unité d'action avait à peu près
reparu; il en résulta plus d'ensemble, de régularité
dans la marche des pouvoirs secondaires, une division
plus intelligente, un classement plus logique des attributions.

» Alors aussi, et par cela même que ce gouvernement
avait absorbé la puissance publique subdivisée jusque-
là entre tous les membres de la Convention, il présenta
plus de prise aux partis et devint l'ennemi commun
contre qui se réunirent tous leurs efforts. Plus le nombre des hommes en qui réside l'autorité suprême est

restreint, plus ils sont exposés aux attaques des factions.

» La nécessité de surveiller les ennemis du nouveau gouvernement fit sentir le besoin de rendre à la police sa mission politique, pour la mettre en position de protéger l'ordre établi. Mais l'œuvre resta incomplète : la police fut confiée au comité central, composé de *trois* membres, ce qui reproduisait une partie des inconvénients de la subdivision antérieure. Une police ne peut rendre de grands services qu'autant qu'elle est dirigée par un seul homme; on en comprendra le motif lorsque je parlerai des agents secrets.

» Le consulat remédia définitivement à cette organisation vicieuse en créant un préfet de police; la surveillance dont il fut chargé à cette époque et pendant la durée de l'empire, en ce qui concernait les matières politiques, avait principalement pour objet la sûreté du chef de l'État. Le consulat et l'empire succédaient à une monarchie de quatorze siècles et à une république qui, même dans ses plus mauvais jours, avait eu des partisans fanatiques. Toute l'émigration et la plupart des républicains nourrissaient des sentiments de haine contre l'homme prodigieux dans lequel les uns voyaient un usurpateur du trône de saint Louis, et les autres un tyran spoliateur des droits du peuple.

» La police, sous l'empire, eut à déjouer bien des

complots, elle rendit de nombreux services à celui qui tenait alors les rênes de l'État. Non-seulement, elle devait observer les manœuvres des républicains et des royalistes, il lui fallait aussi porter un œil scrutateur sur les dispositions de quelques chefs militaires dont l'ambition et l'influence pouvaient être à redouter. Les ennemis de l'Empereur n'existaient que dans les rangs supérieurs de la population ; l'ancienne noblesse, les notabilités républicaines et les généraux autrefois compagnons d'armes de Bonaparte, ne pouvant étouffer les sentiments jaloux qu'avait fait naître son élévation. C'était donc vers les sommités sociales que la police dirigeait ses investigations. Quant à la masse du peuple, on sait qu'elle était entièrement dévouée au vainqueur des Pyramides et de Marengo.

» Sous la Restauration, la police eût été plus difficile encore, puisque l'empire avait laissé tant de regrets, tant de glorieux souvenirs, tant de profondes affections ; mais les vieux débris de nos bataillons immortels savaient se résigner au malheur et ne savaient pas conspirer. Ceci explique pourquoi, malgré l'aversion qu'inspiraient à la France les princes de la branche aînée, peu de machinations vraiment sérieuses furent ourdies contre leur domination. Le pays préparait leur chute, mais par des voies légales, par l'exercice des droits consacrés dans la Charte.

» N'oublions pas, au surplus, que cent cinquante

mille baïonnettes étrangères étaient, pendant les premières années de la Restauration, les plus redoutables
auxiliaires des Bourbons et les plus énergiques instruments de la police; n'oublions pas que la législation mettait à la disposition du pouvoir des moyens
extra-légaux pour paralyser les efforts des apôtres de
la liberté; rappelons-nous enfin qu'une censure rigoureuse, que la sévérité des tribunaux jûgeant les
délits de presse sans le concours du pays, que la violation des lettres et d'autres moyens réprouvés, ini-
tiaient les agents de la Restauration aux épanchements de la pensée la plus intime, révélaient les opinions, les projets qui lui étaient contraires, et lui
donnaient une force de répression capable d'intimider
ses adversaires les plus résolus.

» Mais les progrès rapides que faisaient dans le pays
les doctrines de l'opposition indépendante, inspiraient
de vives inquiétudes. La police avait donc pour objet
de pénétrer et de déjouer les combinaisons des libéraux; cette tâche n'était pas facile, en raison du grand
nombre des ennemis de la Restauration, et surtout à
cause de la position honorable qu'occupaient dans le
pays les citoyens considérés comme les chefs du parti
national.

» Depuis que les grandes réformes de 89 ont permis
à tous les citoyens d'intervenir dans l'examen et la
solution des questions relatives à l'administration des

affaires du pays, et depuis que le dogme de la souveraineté nationale a été proclamé, tous les partis ont pu tour à tour s'emparer du pouvoir suprême, ou du moins chercher à s'en emparer par la violence. Le gouvernement est comme une place de guerre assiégée et menacée chaque jour d'un assaut ; il faut donc être constamment sur le qui vive, avoir l'œil toujours ouvert sur les mouvements de l'ennemi. Dans une telle position, la police est indispensable ; c'est la sentinelle qui veille sur le salut commun. Si l'on peut mettre en doute son utilité du temps de l'ancien régime, on ne saurait méconnaître la nécessité de son concours à l'époque actuelle.

» Quel que soit le pouvoir établi, il serait sans cesse exposé à des atteintes mortelles, si l'on ne veillait pas à sa conservation. Conséquemment, une bonne police est devenue l'auxiliaire obligée de tout gouvernement constitué (1), et sa mission lui impose le devoir de pénétrer, de paralyser les projets qui peuvent mettre en péril l'existence de ce pouvoir dont elle-même fait partie. . . . .

. . . .

» Je n'essaierai pas de réhabiliter la réputation des agents secrets ; l'opinion publique les frappe d'une

(1) Ainsi donc, la police serait une des conquêtes de la révolution ! sans doute une des plus précieuses ! Voyez cependant le premier chapitre de la deuxième série : *la police et les principes de* 1789 .

réprobation universelle. Je dois dire pourtant qu'il serait injuste de donner trop d'extension à cette manière de voir et de l'appliquer sans distinction à tous les individus qui fournissent des renseignements à la police. Pour ma part, j'en ai vu beaucoup qui, sans aucune vue d'intérêt personnel, et animés seulement du désir d'être utiles au pays, venaient me communiquer ce que le hasard leur avait appris. Ces révélations accidentelles m'ont été faites par des hommes infiniment honorables, et non moins indépendants par leur fortune que par leur caractère.

» Il est même des cas où des citoyens de tous les rangs me signalaient un fait grave, non-seulement dans l'intention d'éclairer le pouvoir, mais encore pour requérir en quelque mesure son concours, afin de prévenir un événement fâcheux, préjudiciable à la chose publique ou à eux-mêmes, dont ils me rendaient tacitement responsable.

» Entre cinquante exemples analogues que je pourrais citer, M. L. S. P..., quoique d'une opinion peu favorable au régime actuel, vint me prévenir que des républicains avaient projeté de faire une barricade devant sa porte, et que sa maison était désignée pour y établir un point de défense ; il voyait avec raison dans l'intention de ce plan la dévastation de sa propriété, et peut-être le massacre de sa famille. « Si les insurgés, me dit-il, formaient un poste chez moi, là troupe chargée de les débusquer peut y pénétrer par la force, et, dans un moment d'exaspération, sait-on à quels excès elle se porterait et quels malheurs j'aurais à déplorer? » Les craintes de M. L. S. P... étaient fondées ; ses indications, confirmées par mes agents, me mirent sur la voie d'un complot dont je fis arrêter les auteurs principaux. — Aura-t-on le courage de blâmer une telle dénonciation, et de prétendre que ce commerçant a perdu ses droits à l'estime de ses concitoyens pour avoir rendu un service à la police ?

» Un autre fait. Deux jeunes gens avaient loué deux chambres dans une maison du faubourg Saint-Germain, occupée par de nombreux locataires. Quelques-uns de ces derniers apprirent que les jeunes gens introduisaient une assez grande quantité de poudre dans leur local, et qu'ils y travaillaient pendant la nuit; les voisins furent épouvantés des chances d'explosion auxquelles ils étaient exposés, et demandèrent le renvoi de ces locataires imprudents; mais ceux-ci voulurent demeurer jusqu'à l'expiration du terme. Ne sachant alors comment échapper aux dangers qui les menaçaient, deux habitants de la maison révélèrent leur inquiétude au commissaire de police de leur quartier, et ce fut encore là une dénonciation qui motiva la saisie de poudre, de projectiles, d'écrits séditieux et l'arrestation de plusieurs conspirateurs.

» Le fils d'un homme fort considéré avait déjà été
compromis au sujet de machinations républicaines;
il se trouvait engagé de nouveau dans un projet de
révolte dont j'avais une connaissance imparfaite; ce
père de famille, ayant reconnu l'impuissance de ses
conseils, et redoutant pour son incorrigible fils les
suites de cette affaire, qui pouvait, si elle eût éclaté,
entraîner une condamnation infamante, vint me prier,
les larmes aux yeux, d'ordonner l'arrestation de son
fils. J'exigeai qu'il m'expliquât les motifs de cette
mesure; il me communiqua tout ce qu'il savait, ajoutant que sa demande avait pour but de soustraire son
fils aux chances de la complicité, et de l'empêcher, par
une détention préventive, de prendre part à l'exécution du complot.

» Un élève en pharmacie, se trouvant avec quelques
amis, une discussion s'engagea sur l'étendue de ses
connaissances chimiques, on eut l'adresse, en piquant
son amour-propre, de lui faire écrire une recette pour
fabriquer de la poudre. Ce chiffon de papier, auquel
on ne semblait attacher aucune importance, fut pris et
conservé par un des interlocuteurs.

» Quelques mois plus tard, le confiant élève apprit
par les feuilles publiques la saisie opérée par mes ordres d'une fabrique clandestine de poudre et de papiers qui compromettaient plusieurs personnes. Se
rappelant alors les instructions écrites de sa main, et

quelques paroles équivoques prononcées devant lui
venant confirmer ses craintes, il ne douta point qu'on
n'eût fait usage de sa recette, qu'elle ne fût au nombre des pièces saisies. Il s'attendait à être arrêté
comme complice, à perdre son emploi, et voyait dans
un tel événement tout son avenir compromis. Pour
éviter un pareil dénouement, pour justifier sa conduite, il vint me raconter tout ce qui s'était passé, et
me donna, sans le vouloir, des indications qui m'a-
menèrent à découvrir une autre fabrique de poudre.

» Le résultat curieux de cette démarche, c'est que le
jeune pharmacien était absolument étranger à la fabrique déjà découverte, et qu'en voulant s'excuser
d'en être le complice, il me révéla par le fait une fa-
brication beaucoup plus importante, laquelle, cette
fois, était réellement organisée par sa faute involontaire.

» Je pourrais multiplier à l'infini des citations de
même espèce ; il en résulterait la preuve que, dans
une foule de cas, les révélateurs ne méritent pas les
épithètes flétrissantes dont on les gratifie ; mais les
exemples qui précèdent me paraissent suffire, et je
passe à un autre ordre de révélateurs.

» Mille moyens différents servent à mettre un préfet
de police sur la voie des trames ourdies par les ennemis de l'ordre, et souvent, dans le monde, une simple
conversation, une remarque faite par une personne

qui n'en connaît pas toute la portée, fournissent de précieuses lumières.

» L'on pourrait dire avec raison que tout le monde fait de la police, comme M. Jourdain faisait de la prose, sans y penser.

» Quels que soient le rang et la réserve habituelle des personnes, elles peuvent laisser échapper un mot qui met sur la voie d'une intrigue secrète.

» Mon intention n'est pas de donner aux choses une importance qu'elles n'ont point, mais je ne puis m'empêcher d'exprimer cette vérité, c'est que la police a moins d'agents à ses ordres qu'elle n'en trouve de bénévoles dans toutes les classes de la société. Les indiscrétions inaperçues, les propos en l'air, qui passent dans la rapidité de la conversation, sont des sources fécondes pour la police.

» Ainsi, quoi de plus ordinaire que d'entendre dans un salon, au milieu d'un torrent de paroles échangées dans divers groupes, une foule de riens du genre de ceux que je vais citer :

« Le gros Allemand joue d'un bonheur insolent à la bourse, dit un agent de change à des capitalistes rangés autour de lui. Il avait vendu fin courant une forte somme de rentes; vous savez que la dernière émeute a occasionné une baisse de deux francs, et il a réalisé, le jour même, un bénéfice de deux cent mille francs. »

» Là, c'est une vieille baronne qui s'écrie : « Vos jeunes gens sont fous avec leurs modes! Hier j'ai vu Saint-Mesmin chez ma belle-sœur, il portait un gilet aurore avec trois liserés verts! Comment concevoir l'assortiment de ces couleurs? Eh bien! dans la soirée, j'ai eu occasion de remarquer plusieurs élégants affublés de gilets semblables; le ridicule peut-il aller plus loin? »

» Dans cet angle du salon, un étourdi se pavane au milieu d'un essaim de jolies femmes. L'une d'elles lui demande pourquoi son ami ne l'a pas accompagné. — « Qui? réplique le fashionable d'un ton badin, d'Avricourt? Ne m'en parlez pas! j'ai voulu le prendre ce matin pour aller au bain; je l'ai trouvé enfoncé dans les calculs, griffonnant une large page de chiffres. Ce sont des comptes de famille qu'il doit régler au plus vite, m'a-t-il dit. Tous mes efforts pour le détourner de son grimoire ont été inutiles; impossible de l'en arracher! »

» Enfin, à deux pas, c'est une belle dame qui raconte la cause de ses insomnies : « Mon cher ami, dit-elle à un homme grave, vous qui avez du crédit en haut lieu, débarrassez-moi, je vous prie, de ces importuns voisins, qui font je ne sais quel bruit, je ne sais quel tapage insupportable pendant la nuit, et cela régulièrement trois fois par semaine; c'est à n'y pas tenir! »

» Voilà des sujets de conversation bien peu politiques et qui, certes, n'ont rien de commun en apparence avec des rapports de police : un Allemand qui gagne à la Bourse, un gilet aurore avec des liserés verts, un monsieur qui fait des chiffres, et une femme que ses voisins ont empêchée de dormir. Cependant, ces discours futiles, que j'ai réunis à dessein dans un même cadre, ont eu leur portée ; tous ont offert de précieux renseignements.

» Le *joueur de Bourse* m'était signalé comme recevant les visites de quelques anarchistes. Quel intérêt avait-il au triomphe de leur opinion ? Ce qu'on vient de lire m'en donna la clé. J'acquis la conviction morale qu'il n'était pas resté étranger aux désordres de la rue, et cela pour amener dans les fonds publics une baisse dont il avait su profiter. J'engageai ce spéculateur de nouvelle espèce à choisir ailleurs qu'en France le théâtre de ses opérations.

» Les *liserés verts*, qui avaient offusqué la baronne, étaient un signe de ralliement, et cet épisode m'apprit le nom de quelques nouveaux membres d'une affiliation secrète.

» Le *profond calculateur* était un espion de l'étranger, et ses prétendus comptes de famille composaient une correspondance en chiffres avec les personnages qui l'employaient. Grâce à la révélation involontaire de son ami le fashionable, des soupçons vagues se changèrent en certitude, et notre arithméticien reçut l'ordre de quitter la France.

»J'ai réservé le *tapage nocturne* pour clore ce récit. Les plaintes de la dame aux insomnies furent répétées en ma présence; les renseignements que je fis prendre amenèrent la découverte d'une réunion d'ennemis du gouvernement, qui fut dissoute par mes ordres ; c'était une section de la société des droits de l'homme.

» Quelle que soit la multiplicité des cas où le hasard ou des circonstances forcées apportent à l'autorité des indications fructueuses, il est indispensable que la police ait, comme auxiliaire, des agents secrets.

» Qu'est-ce qu'un agent secret?

» C'est une personne qui, par sa position sociale, par ses relations, est plus ou moins en mesure de connaître et de communiquer à la police des choses qu'il importe à celle-ci de savoir.

» Des raisons nombreuses peuvent décider une personne à descendre à ce triste rôle : la première et la plus générale, c'est le besoin d'argent ; la quantité d'individus des deux sexes qu'une grande gêne a réduits à m'offrir leurs services, est sans doute beaucoup plus forte qu'on ne le suppose. Il en est dont la situation est vraiment digne d'intérêt, et dont la démarche pouvait être, jusqu'à un certain point, excusable par la nature des sentiments qui l'avaient dictée.

» Supposons un père de famille sans occupation, sans

III.   2.

ressource, dont les enfants meurent de faim, dont la
femme est agonisante sur un grabat, ayant déjà vendu
ses vêtements et son chétif mobilier... Eh bien! si
dans une telle position, il se trouve par hasard instruit d'un fait qui intéresse l'ordre public, si la pensée
lui vient de le communiquer à la police pour recevoir
un secours qui sauvera sa malheureuse famille, ne
doit-on pas trouver dans les circonstances qui ont motivé sa détermination des considérations d'humanité
capables d'en atténuer la honte? Valait-il mieux que
cet homme s'associât à des voleurs, ou qu'il mît fin à
l'existence de sa famille et à la sienne? Je n'aurai pas
le courage de prononcer sur de telles questions; mais
si l'on ne veut pas l'excuser, l'on comprendra du moins
la conduite d'un révélateur placé dans les conditions
que je viens d'énumérer.

» J'ai vu plus de cent personnes qui, en venant m'offrir de servir la police, étaient entraînées par des considérations non moins graves, non moins détermi-
nantes. J'ai vu de pauvres femmes, ayant vendu jusqu'à leur anneau de mariage, et décidées à se détruire
si je repoussais leur proposition.

» On dira peut-être que, dans de pareils cas, c'est la
charité qu'il faut faire à ces malheureux; c'est aussi
la charité que je leur faisais; mais quand ils avaient
épuisé un premier secours, un second, un troisième,
le désir d'en obtenir la continuation ou de me témoi-

gner leur reconnaissance, devenait le véhicule qui stimulait leur zèle pour me fournir des renseignements.

» Beaucoup d'autres, sans être dans une extrémité aussi déplorable, deviennent agents faute d'emploi, faute de pouvoir exercer une industrie, une profession quelconque. D'autres réclament les profits attachés à ce genre de services pour acquérir une modeste aisance; d'autres, plus méprisables sous tous les rapports, hommes à passions violentes, joueurs criblés de dettes, déjà perdus de crédit et de réputation, se mettent aussi en assez grand nombre à la disposition de la préfecture de police; d'autres encore, dans une condition abjecte, suppôts d'immoralité, regardent presque comme un titre d'honneur, en même temps que comme un avantage pécuniaire, d'être compris au nombre des agents.

» En outre, beaucoup d'hommes engagés, par suite de leurs opinions politiques, dans les intrigues de quelques factions, désenchantés après quelque temps d'expérience, irrités contre des complices dont l'insigne mauvaise foi, le langage affreux, les projets sanguinaires les révoltaient; indignés encore par des actes d'escroquerie dont ils étaient victimes, trouvaient tout à la fois le moyen de satisfaire leur ressentiment et de faire une spéculation profitable, en me transmettant leurs confidences. C'est dans cette classe d'hommes

que j'ai rencontré en général mes agents les plus utiles.

» J'ai eu aussi en qualité d'agents secrets quelques
personnes qui occupent dans le monde un rang distingué. Il est bon d'en avoir dans toutes les classes de la
population. Mais ceux appartenant à la bonne société
ne s'obtiennent que difficilement, et font souvent payer
leur concours au-delà de son utilité.

» J'ai vu des personnes qui servaient la police, qui
me donnaient des avis importants, et qui voulaient,
disaient-elles, en cela payer la dette de la reconnaissance pour des bienfaits reçus, soit de la famille royale,
soit de quelque membre du gouvernement.

» Je citerai encore, une variété remarquable et fort
rare, les hommes qui deviennent agents de police par
dévouement patriotique. Ce sont des esprits un peu ro-
manesques, qui ont soif d'émotions, pour lesquels la
vie positive est trop prosaïque.

» Quand ces hommes ne sont pas en position de satisfaire leur besoin de renommée, quand leur imagination ne trouve pas à se produire de manière à donner
quelque célébrité à leurs noms par des actions remarquables; forcés de rabattre de leurs prétentions, ils
veulent du moins se singulariser dans leur conduite.

» J'ai eu parmi les meilleurs de mes agents un individu de cette espèce. Une suite d'incidents fort ordinaires lui avait donné des relations telles, qu'il se

trouva initié aux secrets de la correspondance des légitimistes avec la duchesse de Berry. Cet homme, ne pouvant se dégager sans péril de la position qu'il occupait, et ne voulant pas coopérer au succès d'un parti contraire à ses opinions, me demanda une audience ; il me fit connaître les particularités de sa situation, et développa tous les avantages que j'en pourrais tirer.

» Je m'attendais à des prétentions élevées de sa part ; qu'on juge de ma surprise lorsque mon nouvel agent me déclara qu'il prétendait servir gratuitement son pays, préserver la France des malheurs de la guerre civile. Frappé par la lecture du roman de Cooper ayant pour titre l'*Espion*, il ambitionnait l'espèce d'illustration attachée au héros de cet ouvrage, et voulait jouer en France le rôle que Cooper a fait remplir par son Harvey Birsch pendant la guerre d'Amérique.

» Seulement, il y mit pour condition la promesse de ne prendre aucune mesure de rigueur à l'égard de plusieurs personnes qu'il me désigna, et qui lui portaient de l'affection.

» La conduite d'Harvey Birsch, car il adopta ce nom dans tous ses rapports, ne se démentit jamais. Il rendit des services qui auraient pu lui mériter d'assez fortes récompenses ; et quand arriva l'époque où la spécialité de ses soins eut un terme, il se borna à me demander un modeste emploi pour subvenir à ses besoins les plus indispensables.

»En outre des éclaireurs, indicateurs ou révélateurs employés par la police, les chefs d'un gouvernement veulent quelquefois en avoir qui fréquentent les salons dorés, qui soient admis dans ces réunions brillantes où se mêlent toutes sortes de notabilités et d'illustrations. Cette classe d'auxiliaires constitue une sorte d'aristocratie parmi les agents de police.

» Mais que de rares et heureuses conditions il faut réunir ! de combien de qualités précieuses doit être doué celui qui veut remplir cette mission épineuse ! les hommes privilégiés, que leur esprit, leur goût, leur position sociale appellent à la hauteur de ce rôle, sont de véritables exceptions.

» Pour ne rien omettre dans la collection des infirmités morales dont j'esquisse le tableau, je dois dire aussi qu'il est des gens auxquels j'hésite à donner le titre, peu flatteur cependant, d'agents de police.

» Ces parasites pullulent autour du pouvoir, et ne sont guère occupés qu'à imaginer de nouvelles ruses pour extorquer quelques sommes d'argent. Les faits qu'on va lire pourront donner une idée générale de cette classe d'industriels.

»Une certaine baronne, dont le mari avait été attaché au service de l'ancienne famille royale, affichait le dévouement le plus sincère pour la nouvelle dynastie. Elle m'adressait périodiquement des rapports fort peu substantiels, remarquables seulement par la grâce

de la narration, et recevait de temps en temps le mandat d'une somme modique sur la caisse des fonds secrets.

» L'insignifiance de ses notes m'avait décidé à la con-
gédier; mais la baronne était tenace, elle ne voulut
pas renoncer aux avantages du rôle qu'elle avait essayé. Indépendamment de ses visites importunes, elle
m'accablait de renseignements empruntés aux journaux, ou bien elle inventait quelque histoire innocente, et ne manquait pas de réclamer le salaire de ses
prétendus services. Lorsqu'elle eut épuisé toute ma
patience, elle imagina un nouveau prétexte de revenir encore à la charge.

» C'était vers la fin d'octobre 1832, époque où le
gouvernement savait que la duchesse de Berry se cachait dans les environs de Nantes. Notre baronne m'af-
firma verbalement et par écrit, qu'elle connaissait la
retraite de *Madame*, mais qu'elle ne pouvait se décider
à trahir un tel secret, sans avoir la promesse d'une
forte récompense, et une *modique* somme de mille
francs payée à titre d'à-compte.

» Quoique peu confiant dans sa véracité, les affirma-
tions de la baronne étaient faites avec tant d'assurance,
les noms de quelques personnages légitimistes dont
elle disait tenir cette confidence, étaient choisis avec
tant d'habileté, et d'ailleurs son ancienne position lui
donnait réellement tant de moyens de pénétrer les se-

crets du parti, que je ne dus pas repousser la chance
éventuelle de rendre un important service au gouvernement. La somme exigée fut donc remise à la baronne,
et le lendemain elle m'annonça que la duchesse de
Berry était cachée, sous le nom de madame *Bertin*,
dans un château auprès d'Arpajon. Je savais positive-
ment que la mère d'Henri V se cachait à Nantes, ou
dans un rayon de quelques lieues de cette ville... La
nouvelle transmise par la baronne était donc tout
simplement un mensonge fabriqué pour commettre
une escroquerie.

»Une vingtaine de mes agents légitimistes employè-
rent la même ruse pour arriver au même résultat avant
l'arrestation de la duchesse.

»A l'occasion de l'attentat du 19 novembre 1832, un
ancien agent, congédié parce qu'il n'écrivait que des
rapports mensongers, m'envoya la lettre suivante :

« Monsieur le préfet, depuis trois mois j'ai cessé de
vous écrire... vous n'avez pas su m'apprécier. Le
manque de confiance a fait dédaigner mes avis, et l'on
n'a pas voulu me traiter comme le méritait un homme
placé de manière à servir mieux que tout autre.

» Malgré mon juste mécontentement, je puis encore
vous éclairer... Toute votre police est à la recherche
du misérable qui, ce matin, a tiré sur le roi. Vous ne
le trouverez pas. Mais, moi, je le connais parfaitement; j'ai passé hier, une partie de la journée avec

lui; je puis vous dire qui il est, où il est, vous donner toutes les preuves de son crime. Mais l'injustice dont j'ai été l'objet me rend défiant à mon tour. Je ne veux plus attendre en vain une récompense méritée.

» Si vous remettez pour moi quinze cents francs au porteur, je parlerai; autrement, vous ne saurez rien.

» *Signé* : P... »

« Je communiquai cette lettre immédiatement à M. Thiers, alors ministre de l'intérieur, et, d'après son avis, je fis venir le sieur P... dans mon cabinet; M. Thiers y vint également. Nous interrogeâmes cet individu, qui réitéra sa déclaration de la manière la plus formelle, mais qui refusa obstinément de s'expliquer avant d'avoir reçu les quinze cents francs. Quand cette somme eut été remise à P..., nous lui demandâmes les indications et les preuves annoncées par lui. Alors il déclara que les deux pistolets trouvés sur le Pont-Royal après l'attentat, et qui lui furent représentés, appartenaient à un sieur Lambert, qui les avait prêtés en sa présence au sieur Giroux, lequel en avait fait le criminel usage que l'on connaît. Il nous cita cinq ou six complices de Lambert et de Giroux, déclara qu'ils avaient ensemble essayé les pistolets; que Giroux s'était longtemps exercé au tir sur un carton où la figure du roi était dessinée. Il indiqua les lieux, le jour, l'heure avec précision... Rien ne manquait à

III.   3

cette révélation, rien que la vérité! car tous les dires de P... étaient des impostures.

» La veille du crime de Fieschi, un autre fripon, non moins effronté que P..., informé par la rumeur publique des inquiétudes dont nous étions préoccupés au sujet de la revue du lendemain, m'annonça, par un rapport, qu'un complot habilement préparé mettait en danger la vie du roi; que huit républicains s'étaient réunis chez lui pour discuter une dernière fois les moyens d'exécution; que le crime serait infailliblement consommé pendant la revue; qu'il offrait de faire connaître et arrêter d'avance les coupables, si je consentais à lui remettre de suite une certaine somme.

» Comment repousser un moyen de protéger les jours du roi? quel honnête homme aurait osé prendre sur lui la responsabilité d'un refus?... Si par hasard l'agent disait vrai, et si, par l'incrédulité du préfet de police, le crime eût été commis, de quels sanglants reproches n'aurait-il pas été poursuivi? Notre coquin de révélateur avait sans doute pesé tous ces motifs, et pensait bien que la juste sollicitude du pouvoir nous obligerait à subir la condition imposée. M. Thiers occupait encore le ministère de l'intérieur. Il pensa qu'il valait mieux être cent fois dupe d'un imposteur que de s'exposer à repousser un avertissement utile, et autorisa le paiement du capital exigé.

» Notre indicateur expliqua alors comme quoi les

conjurés, dont un seul lui était connu, devaient se réunir de nouveau chez lui, le 28, de grand matin, pour se distribuer les rôles ; comme quoi ils iraient ensuite sur le point désigné pour consommer le crime. Il nous invita à faire cerner sa maison de bonne heure, à mettre en surveillance chacun des individus qui en sortiraient. Au moyen de ces précautions, nous étions assurés de pouvoir placer tous les conjurés sous la main de la justice, au moment où ils voudraient agir.

» Quinze inspecteurs, deux officiers de paix, un commissaire de police, vont immédiatement s'établir autour de sa demeure ; ils y passent la nuit, mais leur surveillance n'aboutit à rien ; deux hommes seulement, sans doute deux compères, sont entrés chez leur prétendu confident ; ils y sont restés jusqu'au moment de la revue, et, en quittant son domicile, l'un d'eux s'est rendu à Montmartre, l'autre à Charonne.

» C'est ainsi que des menteurs effrontés donnent souvent de l'occupation aux inspecteurs de police pour des surveillances inutiles. De pareils faits sont tellement fréquents, les moyens mis en œuvre pour tromper le pouvoir tellement variés, que le préfet le plus expérimenté, le plus habile à distinguer le faux du vrai, ne peut pas toujours éviter les ruses de cette classe de fripons ; il ne le peut pas, il ne le doit pas, surtout lorsqu'il s'agit d'un intérêt majeur.

» Citons encore, pour dernier exemple, un trait de

cette nature, choisi entre mille autres dont j'ai gardé le souvenir.

»Cette fois, c'est madame la comtesse de B... qui eut tout l'honneur et le profit de la combinaison. Cette dame n'ignorait pas le désir qu'on avait de découvrir la retraite des républicains évadés, en juillet 1832, de la prison de Sainte-Pélagie ; elle m'écrivit qu'un extrême besoin d'argent la forçait de commettre une action affreuse ; elle voulait quelques milliers de francs pour révéler le secret dont elle se prétendait dépositaire, offrant de dire où s'étaient retirés plusieurs des évadés, et demandant une simple avance de mille francs. Le ministre de l'intérieur autorisa le payement, et madame de B... nous annonça qu'elle allait accompagner jusqu'à la frontière deux des principaux accusés, qui devaient passer, l'un pour son mari, l'autre pour son domestique. Elle avait indiqué la diligence, le jour du départ, les noms réels et les noms d'emprunt des fugitifs. Elle partit, en effet, dans la voiture désignée ; six de mes agents l'occupaient avec elle, et l'on pense bien que les mesures étaient prises pour arrêter ses compagnons de voyage imaginaires ; mais, si l'aimable comtesse avait auprès d'elle quelques délinquants, la culpabilité de ceux-ci n'était pas de nature à exiger la haute juridiction de la cour des pairs.

»En résumé, la belle dame a fait, aux dépens de l'Élat, un voyage dont elle s'est réservé tous les agréments.

» Terminons en répétant que des tours de passe-passe sont fréquemment essayés avec l'administration, et que la force des choses leur assure toujours beaucoup de chances de succès. Ce sont là de véritables escroqueries; j'aurais peut-être dû les offrir comme une variété du genre quand je parlerai des *voleurs*; mais j'ai pensé que c'était ici que cette narration devait trouver place, parce que ces mauvaises actions étaient commises par des individus considérés comme agents secrets, et parce que l'autorité ne peut malheureusement pas réclamer contre leurs auteurs une répression judiciaire; ce serait dévoiler des mesures sur lesquelles l'intérêt public commande le silence.

» Les agents me faisaient leurs rapports écrits ou verbaux; ils écrivaient quand il s'agissait de choses peu urgentes; mais, dans certains cas où un retard pouvait être préjudiciable, ils cherchaient un prétexte pour parvenir auprès de moi. Quand il m'était impossible de les recevoir moi-même promptement, un seul employé de mon cabinet était chargé de les entendre, et, grâce à mes précautions, il ignorait la plupart du temps à qui il parlait. J'attachais autant de prix que mes agents eux-mêmes à ce qu'ils restassent inconnus, soit entre eux, soit par les préposés de la préfecture. Ils signaient leurs rapports d'un chiffre ou d'un pseudonyme que je

III.   3.

leur avais assigné, et dont, moi seul, je connaissais la clef (1). »

Complétons cette notice par le portrait suivant de *l'observateur* extrait du *Dictionnaire universel de police* de Desessarts :

« Dans les missions délicates et difficiles, un *observateur* doit être un véritable Protée ; son caractère, ses discours, son maintien, sa figure même doivent avoir la plus grande mobilité. Suivant les circonstances, il doit être homme du monde ou homme du peuple ; toujours insinuant, souple, adroit, fécond en moyens et surtout plein de ruses. Aucun costume ne doit paraître étrange sur lui, ni le faire remarquer ; son caractère doit se prêter à toutes les formes qu'il veut lui imprimer. Il s'occupe sans cesse à inspirer la confiance, et il ne néglige rien pour écarter tout soupçon. C'est surtout dans les conversations qu'il doit avoir le plus de talent et déployer le plus d'intelligence. Dans les cercles où il peut pénétrer, ou dans les assemblées publiques, il avance ordinairement des propos qui peuvent flatter le goût de l'indépendance ou la malignité, et ses tableaux sont toujours chargés, afin qu'ils produisent plus d'effet. Une grande présence d'esprit, un sang-froid caché sous des dehors passionnés, le calme le plus profond dans l'intérieur, tandis que son extérieur annonce la plus violente agitation ; un coup-

(1) *Mémoires de Gisquet.*

d'œil pénétrant, l'habitude du monde, une connaissance approfondie du cœur humain, enfin une attention infatigable à tout voir, à tout recueillir, sont les
principaux traits qui caractérisent un observateur de
première classe. »

« Il est, dit encore Desessarts, une classe d'observateurs ignorant le rôle qu'elle joue; elle est composée
de gens désœuvrés et peu riches ; ce sont ordinairement
de grands parleurs, des curieux qui aiment à se mêler
de tout, des gens empressés à faire connaissance avec
tout le monde. Ces hommes naturellement indiscrets,
racontent tout ce qu'ils ont vu, tout ce qu'ils ont entendu, et les *observateurs* des inspecteurs se lient avec
eux pour leur tirer les secrets dont ils sont dépositaires.
Cette classe d'*observateurs* est destinée pour découvrir
ce qui se passe dans l'intérieur des maisons que la
police a intérêt à surveiller (1). »

Après les ministres de la police sous le gouvernement de Juillet, nous allons remettre la plume à un
préfet de police sous la république de 1848. Laissons
Caussidière nous retracer à son tour les devoirs d'un
bon préfet de police, et nous dire comment il entend
une bonne police.

« Il faut qu'un préfet de police donne souvent des
audiences. En voyant beaucoup de monde, il se tient au
courant de l'opinion publique, et apprend la vérité

(1) *Dictionnaire Universel de Police*, par Desessarts.

beaucoup mieux que par son entourage ; il acquiert ainsi un esprit d'observation, qui l'aide à démêler la véracité des faits et leur importance.

» Il doit, s'il n'en a pas le loisir, faire suivre avec attention, par un secrétaire intelligent, les nombreux rapports qu'on lui adresse de tous côtés. La masse de ces rapports est presque toujours insignifiante ; mais si l'on en néglige un seul, il peut arriver qu'il se trouve être le plus utile à connaître. »

Voici un fait à l'appui de ce dire :

« En 1835 lors de l'attentat de Fieschi, une lettre de mauvaise apparence fut jetée comme indigne d'être lue par le préfet. Cette lettre était de Boireau, complice de Fieschi. Il indiquait les personnes, les moyens dont on devait se servir, et la maison où était apposée la machine. La lettre arriva la veille de l'attentat. Il était évident que si elle eût été examinée, on aurait pris des mesures immédiates pour le prévenir.

« Ce fut bien plus tard qu'on retrouva cette dénonciation, lorsque Boireau, emprisonné, en fit la déclaration verbale, ce qui lui valut sa grâce auprès de Louis-Philippe. »

Caussidière continue :

« Une bonne police est le meilleur instrument de la sécurité publique.

» Il ne faut point en faire une agence de provocation, mais bien une agence de prévoyance.

» La police de provocation est immorale, et condamne à la haine et au mépris des citoyens, le gouvernement qui l'emploie, et tous ceux qui en font partie.

» La police de prévoyance doit s'attacher à prévenir les complots dès leur naissance, soit par des moyens persuasifs, soit par la répression s'il y a lieu. Elle ne doit point nourrir une affaire pour envelopper un plus grand nombre de conspirateurs ; c'est quelquefois dangereux, et j'en pourrai citer des exemples.

» Du reste l'indiscrétion, qui est le défaut de la nature française, met bien vite à jour toute conspiration de quelque importance. »

Et pour donner une moralité à ce chapitre, terminons-le en rappelant ces paroles mémorables, de Benjamin Constant.

« Le droit de propriété est bien respectable, disait-il à la tribune de la chambre des députés, cependant si un individu, jouissant d'une immense fortune, employait cette fortune à répandre autour de lui, dans les plus accessibles à la séduction, la corruption et le vice ; s'il tentait d'acheter les serviteurs pour trahir les maîtres, les employés pour vendre leurs chefs, les hommes chargés des fonctions subalternes de la société pour qu'ils foulassent aux pieds les devoirs que ces fonctions leur imposent ; qu'ils se rendissent coupables d'une infidélité qui serait à la fois le vol et la trahison ;

je vous le demande, ne chercheriez-vous pas dans les lois un moyen d'arracher à ce corrupteur universel, la disposition au moins de cette propriété dont il ferait un si exécrable usage? Cet usage, c'est celui que la police fait des fonds qui lui sont accordés. Ce que la justice enlèverait au propriétaire s'il en abusait si indigne-ment, on le prodigue à des agents qui en abusent avec plus d'impudence encore. »

Ainsi parlait Benjamin Constant de la police de la Restauration.

CHAPITRE II

La Police de la Restauration

Les tablettes du baron Pasquier. — Police particulière de Louis XVIII. — Un héros de Balzac. — Le Palais-Royal et la police. — Diverses polices et contre-polices. — Organisation de la police. — M. Beugnot. — Son horreur pour les mouchards. — M. d'André. — Le retour de l'île d'Elbe. — M. de Bourrienne. — Mise à prix de la tête de Napoléon. — M. Decazes. — La terreur blanche. — M. Anglès. — Attaques contre lui à l'occasion de l'assassinat du duc de Berry. — Dénonciations de sa fortune scandaleuse. — Affaire avec M. Duplessis de Grénédan. — Institutions utiles. — Les abattoirs. — Le Baron Mounier. — Franchet et la coterie jésuitique. — *La police dévoilée.* — Froment. — La *femme à Franchet.* — Delavau et la congrégation. — Le père Loriquet. — M. de Belleyme. — M. Mangin.

La Restauration imprima une physionomie nouvelle à la police. Jamais pareil changement d'aspect n'eut lieu et plus rapidement. En un clin-d'œil, les suspects, les prisonniers changèrent de rôle avec ceux qui les tenaient aux fers ou en surveillance, et ceux-là à leur tour supportèrent instantanément la rigueur des lois qu'ils avaient si étroitement fait exécuter.

La commotion fut des plus terribles ; trop de personnes se trouvaient compromises pour qu'il en fût autrement. Mais, dans cette crise, on doit surtout

rendre justice à M. Pasquier. Se méfiant du parti
vainqueur, il employa les dernières heures de son
administration à faire disparaître des dossiers tous les
noms des agents secrets flétris du nom d'espions, et
qui se rattachaient à des personnes appelées par le
cours des circonstances à faire partie de la nouvelle
cour.

Ce travail pénible et consciencieux valut au baron
Pasquier la faveur dont il a joui pendant le règne de
Louis XVIII. Ce monarque, à son arrivée, ayant
accordé une audience secrète au préfet de police impérial, cet administrateur habile, tirant de dessous
son habit un petit volume doré sur tranche magnifi-
quement relié, le lui offrit en lui disant que « le roi
trouverait dans ces tablettes les noms, qualités, demeures et les renseignements relatifs à tous les hommes et femmes de tous rangs depuis 1790 jusqu'à ce
jour, qui avaient eu des relations avec la police; qu'il
prévenait le roi que, par amour de la paix et par haine
du scandale, il avait détruit toute autre preuve de cette
affinité; que le roi seul serait dépositaire de ce document précieux, dont il ne s'était pas réservé une
copie. »

Louis XVIII sentit le prix d'un tel cadeau dans la
circonstance; il comprit combien il devait être intéressé, à l'heure des récompenses, à savoir de point en
point qui au fond avait été fidèle, qui avait souvent

trahi. On croit que c'est de cet arsenal que sortirent
certaines répugnances de ce monarque ; on peut dire
que si, comme renseignement politique, ce livre était
précieux, il était aussi bien désespérant pour l'homme
à qui, toutes déloyautés étant connues, pas un ami peut-
être ne restait, si tant est que les rois aient des amis,
et si d'ailleurs le livre était exempt de mensonges :
nous devons le croire pour l'honneur de M. Pasquier,
qui probablement ne s'était pas inscrit lui-même dans
la légende.

D'une autre part, M. Pasquier avait conservé au
fond de certains dossiers une douzaine de noms, moitié de vieux courtisans, moitié de dames de l'ancien
régime. Les uns et les autres, soit par frayeur, au
temps de la Convention ou du Directoire, ou par en-
traînement à l'époque napoléonienne, s'étaient déter-
minés à raconter à la police ce que leur confiait le
grand comité royaliste, ou ce qui leur venait directement d'Hartwell. Assurément ceux-là, appelés par
leur position sociale à jouer un grand rôle à la nouvelle cour, en eussent tous été repoussés à jamais si le
roi eût su qu'ils l'avaient trahi. Ils étaient mal à leur
aise ; ils avaient déjà fait parler à Savary, qui avait
répondu évasivement, car il n'avait rien trouvé dans
les cartons. Mais combien leur joie fut grande, lorsque
M. Pasquier, dans une entrevue, leur déclara que le
gouvernement nouveau ignorait leurs espiègleries ; que

le roi non plus n'en avait aucune connaissance, et que
lui seul, M. Pasquier, possédait leurs correspondances; que son intention n'était aucunement de s'en
servir pour les compromettre; qu'il les gardait néan-
moins, mais dans le seul but de les stimuler à le
servir. Ces messieurs, charmés de cet éclaircissement,
cessèrent de trembler; et l'on a vu par quelle élévation
rapide, M. Pasquier fut récompensé de son adresse et
de sa discrétion.

Louis XVIII avait sa police particulière, dont M. le
vicomte Félix de Vandenesse était un des chefs secrets.
C'est le même personnage que Balzac a cru devoir
prendre pour le héros du *Lys dans la vallée*. Le ro-
mancier a mêlé ainsi agréablement la fiction à l'histoire. M. de Vandenesse était un espion, Balzac en a
fait un Werther à la glace. Or, M. de Vandenesse
venait souvent au Palais-Royal en 1814; il était vu
avec plaisir, le duc d'Orléans ne le soupçonnant pas
si avant dans les confidences royales. Ce fut par son
rapport que Louis XVIII eut la première connaissance
des intimités nouées par son illustre neveu, dès sa
rentrée en France. Ceci lui mit martel en tête; et, le
même jour, après le dîner, la famille réunie (elle se
composait alors de Monsieur, des deux Princes ses fils,
et de Madame la duchesse d'Angoulême), Louis XVIII
se mit à dire :

—Il se passe des choses qui me déplaisent; M. le

duc d'Orléans donne à dîner ; il a pendu hier la cré-
maillère, et devinez les convives?

Les interpellés passèrent en revue l'ancienne cour,
et, à chaque nom, un geste négatif du roi rendait le
cas plus difficile.

— Eh bien ! dit en riant amèrement le vieux monarque, *vous jetez*, n'est-ce pas *votre langue aux
chiens ?*

— Oui, Sire.

— Notre cousin rentre comme il est parti. Il en est
encore au marquis de Lafayette.

— Lafayette! s'écria Madame, il aurait dîné chez le
duc d'Orléans !

— Et à la première place, flanqué à la gauche du
protestant Guizot, et à la droite du sieur Laffitte, dont
la seule religion connue est l'argent; les autres convives étaient les généraux Excelmans, Vandamme,
Valence, de Pully, et pour compléter la belle compagnie, le suisse Benjamin Constant. Ce dernier encore
passe, ajouta le roi, il s'est fait honnête homme et il
hait sincèrement Bonaparte. Mais que va-t-il faire dans
cette galère ?

Il fut résolu que le roi avertirait le prince du mé-
chant effet produit par ce premier choix de convives.
En effet, le lendemain le duc d'Orléans étant monté
au château, et le roi sachant qu'on ne l'interromprait
point, se croyant seul avec le visiteur, lui dit :

— Mon cousin, lorsque vous êtes venu me trouver à
Mittau, quelle promesse m'avez-vous engagée?

— Eh ! Sire, celle de prouver à jamais à Votre
Majesté ma reconnaissance du pardon généreux qu'elle
m'a accordé.

— Pensez-vous que je voie avec plaisir reprit le roi,
la scission que, dès votre entrée en France, vous sem-
blez établir entre mon palais et votre maison, entre
ma cour et votre société? D'où vient qu'on rencontre
chez vous des hommes qu'on ne verra jamais chez les
autres princes, et que les noms les moins purs des
excès révolutionnaires soient ceux-là précisément auxquels vous réservez toutes vos gracieusetés? Quoi!
parmi vos compagnons d'infortune et les nôtres, n'a-
vez-vous pu trouver mieux pour remplir votre salle à
manger, que le marquis de Lafayette, les comtes
Excelmans et Vandamme, le petit Guizot et le banquier Laffitte? Mon cousin, je crains que vous ne pre-
niez une mauvaise route. J'ai fait pour vous ce que
mon cœur plutôt que ma raison me conseillait de faire.
Je vous ai rendu ce que peut-être je n'aurais pas dû
vous rendre. Mais, de par Dieu! mon cousin, ne me
contraignez pas à regretter de vous avoir laissé rentrer en France; on m'a plaint d'y avoir consenti,
j'avais votre promesse, et j'ai foi en la parole de ceux
de notre maison.

Le duc se récria que lui aussi demeurerait éternelle-

ment fidèle, qu'aucune pensée présomptueuse ne le
ferait dévier ; il alla jusqu'à dire qu'avant de forligner
il se ferait écarteler. Il s'engagea solennellement à ne
recevoir que bonne compagnie ; mais, dès le lendemain, il continua le même train de vie.

Le Palais-Royal a toujours inspiré de l'inquiétude
au Château, et partant, donné de l'occupation à la
police.

La préfecture de police, pendant la Restauration,
n'était pas le seul lieu, en France, où l'on se mêlât de
surveiller les citoyens. On pouvait compter huit à dix
antres de police dans Paris seulement.

Au château des Tuileries, il y avait au moins quatre
polices bien distinctes ; l'une, réservée au service intérieur du roi, ne s'étendait guère en dehors du Palais ;
elle se contentait d'inspecter les divers services et
quelques privilégiés de la haute société. Cette police
était confiée à d'anciens serviteurs, à de vieux émigrés
qui en faisaient une affaire de sentiment. On les payait
mal, mais on prisait haut la fidélité de leur zèle ;
certains mêmes travaillaient sans rétribution, et en
vrais amateurs. Des femmes bien connues, plusieurs
de haut rang même, faisaient ce noble métier.

La seconde police, du vivant de Louis XVIII, avait
son centre d'unité au pavillon Marsan. Les intimes du
comte d'Artois étendaient leur commerce épistolaire
dans tous les départements de la France. Leurs cor-

III.   4.

respondants étaient des royalistes exaltés, pris dans les
hautes classes, d'anciens verdets, soldats de la foi, ou
chouans, hommes de peu, avides, jaloux, vindicatifs,
et qui, en haine de leurs anciens amis, parents ou
voisins bonapartistes, auraient voulu faire pendre le
tiers de la société. Cette police avait la charge spéciale
de surveiller tous les anciens fonctionnaires de l'Empire, tous les officiers en demi-solde, en retraite, et
même en activité de service. Il arrivait à ce foyer les
rapports les plus étranges. Suivant eux, la France
était en conflagration générale, et chaque département
renfermait les germes d'une guerre civile.

Madame la dauphine avait, elle, une police mignon-
ne, au petit pied qui la tenait au courant des intrigues
galantes de tous les gens de service du château, quel
que fût leur rang, sans en excepter MM. les gardes du
corps. Des ecclésiastiques attachés à de vieilles femmes de qualité, des personnes de haut rang, appor-
taient des anecdotes sur certains grands fonctionnaires; on en gémissait en petit comité, et de là partaient
ces mauvais services rendus assez sourdement pour
que l'on ne pût en découvrir les sources.

M. le dauphin avait une police à part. Celle-ci,
toute militaire, étendait son triste réseau sur l'armée.
Dans chaque régiment il y avait trois espions en titre;
l'un pris dans le corps des capitaines, l'autre dans celui des lieutenants; le troisième, toujours enrôlé vo-

lontaire, surveillait les sous-officiers et les soldats. Des aides de camp, des généraux, un maréchal de France faisaient partie de cette milice odieuse.

La grande-aumônerie avait encore sa police, celle-ci était exaltée et toute religieuse.

Ce n'était pas tout : l'ensemble du château même avait ses surveillants : trois polices cherchaient à pénétrer tout ce qui s'y passait. L'une appartenait en propre au ministre favori, s'appelât-il Blacas, Villèle ou Polignac. Ici on cherchait à connaître les intrigues, trames, complots, menées qui seraient dressés dans le but de nuire au grand personnage, le roi lui-même était soumis à la surveillance rigoureuse qui s'exerçait au bénéfice de son favori.

La police du ministère ou de la préfecture était également en velléité de vouloir savoir ce qui se passait aux Tuileries. En conséquence, elle aussi avait ses hommes spéciaux et ses agents secrets qui tentaient de pénétrer dans les appartements royaux.

C'était un spectacle assez curieux que toutes ces polices, s'exerçant sur le même théâtre, cherchant à se dissimuler et à prévenir les actes d'autrui. Il s'élevait parfois des conflits très-piquants, des rencontres fort bizarres. Enfin, on pouvait croire ce roi bien gardé, au milieu de ces agents nombreux ; pourtant on a vu avec quelle facilité le malheureux Charles X fut en trois jours renversé du trône.

Revenons à la police officielle, aux vicissitudes de l'institution et aux différents personnages qui la dirigèrent de 1814 à 1830.

Le 16 mai 1814 les directeurs-généraux remplacèrent le ministère de la police que Louis XVIII supprima à raison de *l'exorbitance de son pouvoir*, ce qui n'empêcha pas ce monarque de le rétablir un peu plus tard, le 9 juillet 1816 pour le supprimer encore le 15 décembre 1818. Le retour de Napoléon au 20 mars 1815 annula cette création. Le ministère de la police ayant été rétabli redevint l'apanage de Fouché, duc d'Otrante. A l'époque du 29 décembre 1818, le comte Decazes ayant quitté le ministère de la police générale pour passer à celui de l'intérieur, la direction de la police fut réunie à ce dernier ministère; mais par une ordonnance du 9 janvier 1820, le titre de directeur-général de l'administration départementale de la police fut créé, et le baron Mounier, ancien secrétaire du cabinet de l'empereur et depuis pair de France, en fut pourvu.

Les évènements qui se succédaient dans les ministères, dans le gouvernement et dans les affaires depuis cette dernière création jusqu'au 13 janvier 1822, amenèrent encore une nouvelle suppression de la direction de la police générale, qui devait être et rester une division du ministère de l'intérieur.

Malgré son bonapartisme apparent et ses fonctions

si personnelles auprès des membres de la famille de
l'Empereur, Beugnot, royaliste dès son enfance, par
conviction et sentiment, n'avait cessé, dès 1792, d'ê-
tre membre secret de l'agence royale, contradiction
qui, il faut l'avouer, ne s'explique pas favorablement
pour sa probité politique. Quoi qu'il en soit, cette conduite lui valut les faveurs de Louis XVIII qui, en 1814
l'appela à son conseil. Il avait déjà été nommé par le
gouvernement provisoire du 3 avril, commissaire le
même jour au département de l'intérieur où il faisait
les fonctions de ministre. Le 16 mai suivant, le ministère de la police générale ayant été supprimé et con-
verti en une direction générale, le roi en investit Beugnot; personne n'était moins apte que lui à remplir
ces fonctions. Il repoussa tout haut l'espionnage qui,
sous son autorité, ne s'exerça qu'en dehors, et sans
qu'il y donnât les mains, même en cachette. « Je lui
ai entendu dire, rapporte Peuchet, que de ministre
de la police à mouchard, il n'y avait que la main, et
que dans un salon il fallait se méfier autant de l'un
que de l'autre. » Il ajoutait que tout homme chargé
des plus hautes fonctions, dans le cercle de la police,
avait beau monter et obtenir les plus éminentes dis-
tinctions, il n'en demeurait pas moins entaché à tout
jamais, par son contact avec les gens ignobles qu'il
employait. « Oui, messieurs, s'écriait-il en 1827, les
gens de police ont un tel fumet que, longtemps après

que j'eus abandonné ces fonctions odieuses, les chiens me suivaient en jappant après moi. »

M. Beugnot déposa ses fonctions aussitôt qu'il put et les échangea contre le ministère de la marine; il fut remplacé le 3 décembre 1814 au département de la police par M. d'André. On a beaucoup plaisanté le comte Beugnot sur une certaine circulaire où, voulant faire l'éloge de la police, montrer son importance et les secours qu'en retirent l'ordre public et le gouvernement, il la comparait à « une goutte d'huile qui s'infiltre dans les ressorts du gouvernement et les empêche de faire du bruit. »

D'André conserva l'organisation de la police telle qu'il l'avait reçue de son prédécesseur; la difficulté des circonstances, l'effervescence des partis, la diversité des systèmes de gouvernement le fatiguèrent vite; il apporta à ses fonctions une molle activité et un manque de vues et de moyens qui se fit promptement sentir et des bureaux et du public. Enfin par faiblesse ou par négligence, il se conduisit de manière à laisser croire, ce qui certes n'était pas, qu'il s'entendait avec les ennemis des Bourbons pour ramener le triomphe du ci-devant empire.

Napoléon débarqua, et d'André ne le sut que par le télégraphe. Un cri d'indignation s'éleva contre lui; on lui retira la direction de la police, cinq ou six jours avant le 20 mars. D'André partit pour Gand. Cette course sentimentale lui fut inutile ; le roi éclairé sur son incapacité, ne lui rendit pas sa place après les cent-jours ; il lui laissa celle d'intendant des forêts et domaines de la couronne, qu'il possédait à sa mort, arrivée le 26 juillet 1819.

L'administration de M. de Bourrienne dura trop peu pour rien laisser de marquant à la préfecture de police, où Louis XVIII le nomma le 12 mars 1815, sans doute à cause des animosités qui régnaient entre Napoléon et son ancien secrétaire. Les circonstances exigeaient une rapide exécution. Mais Napoléon était déjà à Lyon ; le 30 mars, le nouveau préfet dut se retirer, il suivit la cour à Gand.

Bourrienne rend compte lui-même, dans ses *Mémoires*, de la manière dont il se conduisit pendant ce peu de temps.

« L'on pensera bien, dit-il, que, pendant les huit jours que j'y ai passés, je n'ai fait aucun usage de ces indignes moyens employés par ce qu'on appelle la *police politique*, c'est-à-dire l'espionnage, la délation et les provocations. Une discrétion dont je me fais un devoir me défend d'en donner des preuves. J'ai obtenu ce qu'il fallait obtenir sans mesure violente, sans secousse, sans vexations ; j'ose affirmer que personne n'a eu à se plaindre de moi : les faits sont là. Si je faisais imprimer la liste des personnes que j'ai eu ordre de faire arrêter, celles d'entre elles que n'a pas moissonné la mort, seraient étonnées de n'avoir su que par le *Moniteur* que j'étais préfet de police. J'ai obtenu par la raison, par la persuasion et la douceur ce que je n'aurais pas eu par la violence. »

Il fait bon de se vanter soi-même, et dans ces cas-là, qui ne saurait trop se louer. Est-il vrai cependant que Bourrienne ait signé le 16 mars, comme on l'a écrit, l'ordre d'arrêter le duc d'Otrante, qui pourtant peu après fut appelé par Louis XVIII au ministère de la police? Cette action, si le bruit public est fondé, si Bourrienne n'eut pas la main forcé par des ordres supérieurs, contrasterait sûrement avec ce qu'il dit de sa douceur et de ses moyens de conciliation.

Les contemporains se souviennent aussi d'une mise à prix de la tête de Napoléon, dont les affiches se trouvèrent officiellement placardées jusque sur la colonnade du Louvre avec une profusion désespérée, qui souleva le mépris. On promettait avec impudeur un million à l'assassin. Machiavel eut conseillé d'en donner cinq et de ne pas s'y prendre par le moyen des petites affiches.

Pendant les cent-jours, ce fut Réal qui tint la préfecture de police. Nous avons dit qu'au retour de la seconde Restauration, le portefeuille de la police fut donné à Fouché, et Fouché est bien connu. M. Rivière maître des requêtes, eut la signature *pour le préfet de police* depuis le 2 juillet jusqu'au 8 inclusivement, jour où le roi fit son entrée à Paris ; le lendemain M. Courtin fut installé dans cette administration. Il fut lui-même remplacé par M. Decazes le 10 Juillet 1845. De la préfecture de police, M. Decazes fut élevé au ministère de la police générale, qu'il fit rétablir à son intention spéciale, qu'il garda jusqu'en 1818, et dont il conserva encore les fonctions comme une dépendance du ministère de l'intérieur jusqu'en 1820. Favori de Louis XVIII, ce fut lui qui fut le ministre de la *terreur blanche*. C'est tout dire ; les chapitres suivants contiendront de longs détails sur cette odieuse administration. Pendant le règne de Decazes, depuis le 20 septembre 1815 jusqu'au 20 décembre 1821, ce fut à Anglès qu'appartint la préfecture de police. M. Anglès qui avait eu de hautes fonctions sous Bonaparte, et avait même fait un passage, en 1809, à la direction de la police, encourut comme beaucoup d'autres, dans un laps de temps qui faisait ressortir le contraste, le blâme d'avoir mis à poursuivre comme bonapartistes, ceux qui n'étaient pas pour les Bourbons, la même ardeur qu'il avait déployée contre les royalistes ; ce blâme dont nous ne le disculperons pas, appartient à tous ceux qui ont eu le courage ou la lâcheté de servir sous deux règnes successifs et opposés, après avoir prêté serment à l'un et à l'autre ; adultères assez communs dans les mariages politiques. Zélés pour eux-mêmes, et clients de leur propre personnalité, ces hommes, restés fidèles à leurs propres intérêts, ont été traités par tous les partis de transfuges. On se trompe ; l'égoïsme ne change pas de bannière en passant tour à tour à toutes. Nous ne faisons pas l'honneur à M. Anglès et à d'autres comme lui, de croire qu'ils se soient jamais *dévoués* à la fortune de Bonaparte, — pas plus qu'à celle des Bourbons — ou de Louis-Philippe.

Nous retrouvons la main d'Anglès dans tous les actes d'arbitraire, de provocation et de cruelle sévérité qui signalèrent la *terreur blanche*.

M. Anglès n'échappa pas plus du reste que M. Decazes aux attaques passionnées. Il fut aussi accusé d'incurie lors de l'assassinat du duc de Berry.

M. Anglès a la préfecture de police, disait-on ; le palais et la personne du prince sont sous sa surveillance, sous sa responsabilité immédiate.

« M. Anglès dormait-il dans cette affreuse nuit où l'impitoyable poignard a frappé le cœur d'un de nos plus vaillants princes ? Il était à un bal dans le faubourg Saint-Germain ; ignorait-il que les jours du prince étaient menacés ? Non ; un chef des bureaux de la préfecture de police, en arrivant, avait communiqué au préfet les avis qui lui étaient parvenus sur la préméditation d'un crime aussi horrible. Ignorait-il que le petit-fils de Henri IV était à neuf heures du soir à l'Opéra avec son épouse ? Non. Pourquoi ne s'est-il pas rendu dans cette salle pour vérifier si les agents étaient à leur poste ! Il aurait vu qu'ils étaient dans les cafés, dans les tabagies (1). »

Ces bruits, ces accusations furent répétés longtemps encore après l'affreuse catastrophe par les adversaires du préfet de police, qu'un semblable évènement devait en effet irriter, mais moins que ces accusations fébriles. Il y avait répondu cependant, non par des écrits publics, mais par sa déposition à la chambre des pairs lorsque Louvel y fut traduit.

« Je dois, dit M. Anglès à la chambre des pairs, entrer dans quelques détails avant de faire ma déclaration.

» On a dit que le service de la police avait été négligé à l'Opéra dans la nuit du 13 ; qu'aucun agent de mon administration ne s'y est trouvé, et que le commissaire de police, à qui la surveillance de l'Opéra est plus particulièrement attribuée, n'y était arrivé que plus de deux heures après l'assassinat. Il est aisé de démontrer l'inexactitude et la fausseté de cette assertion. »

Après avoir exposé complètement les détails du service de la police qui eut lieu ce jour-là à l'Opéra, où il se trouvait, d'après lui, vingt hommes de la garde royale et quarante et un gendarmes ou employés de la

_____

(1) *La Police sous MM. le duc Decazes, le comte Anglès et le baron Mounier ;* adressée à la chambre des députés, par M. Robert, 1821.

préfecture de police, M. Anglès reprend ainsi sa déposition :

« Quand il y aurait eu un plus grand nombre d'agents de l'autorité civile et de la force publique employés à l'Opéra, aurait-il mis obstacle à l'exécution du crime de Louvel ? Il est difficile de le penser lorsque l'on considère que l'exécrable assassin a choisi, pour frapper sa victime, le moment où elle était entourée de onze personnes, savoir : de cinq gardes royaux, de trois valets de pied, d'un gentilhomme d'honneur et de deux aides-de-camp ; lorsqu'un homme a fait le sacrifice de sa vie pour avoir celle d'un autre homme, il est bien rare, à moins de quelque circonstance due au hasard, qu'il n'accomplisse tôt ou tard son horrible dessein. »

La question une fois descendue sur ce terrain stérile, M. Anglès ne pouvait mieux se défendre, car, certes, il n'en savait pas davantage.

Indépendamment de ces accusations sur son manque de zèle et son dévouement insuffisant, M. Anglès fut en butte à de rudes tracasseries de la part de l'avocat Robert. Cet avocat l'attaqua dans une *Adresse aux chambres,* sous prétexte que le préfet s'était démesurément enrichi dans sa place.

« M. Anglès, disait son censeur, s'est enrichi dans ses fonctions au point d'avoir acheté, dans le département de la Loire, la terre des anciens comtes de Forez, appelée le *domaine de Cornillon*, et de l'avoir payée 500,000 fr.; le château était gothique; le préfet a fait tracer un autre plan, et sur de telles proportions, qu'un prince ne pourrait mieux désirer. Vers le mois de janvier 1820, M. Anglès avait déjà fait compter à son intendant 200,000 fr. et plus pour acquitter une partie des dépenses. »

Cette accusation et plusieurs autres chicanes non moins désagréables contenues dans le pamphlet de Robert, obligèrent M. Anglès père, président d'âge de la chambre des députés, à prendre la plume; il atténua les faits allégués contre son fils, par des explications sur lesquelles on n'eut pas d'autres preuves que son assertion même, et qui ne parurent pas suffisamment péremptoires à tout le monde.

M. Anglès eut une lutte plus sérieuse avec M. Duplessis de Grénédan, membre de la chambre des députés. Ce député avait dit, dans la séance du 23 mai 1821, qu'il n'y avait pas de justice à donner 15,000 fr. de dotation à M. le comte Anglès, dont la brillante fortune et le magnifique château se sont élevés en si peu de temps.

M. Anglès écrivit à M. Grénédan pour se plaindre et demander la réparation d'une semblable personnalité. La querelle s'engagea vivement dans une correspondance publique, et fit craindre une affaire d'honneur, M. de Grénédan se trouvant traité de calomniateur par son adversaire. Mais les choses en restèrent à des injures réciproques peu édifiantes.

Bref, M. Anglès fut peu regretté lorsqu'il se retira de la préfecture en 1821. Il faut cependant lui savoir gré de quelques utiles institutions. Il créa le conseil de salubrité, fonda le *dispensaire*, nom sous lequel on désigne le régime sanitaire des filles publiques. Les abattoirs, idée neuve, qui conciliait à la fois les intérêts du commerce et la convenance publique, soumise en 1809 à Napoléon sur les plans et l'initiative de M. Bruneau, furent enfin mis en exécution sous M. Anglès et ouverts aux bouchers le 15 septembre 1818.

A la retraite de M. Decazes du ministère de l'intérieur, où il eut pour successeur le comte Siméon, on rétablit la direction de la police générale du royaume, qui, depuis 1818, ne formait plus qu'une division du ministère de l'intérieur. Par ordonnance du 21 février 1820, M. le baron Mounier fut nommé à cette place. C'était le fils du célèbre député de la Constituante, et il avait servi l'empereur comme intendant du domaine de la couronne. M. Mounier suivit la ligne de M. Decazes, mais avec plus de bonheur et de ménagement, sans échapper complétement cependant aux plaintes et aux dénonciations des royalistes exagérés. Toute sa police fut presque renfermée dans des mesures de surveillance générale relative à ce qui se passait dans les sociétés et cabales des divers partis. Une ordonnance du mois de janvier 1822 ayant supprimé la préfecture de police, à l'époque où les royalistes purs, sous la direction de M. de Villèle, gouvernaient le conseil des ministres, M. Mounier rentra à la chambre des pairs, où l'avait appelé l'ordonnance du 5 mars 1819.

Les royalistes purs placèrent à la police M. Franchet; et ce fut la coterie jésuitique qui s'installa et s'incarna en lui dans la police. La conduite et l'administration de Franchet, étroitement confondues avec celles de M. Delaveau, son successeur, ont été l'objet de réclamations et de récriminations multipliées. Aucun écrivain n'a donné plus de faits à cet égard que l'ex-agent de police Froment, dans son ouvrage intitulé : *la Police dévoilée depuis la Restauration, et notamment sous MM. Delaveau et Franchet.* Ce sieur Froment avait été l'agent souvent immédiat des plus odieuses mesures et des plus criminelles provocations. Faisant bon marché de sa propre considération, que d'ailleurs il ne devait plus craindre de perdre, Froment, dans son livre, donne en homme de cœur, sinon en homme d'honneur, l'exposé des œuvres diaboliques de ces deux chefs de police. Parmi les causes qui ont amené le renvoi des Bourbons en 1830, on doit ranger en première ligne l'administration des Franchet et des Delaveau.

La beauté de *la femme à Franchet* avait ouvert au mari le cœur de Louis XVIII, où elle livrait bataille

tantôt à madame Prinsteau, tantôt à madame du Cayla,
tantôt encore à la belle artiste, devenue baronne de
Mirbel. *La femme à Franchet* profita de la bienveillance de Sa Majesté pour étendre et affermir le crédit
de son heureux époux ; *mais*, dit Montaigne dans son
langage pittoresque et profond, *pour si haut que soit
assis un roi sur un trône, il y est toujours sur son
cul;* Franchet tomba malgré son poids et ses appuis.
Le ministère Martignac l'évinça en même temps que
disparut, en 1828, le ministère Villèle. .

La congrégation, certaine de trouver en M. Delaveau l'homme convenable à ses vues, le désigna im-
périeusement à M. de Villèle en 1821, pour la place
importante de préfet de police à Paris. Ce furent les
pères Loriquet et de Rauzin qui le présentèrent au
député de Toulouse. Entré dans le sanctuaire impur
de l'administration, M. Delaveau marcha de faute en
faute, d'illégalités en illégalités. Il ploya sous un joug
de fer tous ses subordonnés, et les contraignit à une
abominable hypocrisie. Pourvu qu'ils s'acquittassent
puérilement de leurs devoirs religieux, il s'inquiétait
peu que leur conduite privée fût en rapport avec cette
cagoterie. La préfecture de police présenta ainsi le plus
affligeant spectacle, le plus odieux mélange d'ascé-
tisme et de débauche. Et c'est ce qui arrivera infailliblement, tant qu'on voudra faire de la religion un
moyen d'avancement, de crédit et de fortune.

M. Delaveau fut remplacé le 6 janvier 1828, par M. de Belleyme, à la préfecture de police, la direction de la police générale étant encore une fois supprimée. La faveur du moment accueillit le nouveau préfet de police. Des formes aimables, des manières conciliantes le firent aimer de ceux qui l'approchaient. M. de Belleyme se montra sage partisan de la monarchie. Sa tendance vers les idées libérales, si en désaccord avec la façon de penser de ses prédécesseurs, le rendit cher à la multitude. Il remplit effectivement une mission d'apaisement.

M. Mengin le remplaça le 8 août 1829. Ce fut un magistrat de police actif, livré à ses fonctions, laissant un peu de côté la politique, et s'occupant de la sûreté et de l'ordre publics plus que des innovations à introduire dans l'administration. La révolution de 1830 vint le forcer de quitter sa place et de se soustraire au ressentiment ou à la vengeance de la population déchaînée.

CHAPITRE III

La Police d'observation

Les acteurs du théâtre de la Gaîté. — Béranger. — Crémieux.
— Daskalos. — Rapport sur les élections. — Manuel. — M***.
— Ney. — Flocon. — Decazes. — Le dîner chez Féret. — La
Fayette. — M. Piet. — Police française à Londres. — Le comte
de Brivasac-Beaumont.

Des documents nombreux ont été publiés sous la
Restauration, qui nous permettent de voir à l'œuvre et
d'apprécier la police d'observation. La publication la
plus curieuse à ce sujet, avec les révélations de Froment, dont nous avons parlé, est le *Livre noir de
MM. Delaveau et Franchet*, ou *Répertoire alphabé-
tique de la police politique sous le ministère déplorable, imprimé d'après les registres de l'administration*. 4 vol. in-8º, 1829. Elle tient ce que promet son
titre, et elle contient un très-grand nombre de rapports
textuellement reproduits, avec la note émanant du
préfet de police qui les a provoqués. Nous pouvons étudier sur le vif les opérations de la police et en estimer
la moralité. Nous allons faire plusieurs extraits de

cette publication. Nous verrons passer successivement dans les rapports des agents de police, les personnages les plus célèbres du temps et les notoriétés contemporaines : Manuel, Béranger, Lafayette, etc., M. Crémieux et M. Flocon. Nous signalerons particulièrement à l'attention de nos lecteurs l'article qui concerne les fils du maréchal Ney ; on verra quels moyens, avec l'approbation du préfet de police, sont employés par les agents pour s'introduire dans une demeure, épier les démarches et surprendre les secrets de ceux qui l'habitent. Rien, du reste, ne peut mieux faire apprécier la curiosité mesquine et inintelligente, l'inquisition odieuse, les manœuvres vexatoires, les exagérations intéressées qui caractérisent les rapports de certaine police. Nous les verrons, notamment en ce qui concerne un sieur Daskalos, épier les angoisses de la misère, les noter comme des mouvements suspects, sans que la pitié ou l'intelligence des agents, ou de ceux qui les font agir; soit éveillée un instant, sans qu'il leur vienne à l'idée que cet homme agonise, réduit au plus extrême dénuement, et que, dans une semblable misère, toutes préoccupations politiques sont loin de lui.

ACTEURS DU THÉATRE DE LA GAÎTÉ.

Première division, troisième bureau.   2 avril 1822 (1).

Il résulte d'un rapport qui m'est fait sur les der-

(1) La dénonciation qui donne lieu à cette note paraît avoir été

nières représentations de *Paoli*, que les acteurs du
théâtre de la Gaîté sont en général animés du plus
mauvais esprit, et le manifestent de la manière la plus
répréhensible. On cite à cette occasion, dans le nombre des acteurs dont on veut parler, les sieurs *Ferdi-*
nand, *Duménil*, *Hippolyte* et *Lequain;* enfin, on
ajoute que c'est principalement au café de l'Ambigu,
où ils paraissent se réunir le matin, que l'on peut entendre leurs mauvais propos.

J'invite M. le chef de la police centrale à faire exercer, en conséquence, la surveillance convenable, et à
me rendre compte exactement du résultat.

(Le Préfet de police.)

Première division, troisième bureau.   26 mai 1822.

Réponse. Conformément à la note ci-dessus, nous
avons exercé une surveillance convenable dans le café
de l'Ambigu; nous y avons fait stationner nos inspecteurs à diverses reprises, et jamais nous n'y avons
rencontré ensemble les sieurs *Ferdinand*, *Duménil*,
Hippolyte et *Lequain;* lorsque ces artistes se rendent
dans le café, on remarque qu'ils demandent, avec une

renvoyée à la première division de la préfecture de police, puisque
la demande de renseignements part du troisième bureau de cette
division. Presque toujours c'est du cabinet particulier du préfet,
que sont adressés à M. Hinaux, chef de la police centrale, les ordres
à prendre sur les personnes contre lesquelles l'autorité a reçu des
rapports secrets.   (*Note de l'auteur du Livre Noir.*)

III.   6

sorte de prédilection, le journal dit le *Constitutionnel*; qu'ils font des causeries sur les articles qu'il contient ; qu'il leur échappe même des quolibets, des sarcasmes, qui annoncent un peu d'irrévérence pour le gouvernement actuel ; mais cependant il ne leur échappe aucune parole assez fortement ni assez sérieusement exprimée, qui puisse donner lieu à la vindicte publique. D'ailleurs, ce que nous venons de dire des quatre individus dont il est question n'est point applicable à eux seuls, mais bien à la presque généralité des artistes des théâtres de la Gaîté et de l'Ambigu, qui fréquentent habituellement le café dont il est question. Ainsi, nous pensons qu'il est assez inutile, du moins pour le moment, de continuer cette surveillance.

(L......)

BÉRANGER.

Cabinet particulier, n° 9484.   14 juin 1827.

Le sieur Béranger, chansonnier connu par ses opinions libérales, vient d'obtenir, à ma préfecture, un passeport pour se rendre à Breteuil, département de l'Eure.

J'invite M. Hinaux à me communiquer les renseignements qu'il pourra se procurer sur l'objet de son voyage, qui coïncide avec celui du sieur Manuel, ex-député, qui vient d'obtenir un visa pour le même lieu. Le sieur Béranger demeure rue des Martyrs, n° 23.

(*Le Préfet de police.*)

Cabinet particulier, n° 9484. 29 juin 1827.

Réponse. Il résulte des renseignements que nous avons pu nous procurer, que les sieurs Manuel et Béranger demeurent toujours rue des Martyrs, n° 23 ; qu'en effet, ils ont fait ensemble un voyage dans le département de l'Eure, d'où ils ont été de retour à Paris, vers le 19 de ce mois. Le lendemain le sieur Manuel a encore quitté Paris. Il paraît que c'est pour aller séjourner un certain temps dans une campagne nommée Maisons, aux environs de Paris. Quant au sieur Béranger, il est chez lui à la maison susdite. Impossible de lui parler si on n'est pas *connu convenablement* de lui. La défiance est telle dans cette maison, qu'il nous est désormais impossible, non plus qu'à nos inspecteurs, de nous y présenter, attendu que nous y sommes soupçonnés, sinon connus comme faisant partie de la police. *Dernièrement un de nos agents, qu'on y avait envoyé, n'a dû son salut qu'à une prompte fuite, étant assailli par le portier.* Nous avons déjà fait connaître ces *graves inconvénients* par plusieurs de nos précédents rapports (1).

(AN...)

Cabinet particulier, n° 9484. 23 novembre 1827.

Je suis informé que le sieur Béranger est attendu à

---

(1) Les désagréments ne rebutent pas les espions à voleurs ; et, sous ce rapport du moins, Vidocq a raison de leur accorder plus d'estime qu'aux espions politiques.

Marseille par les libéraux, qui se proposent, dit-on, de le fêter. Je désire être prévenu immédiatement de son départ, et j'invite M. Hinaux à y veiller. Il voudra bien également me faire connaître ce qu'il est devenu et ce qu'il a fait depuis le rapport de M. l'officier de paix A., du 29 juin dernier.

(Le Préfet de police.)

Cabinet particulier, n° 9484.   28 novembre 1827.

Réponse. Il résulte des renseignements que nous avons pu nous procurer sur le sieur Béranger, qu'il a passé la plus grande partie de son temps, depuis le mois de juillet dernier jusque vers le commencement du courant, dans la propriété de M. Laffitte, son patron, située non loin de Paris, à Maisons, où, pendant plusieurs mois, il y aurait eu de fréquentes réunions relativement aux dernières élections.

Le sieur Béranger aurait fait un voyage de Paris à Rouen, vers la fin d'octobre dernier ; son absence aurait été de cinq jours. Cependant, les feuilles des voitures publiques n'en présentent aucun indice.

Le sieur Béranger, s'il faut en croire quelques-uns de ses voisins (1) consultés, demeure toujours rue des Martyrs, n° 23, y est actuellement présent, n'a point quitté Paris depuis qu'il y est revenu vers la fin d'oc-

---

(1) On voit que MM. les inspecteurs politiques évitent tout colloque avec le brave portier de notre poète national.

tobre dernier, et rien n'annonce qu'il fasse des dispositions d'un prochain départ pour Marseille ou ailleurs.

CRÉMIEUX.

Cabinet particulier, n° 11,329.   7 septembre 1824.

Je suis informé que le sieur Adolphe Crémieux,
avocat à Nîmes, a reçu dans cette ville, le 30 août
dernier, un passeport pour Paris.

Cet individu professe les plus mauvaises opinions,
et ne laisse échapper aucune occasion de les manifester. Il reçoit avec empressement les agents d'intrigues
que la faction libérale met en mouvement, et qui lui
sont recommandés à leur passage à Nîmes.

J'invite M. Hinaux à entourer le sieur Crémieux
d'une surveillance très-attentive, à vérifier quels motifs l'appellent à Paris, quelles y sont ses relations, et
à me prévenir de l'époque précise de son départ, ainsi
que de la direction qu'il devra prendre.

(*Le Préfet de Police.*)

Cabinet particulier, n° 11,329.   28 septembre 1824.

Réponse. Le sieur Crémieux est arrivé de Nîmes le
9 de ce mois; il est descendu rue Traversière-Saint-
Honoré, n° 35, où il demeure à présent.

Cet individu donne pour motif de son voyage à Paris, qu'en sa qualité d'avocat il est chargé de suivre, près

les tribunaux, le procès d'un négociant de Nîmes,
nommé Leque; en effet, il fréquente journellement le
barreau et n'a encore reçu la visite absolument de personne. Il se propose de retourner à Nîmes aussitôt que
le procès dont il s'agit sera terminé.

(Ch. L...)

DASKALOS.

Cabinet particulier, n° 13,224.   4 octobre 1829.

Le sieur Georges Daskalos, professeur de langue
grecque, vient d'obtenir à Calais une passe provisoire
pour Paris. Il se rend, dit-il, à Paris pour y faire imprimer un ouvrage qui est destiné à réconcilier les différentes communions chrétiennes du Levant.

J'invite M. Hinaux à faire surveiller *avec soin* ses
démarches et ses relations, et à me communiquer les
résultats *auxquels elles pourront donner lieu.*

(*Le Préfet de Police.*)

Cabinet particulier, n° 13,224.   16 octobre 1826.

Première réponse. Le sieur Georges Daskalos, professeur de langue grecque, est arrivé de Calais à Paris
le 29 septembre dernier, rue des Petits-Pères, n° 3, où
il est encore actuellement.

Tout annonce dans cet étranger le dénûment le plus
absolu, et même le manque des moyens indispensables
pour subvenir aux frais de sa nourriture; il ne peut

comprendre ni articuler un mot de français, ne sort jamais, ou du moins ne s'éloigne qu'à dix ou quinze pas de l'hôtel, et y rentre précipitamment. On ne peut pas savoir jusqu'à présent s'il est dans l'intention de faire imprimer un ouvrage quelconque, puisqu'il ne peut communiquer avec personne en langue française.

Le maître de l'hôtel susdit est absent de Paris, mais doit y revenir incessamment. Il parle diverses langues; peut-être pourra-t-il entendre les explications données par le sieur Daskalos.

Cabinet particulier, n° 13,224.   29 octobre 1827.

Deuxième réponse. Le sieur Georges Daskalos, Grec, demeure encore rue des Petits-Pères, n° 3; sa position est toujours telle que nous l'avons fait connaître, et nous ne trouvons point le moindre indice qu'il soit disposé à faire imprimer un ouvrage quelconque, la profonde misère où il est doit inspirer la pitié : un petit pain bis d'un sou et de l'eau, voilà sa nourriture de chaque jour. Vainement ses hôtes ont cherché à l'utiliser comme aide dans leur maison, pour, par là, lui procurer des moyens d'existence. Cet homme est dans une sorte d'ataraxie; il ne sort pas; personne ne vient le voir ; il ne se fait comprendre que par signes; on lui a parlé dans plusieurs langues, qu'il n'a point entendues *ou feint de ne pas comprendre.*

Cabinet particulier, n° 13,224.   3 novembre 1827.

Troisième réponse. Le sieur Daskalos est parti de son logement rue des Petits-Pères, n° 3, et de Paris le 2 de ce mois, pour, a-t-il pu ou voulu faire comprendre à ses hôtes, se rendre à Strasbourg. Il est enfin parti; il n'est allé chez personne, et personne n'est venu le voir. Ses voyages et sa position ont quelque chose de mystérieux, et il serait à désirer que son itinéraire ne soit point perdu de vue.

RAPPORTS SUR LES ÉLECTIONS.

Note de M. le chef de la police centrale.

16 janvier 1824.

Prendre des renseignements sur les opinions politiques des individus ci-dessous dénommés, aux fins de savoir quel pourrait être leur vote comme électeurs, lors des élections prochaines. Il faut fournir un rapport particulier sur chacun d'eux.

22 janvier 1824.

Réponse. Il résulte de l'ensemble des divers renseignements obtenus sur le compte du sieur Jean-Claude Fauquet, entrepreneur de maçonnerie, rue des Prêtres-Saint-Paul, 11, qu'il aime beaucoup à parler de la chose publique, sans cependant embrasser décidément ni l'un ni l'autre parti; et qu'enfin, lors des élections prochaines, il votera volontiers selon les conseils et l'impulsion qu'il est encore temps de lui donner.

— Le sieur Jacques-Michel Félix, propriétaire, rue des Jardins-Saint-Paul, 33, est un homme complétement nul sous le rapport de la chose politique, dont il ne s'occupe nullement. Cet individu a été directement pressenti sur son vote dans les élections prochaines; or, nous pouvons hardiment conjecturer, sinon affirmer, qu'il votera de la manière qu'on lui indiquera, mais avec une égale indifférence pour les candidats royalistes ou libéraux.

— Le sieur Jean-Étienne Fontarive fils, marchand de bois, demeurant rue de la Cérisaye, 10, a son magasin à l'île Louviers. C'est un homme qui a des prétentions au jargon politique. Il fronde également les deux partis; cependant, en flattant son amour-propre, il n'est pas douteux qu'il voterait volontiers pour les candidats royalistes, s'il est endoctriné à temps.

— Le sieur Jean-Louis Fournet, propriétaire, rue de la Cérisaye, 21, est célibataire, âgé d'environ soixante-cinq ans, livré aux plaisirs bruyants hors de son âge, n'aimant pas le gouvernement du roi; il est très-présumable que son vote sera en faveur des candidats libéraux.

— Le sieur Pierre-Claude Franquet, marchand de bois, rue des Lions-Saint-Paul, 7; il a son magasin à l'île Louviers, 15; il n'est pas propriétaire de la maison qu'il habite. Il y a deux ans qu'il demeurait rue Gérard-Banquet. Cet homme n'a aucune espèce d'in-

struction ; il se plaint continuellement et hautement
du gouvernement du roi, auquel il attribue la stagna-
tion du commerce ; enfin on peut être certain que ledit
Franquet votera dans le sens des libéraux.

— Le sieur Louis-Étienne Davoust, ancien boulanger retiré, rue de Sully, 10, dans la maison d'un sieur
Viard, avec lequel il est très-lié, et qui a la réputation
d'un homme de bien, mais absolument indifférent sur
la chose politique. Quant au sieur Davoust personnellement, il jouit de la même réputation, et tout annonce
que son vote appartiendra à celui qui, le premier,
saura s'en emparer.

— Le sieur Marie-François Genest, propriétaire,
rue de Fourcy, 1, a d'excellents principes. C'est un
royaliste honnête homme dans toute la force du terme ;
c'est un caractère affable, mais ferme ; on peut être
certain qu'il est inaccessible aux suggestions de la
malveillance, et que son vote appartient irrévocable-
ment aux candidats royalistes.

— Le sieur Jean Gérard, dit Breuil, rue des Jardins-Saint-Paul, 13, a la réputation de ne pas aimer
le gouvernement du roi ; il a de fréquentes relations
avec M. Salleron, ex-député ; or, nul doute que son
vote ne soit émis en faveur des candidats libéraux.

— Le sieur Jacques-Antoine-Marie Grenier, marchand de charbon de terre, rue Saint-Paul, 13, est un
homme qui pense bien, mais faible, sans caractère, et

très-susceptible de se laisser influencer par le premier qui viendra s'emparer de son vote en faveur de l'une ou l'autre couleur. Il convient donc de faire promptement les démarches ostensibles et nécessaires près de ce particulier.

— Le sieur Louis-Claude Grezel, boulanger, rue de l'Étoile, 2, n'est pas propriétaire de la maison qu'il habite. Cet homme est un ennemi déclaré du gouvernement, contre lequel il déblatère sans cesse, et notamment contre la police, à cause de la taxe du pain tous les quinze jours. Nul doute que le vote de cet énergumène sera en faveur des candidats libéraux.

DOUZIÈME ARRONDISSEMENT, SEPTIÈME COLLÉGE.

1er février 1824.

— Le sieur François-Pierre-Nicolas Gillet-Dehaumont, inspecteur-général des mines, rue de la Tournelle, 3, est un vieillard presque octogénaire, atteint d'une surdité complète et d'autres infirmités qui le rendent impotent. Il a la réputation de beaucoup aimer le gouvernement du roi. Son vote en faveur du candidat royaliste n'est pas douteux, si on fait près de ce vieillard les démarches nécessaires; sans quoi il est très-probable qu'il ne se déplacera point pour aller voter au collége.

— Le sieur Laurent-Noël Saffrey, commerçant d'eau-de-vie, quai Saint-Bernard, 83, crie, clabaude continuellement contre le gouvernement du roi. Ses principes politiques sont très-mauvais, et son vote sera nécessairement en faveur des candidats libéraux.

— Le sieur Louis-Honoré Mercier est locataire chez le docteur César, rue Saint-Victor, 7. M. Mercier est un vieillard presque septuagénaire, pensant fort bien. Nul doute que son vote électoral soit en faveur des candidats royalistes.

— Le sieur Jean-Jacques Fouquet, rue des Bernardins, 3, est décédé il y a trois ou quatre mois.

— Le sieur Corsin, demeurant rue des Boulangers, 28, est un homme dont les opinions politiques sont incertaines et variables, selon l'impulsion qu'il est facile de lui donner. Toutefois, cet individu manifeste le dessein de voter en faveur des candidats libéraux. Or, voici le motif qui l'y détermine : « Depuis longtemps, dit-il, j'ai vu murer la moitié de ma porte cochère; ainsi donc je n'ai plus qu'une porte ordinaire. J'ai vainement réclamé depuis lors contre l'impôt primitivement mis sur la première, c'est-à-dire que j'ai demandé à payer l'impôt dû pour une porte ordinaire, et à être dégrevé de celui dû pour une porte cochère, par la raison toute simple que je n'en ai plus à ma maison. Vous voyez donc bien que l'on ne peut aimer un gouvernement aussi injuste. » D'après le caractère connu du sieur Corsin, il est très-probable que, si on faisait droit à sa réclamation, si elle est

fondée, on le ferait facilement revenir de ses préventions, et qu'il voterait en faveur des candidats royalistes.

— Le sieur Jean-Auguste Frenet, ingénieur des
ponts et chaussées, rue des Fossés-Saint-Victor, 19,
est un jeune homme de trente-deux ans qui se plaint
quelquefois du gouvernement du roi, et a la réputation
de ne pas l'aimer. Son vote, il est probable, sera en
faveur des candidats libéraux.

— Le sieur Jean-Pierre Langevin, fripier, rue Saint-
Victor, 165, est un homme sans instruction, s'occupant exclusivement de son métier ; il est fort insou-
ciant de la chose politique. Une démarche prudente et
faite à temps conquerrait inévitablement son vote en
faveur des candidats royalistes.

— Le sieur Nicolas-Auguste Boursier, propriétaire,
rue Saint-Victor, 147, peut avoir cinquante-cinq ans
d'âge. Il jouit d'une excellente réputation sous tous les
rapports. Ses opinions politiques lui ont valu les honneurs de la persécution pendant les Cent-Jours. Son
vote en faveur des candidats royalistes n'est pas douteux.

— Le sieur Jean Boulaud, propriétaire, rue Saint-
Victor, 101, est un homme d'environ soixante ans
d'âge ; retiré du commerce depuis dix ans, il mène une
vie tranquille ; mais il est abonné au *Constitutionnel*,
et son vote électoral est au moins douteux.

— Rue des Fossés-Saint-Victor, 155, demeure le
sieur Dubourg, architecte, qui nous a dit que le sieur
Dubois demeurait au Palais-Bourbon, où nous l'avons
vainement cherché jusqu'à présent. Etc., etc., etc.

MANUEL.

Cabinet particulier, n° 9,544.   14 mars 1826.

Je suis informé que le sieur Manuel, ancien député,
a quitté le département de la Moselle, où il était auprès de son frère, régisseur des forges d'Herserange,
pour se rendre à Paris. On assure que son départ est
motivé par une banqueroute de 70,000 fr. que viennent d'éprouver ceux qui exploitent cet établissement.

(*Le préfet de police.*)

Cabinet particulier, n° 9,544.   22 avril 1826.

Réponse. Le sieur Manuel, ex-député, demeure actuellement rue des Martyrs, 23 ; cette maison fort spa-
cieuse, n'est habitée que par lui, par le sieur Beranger,
chansonnier très-connu, et par le propriétaire, le sieur
Dubra, ancien colonel, qui maintenant fait le commerce des vins en gros. Ces trois individus vivent ensemble dans la plus grande intimité.

Le sieur Manuel sort ordinairement de chez lui en
cabriolet tous les jours à midi, et rentre à cinq heures.
Il est associé, pour l'exploitation des forges d'Herse-

range (Moselle), avec le sieur Aubert, qui en est le propriétaire, et le frère du sieur Manuel, régisseur.

Il est bien vrai que cette usine vient d'éprouver la faillite assez considérable du sieur Petit-Jean, marchand de fer à Sedan; mais ce n'est point pour ce motif que le sieur Manuel, ex-député, est arrivé à Paris, où son domicile n'a pas cessé d'être fixé, malgré les huit mois qu'il vient de passer à Herserange, où il ne se propose pas de retourner de si tôt.

Le sieur Manuel reçoit chez lui et réciproquement les *gros bonnets* du côté gauche, mais plus fréquemment M. le baron Méchin.

(De L....)

Cabinet particulier, n° 12,400.   1ᵉʳ mai 1826.

Dans son rapport du 22 avril, M. G... cite, au nombre des personnes que fréquentent plus habituellement le sieur Hanuel, le colonel Dubra.

J'invite M. Minaux à faire vérifier si cet individu ne serait pas le même que le sieur Dubra, capitaine de l'ex-garde, qui a été commis-voyageur de la compagnie du Phénix, et qui, au commencement de 1823, était en demi-solde à Besançon.

(Le préfet de police.)

Cabinet particulier, n° 12,400.   26 mars 1826.

Réponse. Le sieur Dubroc et non Dubra, ancien colonel, propriétaire de la maison n° 23, rue des Mar—

tyrs, n'est point le même que le sieur Dubra, capitaine de l'ex-garde. Le sieur Dubroc est un homme fort
riche, pensant fort mal, et qui cependant est officier
de la garde nationale parisienne. Toutefois il est juste
de dire que, sous le rapport de la probité, sa réputation
est bonne.

(De L…)

Cabinet particulier, n° 12, 400.   21 mai 1827.

Le sieur Manuel, ex-député, après avoir été dans
les Pays-Bas où il a vu l'avocat Teste et l'ex-conven-
tionnel Calès, a quitté dernièrement le département
de la Moselle, et il doit être revenu à Paris.

J'invite M. Hinaux à le faire surveiller, etc.

(Le préfet de police.)

Cabinet particulier, n° 12,400.   1er juin 1827.

Réponse. Le sieur Manuel est revenu à Paris, le 25
mai 1827 dans son domicile habituel rue des Martyrs.
On croit qu'il venait en dernier lieu d'un endroit
nommé Longahni, situé dans le département de la
Moselle.

Tous les alentours du sieur Manuel annoncent évi-
demment la plus grande défiance ; il sort peu, s'occupe
presque continuellement à écrire ; on assure qu'il
travaille assidûment à un ouvrage qui aura pour titre :
Moyens de régénérer la France, lequel doit être imprimé chez les frères Baudouin ; il reçoit fréquemment

les visites de M. Méchin; enfin, lorsqu'il sort, c'est en cabriolet : il faudrait donc avoir les moyens nécessaires pour suivre son itinéraire, et par là connaître les personnes chez lesquelles il se rend. C'est la seule espèce de surveillance que l'on puisse exercer sur ses démarches avec quelque succès.

. *(Anj...)*

M***.

Cabinet particulier, n° 9,725. 27 septembre 1827.

Je suis informé que le sieur M***, avocat à Paris, vient d'obtenir à Saint-Lons (Haut-Rhin) un visa de passeport pour revenir dans la capitale. Cet individu, qui est animé des plus mauvaises dispositions, doit fixer l'attention de l'autorité.

(Le préfet de police.)

Cabinet particulier, n° 9,725. 5 octobre 1825.

Réponse. Le sieur M*** est bien réellement avocat, mais il n'exerce point ces fonctions. Cet individu est, dit-on, sans domicile fixe; il demeure tantôt dans un endroit, tantôt dans un autre. Il y a environ trois ans qu'il demeurait rue Bleue, 21, mais depuis qu'il en est sorti, il mène une vie errante, et prend le plus grand soin de cacher sa retraite. Cependant il est fort connu, et tous les renseignements obtenus attestent ses mauvaises opinions politiques.

III 7.

A force de recherches, nous avons découvert que
M*** avait confié aux soins d'un sieur Mesplé, son
enfant du sexe féminin, rue Bleue, 20. C'est donc par
ruse que près de Mesplé on a obtenu d'abord la con-
firmation de ce fait et le refuge actuel de M***,
qui est chez son 'intime ami, le sieur Damour, rue
Martel, 3, où il est en effet depuis dix jours, et d'où
il se propose de partir dans une quinzaine de jours,
sans que nous ayons pu encore découvrir la direction
qu'il prendra.

M*** fait, assure-t-on, de fréquents voyages. Le
dernier qu'il vient d'effectuer était en Suisse; il en
a donné pour motif aux uns qu'il allait y voir des parents dont il espère hériter, aux autres qu'il allait à
la poursuite d'un de ses débiteurs, qui lui est redeva-
bles de fortes sommes d'argent.

Enfin, M*** se tient soigneusement claquemuré,
et ne reçoit personne. Nous continuerons l'affaire.

                              (*Ch.., Leb...*)

NEY FILS, PRINCE DE LA MOSKOWA.

Cabinet particulier, n° 10,711.   2 septembre 1823.

Je désire connaître, le plus tôt possible, le lieu où
se trouvent maintenant les fils du maréchal Ney et du
général Mouton-Duverney.

                              (*Le préfet de police.*)

Cabinet particulier, n° 10,711.   12 septembre 1823.

Réponse. L'un des fils du maréchal Ney se trouve en ce moment à Riom, département du Puy-de-Dôme, chez son grand père maternel, nous avons acquis la certitude qu'il est en correspondance à Paris avec le général Excelmans, qui demeure rue du faubourg Saint-Honoré, 101.

L'autre des fils du maréchal Ney se trouve en ce moment à Sarrelouis en Lorraine, chez son grand-oncle, le nommé Ney, marchand de draps, rue de la Porte de France. Les lettres qui sont adressées au jeune Ney portent pour suscription : au sieur Chiffars, qui demeure également à Sarrelouis, lequel on dit être fort riche et professer hautement des opinions contraires au gouvernement. Madame la maréchale Ney se trouve en ce moment dans une de ses terres près de Nancy.

Quant aux fils du général Mouton-Duverney, nous n'en trouvons aucunes traces ; cependant, et avec les ménagements convenables, nous avons consulté à cet égard plusieurs militaires qui ont servi sous les ordres de ce général ; tous disent également qu'il n'avait pas de fils, mais seulement une fille qui maintenant demeure à Lyon.

(De...)

Cabinet particulier, n° 10,711.   13 octobre 1823.

M. l'officier de paix N..., m'a annoncé que l'un des fils du maréchal Ney se trouvait à Riom (Puy-de-Dôme), chez son aïeul maternel, d'où il entretenait une correspondance très-active avec le général Excelmans. Son Exc. le ministre de l'intérieur m'apprend que le seul parent que ce jeune homme ait à Riom est un sieur Villard, entrepreneur des tabacs, et que l'on s'est assuré qu'aucun étranger ne se trouvait actuellement ni même n'avait paru depuis longtemps dans cette maison. Il existe une autre commune de Riom (Cantal), mais on n'y connaît aucun parent du maréchal ni de son épouse. Quant au second fils, qui serait à Sarrelouis, chez un sieur Ney marchand de draps, son grand-oncle, les recherches dont il a été l'objet dans la Meurthe, la Moselle et le Haut-Rhin, où il existe des communes du nom de Sarrelouis, n'ont pas eu des résultats plus satisfaisants. On prétend que l'on a voulu désigner, dans les renseignements qui vous ont été donnés, la ville de Sarrelouis, où le maréchal Ney est né, mais qui est hors du territoire Français.

(Le préfet de police.)

Cabinet particulier, n° 10,711.   20 octobre 1823.

Première réponse. Nous avions appris, d'une manière vague, que l'un des fils du maréchal Ney s'était rendu de Sarrelouis, à Bruxelles dans le mois de septembre dernier, près de l'ex-archichancelier Cambacérès, dont la maison est située dans la ville susdite, rue des Paroissiens, en face l'hôtel des Pays-Bas. Pour nous assurer de la vérité du fait nous nous sommes présentés, sous bon prétexte, chez M. Cambacérès, rue de l'Université, 24. S'il faut en croire le factotum de cet hôtel, l'homme de confiance de M. Cambacérès, oui, le sieur Ney fils s'est rendu de Sarrelouis à Bruxelles vers les premiers jours de septembre dernier; il avait son logement chez M. Cambacérès; il y était encore le quinze du mois susdit, époque à laquelle M. l'ex-archichancelier a quitté Bruxelles après y avoir vendu sa maison, la somme de 80,000 fr. au sieur Perron, modiste de la reine de Hollande. Pour connaître la vérité d'une manière plus positive encore, s'il est possible, nous instrumentons de manière, en ce moment, à arriver près de M. Cambacérès lui-même, quoique tout sur ce point respire la défiance la plus marquée; défenses sont faites à tous les gens de la maison de recevoir aucunes lettres qui ne seraient pas adressées par la poste. Enfin, pour arriver jusqu'à ce ci-devant gros bonnet, il faut lui demander une audience par écrit et déduire les motifs.

(Ch. De...)

Cabinet particulier, n° 10,711.   25 octobre 1823.

2ᵉ *réponse.* Pour nous assurer de l'exactitude

des faits, nous avons dû instrumenter de manière à
arriver près de M. Cambacérès, mais ce moyen n'a pas
eu de succès. Voici copie de la lettre que nous lui
fîmes écrire le 19 de ce mois :

« Mon Prince,

» J'ose solliciter de votre bienveillance une audience particulière, ayant à entretenir Votre Altesse
d'objets qui sont pour moi du plus grand intérêt. Je
désire ne vous point paraître importun et que vous
daigniez m'accorder la faveur que je sollicite de votre
bonté.

» Plein de confiance dans votre obligeance bien
connue, j'attends les ordres de Votre Altesse, et suis,
etc. »

Nous annexons au présent rapport la lettre de l'hôtel Cambacérès, en réponse à celle relatée ci-dessus.

DE ...

Cabinet particulier, n° 10,711.   5 novembre 1823.

3ᵉ *réponse*. L'hôtel de madame la maréchale Ney
est situé à Paris, rue Chantercine, n° 62. Nous nous y
sommes transportés; nous y avons trouvé une femme
de confiance, âgée d'environ cinquante ans, qui nous
a dit: «Madame la Maréchale n'est point à Paris;
» elle est à l'une de ses campagnes avec ses deux fils,
» qui ne la quittent pas; et, contre sa coutume, il pa-
» raît qu'elle ne reviendra pas passer l'hiver à Paris.»

Sur de nouvelles questions, cette femme a ajouté :
« Non, madame la Maréchale n'est pas à sa terre de
» Nancy, ni même de ce côté ; mais, si vous avez
» quelque chose à lui communiquer ou à lui demander,
» remettez vos lettres ou paquets ici, je les lui ferai
» parvenir, et en cinq ou six jours vous aurez une ré-
» ponse. Je ne puis vous en dire davantage, quand il
» y irait de ma vie, car cela m'est défendu. Faites ce
» que je vous dis, et vous serez satisfait promptement:
» car tous les deux jours je lui envoie sa correspon-
» dance ainsi que les objets qui lui sont nécessaires ;
» hier encore, je lui ai envoyé des lettres, des livres,
» des tapis et autres objets. »

Il est présumable, d'après l'invitation de cette
femme de confiance, que, si on écrivait à Madame la
maréchale Ney elle répondrait par écrit, et que, par ce
moyen, on saurait quelle est sa retraite actuelle et par
suite celle de ses fils. En conséquence, nous lui adres-
serons la lettre suivante :

Paris, 5 novembre 1823.

« Madame la Maréchale,

» Ayant eu l'honneur de servir pendant longues années sous les ordres immédiats de votre noble époux,
M. le Maréchal duc d'Elchingen, j'ai celui de vous
adresser la présente pour vous prier de me faire connaître promptement par quelle voie sûre et discrète,

je puis vous faire parvenir un avis officieux qui, pour vous, Madame la Maréchale, et surtout pour vos deux fils, est de la plus grande importance. Les nombreux bienfaits que j'ai reçus de Monsieur le Maréchal, me font un devoir de cette démarche.

» Veuillez, Madame la Maréchale, agréer l'expression des sentiments de respect, de reconnaissance et de dévouement avec lesquels je suis votre très-humble et très-obéissant serviteur.

» MOREL,

» Capitaine en non activité, rue Mandar, 9, Paris.»

Nous rendrons compte immédiatement des résultats produits par la lettre ci-dessus.

DE ...

Cabinet particulier, n° 10,711.   20 novembre 1823.

Dans son rapport du 5 de ce mois, M. l'officier de paix G... a annoncé qu'il donnerait sous peu des renseignements sur le lieu où se trouvent actuellement les deux fils du maréchal Ney, dont l'un se trouvait à Sarrelouis et à Bruxelles au mois de septembre dernier, et qu'il me ferait connaître le domicile du second. J'invite M. Hinaux, etc.

Le préfet de police.

Cabinet particulier, n° 10,711.   13 décembre 1823.

Plusieurs rapports de M. l'officier de paix G... ont donné divers renseignements sur le lieu où se trouvent actuellement les fils du maréchal Ney, que Son Excellence le Ministre de l'intérieur désire connaître. Aucun de ces renseignements ne s'est trouvé encore exact. Dans son rapport du 20 octobre, cet officier de paix annonçait qu'un de ces deux jeunes gens s'était rendu de Sarrelouis à Bruxelles, chez le duc de Cambacérès, et il résulte des informations prises à Sarrelouis que le jeune Ney n'y a point paru, quoique ses parents l'y attendent depuis longtemps, et qu'ils se plaignent du retard qu'il met à effectuer la promesse qu'il leur a faite d'aller les visiter. Depuis le printemps dernier, époque à laquelle il paraît que le jeune Ney a séjourné à Valmunster, sous prétexte d'une partie de chasse, chez le sieur Bouvier-Dumolard, banni en 1815, il n'a pas reparu dans le département de la Moselle.

M. l'officier de paix G... avait annoncé aussi qu'il pourrait donner sous peu de nouveaux renseignements qui ne me sont pas encore parvenus, malgré que je les lui ai réclamés dans ma note du même mois.

J'invite M. Hinaux, etc.

Le préfet de police.

Cabinet particulier, no 10,711.   13 janvier 1824.

Réponse. Par notre rapport du 5 novembre 1823, nous avons fait connaître la lettre que nous avons fait parvenir à Madame la maréchale Ney, dans le but de

savoir quelle est sa résidence actuelle, et par suite
celle de ses fils. Le signataire de cette lettre était un
sieur Morel, demeurant chez la dame Vandermotte, 9,
rue Mandar. Cette lettre resta sans réponse ; nous
écrivîmes encore trois fois et d'une manière toujours
plus pressante ; enfin, un individu vient de se présenter à la maison rue Mandar, n° 9, et a demandé
des renseignements sur Morel. Le mot d'ordre était
donné. On a fait revenir ce particulier ; on l'a fait
s'expliquer. Il est, dit-il, chargé par la maréchale Ney
de savoir du même Morel quel est le secret qu'il a à
révéler à cette dame ; on a suivi secrètement ce particulier, et on a acquis la certitude qu'il se nomme
Devaux, qu'il demeure rue Saint-Lazare, n° 50 bis,
qu'il est enfin le factotum, l'homme de confiance de la
famille Ney, avec laquelle il correspond journellement, nous en avons la parfaite certitude. Ainsi donc,
sous un prétexte, on pourrait vérifier, à l'aide d'un
mandat de perquisition, les papiers du sieur Devaux, et
la chose paraîtrait d'autant plus naturelle que cet individu se mêle de prêter de l'argent à des intérêts élevés,
et d'affaires du Mont-de-Piété : en conséquence de
tout quoi on pourrait invoquer dans le mandat les
arrêtés du gouvernement des 16 pluviôse et 24 messi-
dor an XII et l'article 411 du Code pénal, sur les maisons clandestines de prêts sur gages. Nous proposons
l'emploi d'un mandat de perquisition chez Devaux,

parce que tous les autres moyens d'exploration ont été
employés infructueusement près de cet individu, et
que, du reste, il n'est pas douteux qu'en examinant
ses papiers on trouverait la demeure actuelle des fils
Ney, sans même que le sieur Devaux pût se douter du
but réel de la recherche.

DE ... CH ...

Cabinet particulier. n₀ 10,711.   8 novembre 1826.

Je suis informé que les fils du maréchal Ney viennent d'obtenir à Sarrelouis des passes provisoires
pour Paris.

J'invite M. Hinaux à les entourer d'une surveillance (*sic*).

Le préfet de police.

Cabinet particulier, n° 10,711.   21 novembre 1826.

Réponse. Les deux fils de feu le maréchal Ney sont
descendus chez leur mère, rue Richer, n° 3. Les fils
Ney sortent assez fréquemment dans la voiture de madame Ney. Ils voient souvent le général Excelmans,
rue du Faubourg-Saint-Honoré, n° 94, et paraissent
être fort liés avec lui ; tout annonce qu'ils se proposent de passer l'hiver à Paris. Tout dans leurs alentours respire la défiance; ils ne reçoivent personne
chez eux, mais ils rendent de fréquentes visites, principalement aux pairs de France. La présence des fils
Ney à Paris donne lieu, dans le public, à diverses

conjectures, comme par exemple que c'est pour se mettre à la tête d'un mouvement populaire, qui doit éclater à l'ouverture des Chambres législatives. Pour suivre la surveillance avec quelque succès, il faut qu'elle soit permanente, que l'on ait un cabriolet toujours prêt. Il faudrait loger quelqu'un dans la maison n° 8, chose facile, puisqu'il y a des chambres à louer.

Cabinet particulier, n° 10,711.   7 juillet 1827.

Le prince de la Moskowa, l'un des fils du maréchal Ney, vient d'obtenir à ma préfecture un visa de passeport pour se rendre à Vichy, département de l'Allier.

Le préfet de police.

Cabinet particulier, n° 10,711.   16 juillet 1827.

Réponse. Le sieur Ney demeure rue Richer, n° 3 bis. Il est parti le 5 de ce mois pour se rendre aux eaux de Vichy, département de l'Allier, dans l'intérêt de sa santé et de ses plaisirs.

Le sieur Ney mène à Paris une vie fort retirée ; il voit souvent le banquier Laffitte, avec qui il a, dit-on, des affaires particulières d'intérêts ; tout chez le sieur Ney annonce la défiance la plus marquée, et ce n'est pas sans courir des risques que l'on peut se présenter dans la maison qu'il habite, pour y prendre des informations sur son compte.

Cependant nous ne voyons rien dans ses démarches

et ses relations qui ait trait à la chose politique ; nous
tiendrons son retour en observation.

.....

FLOCON.

Flocon (le même qui fut, depuis, ministre sous la
république) sténographiait alors les séances de la
Chambre des députés pour les journaux, puis, en outre,
rédigeait quelques articles pour le *Pilote* ; il passait
pour afficher une opinion très-libérale. Il n'en fallait
pas davantage pour effrayer la police. Aussi fut-il mis
en surveillance, et l'agent Cliche ne le perdait pas
de vue.

On sut qu'il logeait rue du Chevalier-du-Guet ; qu'il
avait une parente rue Saint-Jacques-la-Boucherie, dans
la maison d'un marchand de vin, près la place du
Châtelet ; qu'il allait, en outre, dans un café rue de
l'Odéon.

Tous les rapports remis par Cliche le peignaient
comme un homme très-exaspéré et même dangereux.
On disait encore qu'il voyait très-fréquemment
MM. Casimir Périer et Benjamin Constant, ce qui,
aux yeux de la police, ne lui était pas favorable.

Enfin, il semblait que ce jeune homme était un co-
losse qui allait tout bouleverser.

On sut qu'il devait se réunir avec plusieurs jeunes
gens au café rue de l'Odéon.

Le commissaire de police de ce quartier s'y présenta; comme il était une heure indue, Flocon et quelques autres jeunes gens furent arrêtés et conduits à la Préfecture de police par les agents Gannat et Mazières, qui accompagnaient le commissaire.

Le sieur Flocon fut interrogé. Son frère, informé de sa détention, vint à Paris, fit des démarches, et, comme les faits articulés contre lui n'offraient aucune gravité, après avoir habité huit jours la salle Saint-Martin, il fut mis en liberté.

Il continua à être surveillé tant que M. Delaveau fut préfet de police. Cette fois, dans ses prévisions, l'erreur de la police n'avait pas été si grossière.

DECAZES.

MM. Franchet et Delaveau, à leur avénement à la police, l'un comme directeur général et l'autre en qualité de préfet, voulurent se signaler, disons mieux, s'illustrer par quelque coup d'éclat.

Ils mirent donc M. le duc Decazes en surveillance! C'était, selon eux, le *nec plus ultra* de la science inquisitoriale. Le noble pair avait quitté l'hôtel du ministère pour habiter celui de son beau-père. On chercha à séduire le portier par ces moyens honnêtes, délicats, *anodins*, que sait employer la police.

Mais le *tire-cordon* fut incorruptible.

Et cependant que lui demandait-on? Une niaiserie,

un rien, une bagatelle : qu'il rendît simplement un compte exact de toutes les personnes que recevait son maître. Fallait-il donc, pour son malheur, que la police rencontrât un portier fidèle à ses devoirs?

La police ne se tint pas pour battue et crut réussir auprès du chasseur. Mais celui-ci, en se servant de mots assez énergiques et en montrant le couteau de chasse qu'il portait à son côté, promit de couper les oreilles à ceux qui reviendraient à la charge.

Les corrupteurs se tinrent pour bien avertis et battirent en retraite.

Mais, comme la police ne se rebute pas pour deux échecs, quelques agents furent encore placés dans la rue, avec un cabriolet à leur disposition pour suivre la voiture du duc.

Grâce au fouet du cocher, qui pressait la marche du *locatis*, on parvint à savoir, à découvrir, chose extraordinaire! que l'ex-ministre avait, *mystérieusement*, et en plein jour, rendu deux visites : l'une au prince de Talleyrand, et l'autre à M. de Saint-Cricq, plus tard ministre du commerce.

Le prince de Talleyrand fut donc mis en surveillance, c'était de rigueur; quant à M. de Saint-Cricq, on voulut bien lui pardonner cette peccadille.

M. Decazes, sans demander la permission ni l'autorisation de la police, partit pour Libourne, près Bordeaux. A cette nouvelle, M. Franchet se mit pres-

que en colère, et nous ne savons s'il ne gronda même
point M. Delaveau ; mais on lui donna une potion cal-
mante en faisant partir sur-le-champ un agent de la
police pour Bordeaux.

Un nommé Tendron, agent de police sous M. Bonneau, inspecteur général des prisons (car il avait aussi
sa police, M. Bonneau), le nommé Tendron fut choisi
pour remplir cette mission.

Mais celui-ci était à peine arrivé sur les bords de la
Garonne, que M. Decazes fut instruit de son arrivée.
Tendron se présenta chez M. le duc avec cet air gauche et niaisement malin qui décelait ses cauteleuses
intentions, qu'il couvrit du prétexte d'acheter du vin,
ayant appris que Sa Seigneurie en avait à vendre.

M. Decazes feignit de le croire et parut tomber dans
le piége qu'on lui tendait ; il remit l'acheteur au lendemain, afin de conclure le marché. Tendron, très-satisfait de ce premier pas, crut avoir tout à espérer du
lendemain.

Le jour tant désiré parut ; il se présente à l'hôtel ;
on l'introduit, il déguste le vin et fait le connaisseur.
Le propriétaire demande comment il le trouve. — Excellent ! répond Tendron. On convient du prix, du
jour de la livraison et du mode de règlement, ainsi
que des échéances ; mais M. Decazes gardait une dernière observation au voyageur, et lui demanda à
quelle maison de commerce il appartenait. « A M. Gal-

lois, répondit l'agent. — A M. Gallois ! réplique le
duc ; c'est un de mes amis, c'est moi qui l'ai fait maire
de Bercy ; je suis étonné qu'il ne vous ait pas donné
une lettre de créance pour moi. »

L'agent, qui ne s'attendait pas à cette dernière
botte, ne put la parer, fut interdit et confus ; il balbutia,
finit par faire l'aveu de tout, et annoncer qu'il voyageait
pour le compte de MM. Franchet, Delaveau et compagnie ;
M. le duc Decazes haussa les épaules, et dit à l'agent :
« Je vous connais, vous êtes le fils du sieur Tendron ;
j'étais instruit depuis longtemps que vous deviez vous
rendre près de moi, sous un prétexte spécieux, vous
y introduire et enlever ma correspondance. Je suis
étonné que vous vous soyez chargé d'une pareille commission, vous savez que j'ai rendu des services à votre
père, j'aurais pu le faire passer en jugement, mais comme
il m'a été de quelque utilité lorsque j'étais ministre,
je veux bien excuser la faute que je puis vous reprocher. Avouez-moi toute la vérité, donnez-moi des détails qui compléteront la confidence que vous avez
commencée, j'aurai soin de vous et je vous promets le
plus grand secret. »

Tendron lui dit tout ce qu'il voulut, il lui communiqua même les pièces dont il était porteur pour remplir
sa mission, et qui étaient signées de la main de M. Franchet. M. Decazes satisfait, lui tint la parole qu'il lui
avait donnée, et Tendron revint à Paris, où M. Brunat,

chef du personnel à la préfecture, en le voyant, et sans lui demander préalablement s'il avait fait un bon voyage, lui annonça brusquement sa destitution.

La police eut recours à de nouveaux moyens pour obtenir des renseignements sur la conduite publique et privée de M. Decazes ; mais elle ne put parvenir à ce qu'elle désirait.

En surveillant M. Decazes, en l'entourant de ses agents, en le poursuivant avec acharnement, la police usait de ces moyens dont il lui avait donné l'exemple lorsqu'il en était le ministre.

Sous la police de MM. Franchet et Delaveau, tout devenait une conspiration, ou au moins attentatoire pour le gouvernement. Ces dictateurs ne rêvaient que projets sanguinaires et subversion de l'ordre social. On ne pouvait aller dîner en public, chez un restaurateur, sans être soupçonné de projets qui mettaient le trône en danger. Ce préambule nous conduit chez le restaurateur Feret, rue du Rempart-Saint-Honoré. MM. Laffitte, Talma, Casimir Périer et Manuel, y dînaient quelquefois. M. Delaveau en fut informé, et après avoir mûrement réfléchi, il prit conseil de qui de droit.

Il jugea, d'après les opinions de ses honorables directeurs, que de semblables convives ne pouvaient se réunir que pour conspirer. C'était la moindre chose. Le préfet donna donc l'ordre que le restaurant Feret fût surveillé d'une manière spéciale. Séguin, agent secret du cabinet, fut chargé de s'y rendre tous les jours, et de recueillir les propos et les expressions séditieuses dont pourraient se servir les députés désignés ou autres convives, et d'en rendre compte sur-le-champ.

L'agent Seguin parvint à gagner, à corrompre un des garçons de salle du restaurant, qui le mit au courant de tout ce qui se passait et se disait pendant le repas.

Le premier rapport que fit le garçon, portait que M. Manuel avait dit que très-incessamment il prendrait la parole sur *la liberté de la presse*, et que M. Benjamin Constant avait promis d'*appuyer la motion ;* Talma avait parlé de son rôle de Sylla ; M. Laffitte avait demandé la carte et avait fait le compte. Ils avaient bu le champagne aux libertés publiques et au bonheur de la France. Ces messieurs étaient donc des hommes très-dangereux qu'il fallait surveiller.

Pour arracher la France au danger qui la menaçait, car, d'après les différentes circonstances du dîner, (l'agent croyait pouvoir prétendre que ces messieurs ne voulaient rien moins que la république), d'après le rapport lumineux et très-explicatif de l'agent Séguin, le préfet de police en envoya cinq autres le lendemain, dans la rue du Rempart, qui eurent ordre de suivre les convives à l'issue du dîner.

La police apprit alors que Talma, après avoir quitté

ses convives, était entré au Théâtre-Français, et en était sorti à 10 et demie, pour rentrer chez lui, seul, et avec beaucoup de tranquillité ; que M. Laffitte avait rendu visite à M. Ternaux, y était resté environ une heure et était rentré à son domicile ; que M. Casimir Périer était monté sur la place du Palais-Royal, dans le fiacre numéro 121, et s'était fait conduire chez M. Georges de La Fayette, on ne l'avait pas vu sortir ; quant à M. Manuel, il s'était promené dans le Palais-Royal, sous les galeries ; mais on l'avait perdu de vue. On fit de très-vifs reproches au surveillant de M. Manuel de n'avoir pas suivi ses traces avec plus de succès.

Mais les renseignements fournis par les autres agents parurent d'une telle importance, que la surveillance fut continuée pendant un mois. La police ayant assez de preuves de la culpabilité des conspirateurs, cessa ses investigations.

Dès qu'on fut informé que M. de La Fayette devait faire un voyage dans les États-Unis d'Amérique, pour visiter le tombeau de Washington et ces heureuses et florissantes contrées qu'il avait arrosées de son sang pour cimenter la liberté d'un peuple généreux et reconnaissant, M. Delaveau voulut connaître les préparatifs que faisait le général pour son départ, et ce qui se passait dans l'intérieur de son hôtel. Il fallait donc s'y introduire, et voici le projet que la préfecture

enfanta ponr arriver à son but. On fabriqua une liste
de souscripteurs pour accorder un secours à un officier qui se trouvait dans la plus grande détresse. On
plaça sur cette liste les noms de MM. Ternaux, Laffitte,
Benjamin Constant et autres députés. L'agent Placi
fut chargé de cette mission. On lui fit sa leçon, et il
se présenta chez M. de La Fayette comme un ancien
militaire. M. Levasseur, secrétaire du général, reçut
le prétendu officier ; il le questionna avec adresse, le
fourbe répondit gauchement, s'embrouilla. Enfin,
M. Levasseur se douta de la ruse et devina l'agent de
police. Il lui dit que M. de La Fayette était sorti, et l'engagea à revenir dans une demi-heure, en l'assurant qu'il
lui ferait obtenir le secours dont il a besoin. L'agent le
remercia, lui témoigna beaucoup de reconnaissance,
et sortit très-satisfait du succès de sa démarche. Aussitôt M. Levasseur donna l'ordre à l'un des domestiques du général de suivre cet individu et de ne pas le
perdre de vue. Ce domestique marcha sur ses traces,
et le vit entrer chez un marchand de vin, au coin de
la rue d'Anjou, où trois autres agents l'attendaient.
Le domestique y entra également, sans que les émissaires de la préfecture se doutassent de rien. Il les en-
tendit parler de police, et se féliciter entre eux du bon
déjeûner qu'ils allaient faire aux dépens du général
La Fayette. Le domestique rentra à l'hôtel, rendit
compte à M. Levasseur de tout ce qu'il avait vu et en-

tendu, et à son tour celui-ci en instruisit le général. La demi-heure étant écoulée, l'agent Placi fut exact au rendez-vous ; son appétit était devenu plus dévorant. Il fut introduit près de M. Levasseur, qui le reçut avec autant d'égards que de politesse et le pria de s'asseoir. Placi jouissait par anticipation des heureux résultats de son intelligence, et il se félicitait tout bas en songeant aux éloges qu'il recevrait de la part de ses chefs. Il se berçait de cette flatteuse espérance, lorsqu'on lui annonça que M. de La Fayette l'attendait. Il se présenta devant lui. Le général l'accueillit avec la plus grande bienveillance, et lui dit : « Monsieur, qui êtes-vous ? » L'agent répondit : « Je suis un ancien officier persécuté, et je viens auprès de vous pour implorer quelques secours. — Ah ! vous êtes un ancien officier. Ne seriez-vous pas, par hasard, un agent de police ? N'appartenez-vous pas au régiment de M. Delaveau. — Non, Monsieur. — Eh bien ! puisque vous ne voulez pas me dire la vérité, je vais trouver un moyen de vous y contraindre. » Puis s'adressant à son secrétaire : « M. Levasseur, faites monter mes domestiques ; que l'on attache ce coquin dans ma chaise de poste, ensuite, faites-le conduire dans mes terres, et qu'on le brûle. »

Les domestiques vinrent, obéirent au général, se saisirent de l'agent Placi : toute résistance devint inutile ; ils l'amenèrent dans la cour et le garrotèrent dans la chaise de poste. Quand il reconnut que ce n'était pas une plaisanterie, et qu'on l'attachait de manière à ce qu'il ne pouvait faire aucun mouvement, il pria les domestiques de lui faire parler à M. de La Fayette. Le général voulut bien y consentir. L'agent lui demanda pardon, et lui remit sa carte. Le général lui rendit la liberté, et renvoya la carte à M. Delaveau, dans une lettre qu'il lui écrivit.

Autre trait. M. Piet, membre de la chambre des députés, logé rue Thérèse, n° 18, avait un très-vaste salon et même une salle à manger non moins étendue, où il jouait avec beaucoup de grâces le rôle d'Amphytrion, pour ce qui est relatif aux plaisirs de la table et aux charmes de la politique.

La police, qui voulait savoir ce qui se passait dans les réunions de la rue Thérèse, et même quelles étaient les personnes avec lesquelles M. Piet vivait dans une grande intimité, soit à Paris, soit ailleurs, et, en outre, connaître le plan de campagne de cette coterie, en prenant communication, n'importe par quel moyen, de la correspondance du député ; la police dépêcha auprès de lui bon nombre de ses agents pour sonder le portier, les domestiques, et même pénétrer jusqu'au chef, sous le prétexte de le consulter sur quelque point de droit.

Tels furent les agents Lefranc, Louis, Lecerf, Cliche, Heuricaux, Saint-Martin et autres. Ils parvenaient bien à savoir le nom des convives, à se procurer quelques cartes de visites. Une ou deux fois, ils obtinrent des audiences de M. Piet, qui leur donnait des avis pour un héritage, un procès entre majeurs; mais ils n'arrivaient pas au but. La police avait bien eu un petit os à ronger, mais il lui fallait quelque chose de plus substantiel.

Ensuite, la plupart de ces agents s'étaient laissés soupçonner; ils semblaient venir réciter tous la même leçon que les écoliers, et leur masque tombait, en sorte qu'on leur riait au nez lorsqu'ils se présentaient de nouveau, et on leur débitait des balivernes qu'ils prenaient pour argent comptant.

Il fallut bien avoir recours à un autre moyen et ruser; un agent secret de la police générale, nommé Estève, qui n'était employé que dans les grandes circonstances et pour des coups d'état, se rendit chez M. Piet pour une consultation très-pressée et très-importante. Il était venu en cabriolet; il savait se présenter avec dignité et parlait avec autant de facilité que d'élégance. Il fut donc bientôt admis dans le cabinet du député, qui abrégea même, pour ne pas le faire attendre, un entretien qu'il avait avec une autre personne. Notre agent lui fit des excuses sur l'importunité de sa visite. On lui répondit qu'il n'était question que d'une bagatelle qui pourrait se renouer une autre fois. Enfin, l'agent secret Estève entra en ma-

tière et annonça une succession en litige très-considé-
rable, dont il voulait entretenir M. Piet, pour le charger ensuite de cette affaire, d'après la réputation de
probité dont il jouissait et ses connaissances acquises
en jurisprudence. Le jurisconsulte fut très-flatté de
tous ces compliments et promit de le prendre au nombre de ses clients. Estève le remercia, et dit qu'il apporterait tous les papiers qui étaient très-volumineux.
Ils s'entretenaient ainsi ensemble dans le cabinet dont
le bureau était chargé de papiers ; à l'instant, la son-
nette se fit entendre, et peu de temps après un domestique se présente et dit à M. Piet qu'une dame désirait
lui parler pour une affaire de la plus haute importance, mais qu'elle n'abuserait pas de ses moments.

Il demande la permission de sortir ; c'est ce qu'on
voulait, et il disparaît. Alors Estève (compère de la
dame), qui avait entendu fermer les portes, ne perd
pas de temps, approche du bureau, s'empare de diverses lettres qu'il prend çà et là sans les choisir ; mais
afin d'en avoir de toutes les espèces ; il voit un dossier
portant sur l'enveloppe : *Élections ;* il s'en empare.
Son chapeau, disposé *ad hoc,* ses poches, recèlent
cette soustraction frauduleuse, digne de la police ; et,
sans avoir opéré le moindre désordre visible, il reprend sa place, le code civil à la main. Il l'avait pris
sur le coin du bureau, et le lisait avec attention lorsque M. Piet se fit entendre et reparut dans le cabinet

en renouvelant ses excuses. Estève dit en plaisantant
qu'il faisait un cours de droit français en l'attendant ;
on échangea de part et d'autre quelques phrases assez
gaies, et l'agent se leva en promettant à M. Piet de
revenir dans quelques jours. Ils se quittèrent très-sa-
tisfaits l'un de l'autre. Estève se retira alors, monta
dans son cabriolet et s'éloigna avec rapidité. Il se rendit vers ses chefs, et remit les lettres et papiers qu'il
s'était procurés par les moyens les plus honteux ; mais
il avait servi la police, et tout devenait légitime.

On fit l'inventaire de ces pièces ; il s'y trouvait des
lettres de M. de Vaublanc, de plusieurs ministres,
principalement du ministre de l'intérieur, qui félici-
taient M. Piet sur son dévouement et sur le succès de
ses dîners, qui obtenaient une grande influence sur
l'opinion publique. On lui donnait ensuite des instructions pour les collèges électoraux et principalement pour celui de la Sarthe, afin de déjouer les intrigues d'un nommé Gohier et de ses partisans, qui
avaient fait nommer MM. Benjamin Constant et La
Fayette.

On le remerciait des divers renseignements qu'il
donnait sur certains membres de la chambre. Le dossier des élections renfermait des listes de candidats et
des lettres de préfets qui promettaient monts et mer-
veilles. La police fut enchantée, et l'agent fut généreusement récompensé, ainsi que la dame qui était

venue fort à propos pour entretenir M. Piet et le faire
sortir de son cabinet. Cette belle n'était autre qu'un
agent femelle, complice d'Estève, qui était venue le
seconder. Elle avait pris le nom de comtesse de Re-
naulme. C'était ainsi que la police violait les droits les
plus sacrés et employait les fonds que le gouvernement
mettait à sa disposition.

Ce n'était pas à Paris que se bornaient les investigations de la police : elle étendait aussi ses ramifications à l'étranger.

En 1816, il exista à Londres une police française
qui, jusqu'en 1822, fut assez ostensible. Le comte de
Brivasac-Beaumont en était le chef. Il avait sous ses
ordres plusieurs agents français parmi lesquels les
nommés Curiat et la Troupelinière. Ils surveillaient
les Français réfugiés, et Brivasac-Beaumont avait, en
conséquence, de fréquents rapports avec Copper, chef
de l'*Allien-office* ou bureau des étrangers. Ce fut d'a-
près ses sollicitations que le général Gourgaud fut
obligé de quitter Londres avec tant de précipitation
qu'on ne lui donna pas le temps de mettre ordre à ses
affaires.

Brivasac avait des appointements assez considérables; mais comme il faisait de grandes dépenses, il fut
arrêté deux fois pour dettes, et perdit beaucoup de la
considération dont il jouissait. Alors il se mit à la solde
de tous les ambassadeurs. Il se mêla de tant d'intri-

gues qu'il eût fini par semer la discorde et la mésin-
telligence entre eux ; mais M. Decazes le rappela, à la
sollicitation de l'ambassadeur de France.

Brivasac-Beaumont se trouvait dans la détresse et
fut trop heureux de quitter l'Angleterre. Il n'avait pas
su se masquer avec assez d'adresse ; on avait découvert
le bout de l'oreille. On lui lâchait des brocards, des
quolibets et comme il ne connaissait pas le *fond* de la
langue anglaise, il ne pouvait pas repousser ces attaques. On l'avait ménagé par égard pour ceux qui l'employaient. Un lord qui l'avait admis d'abord dans sa
société, parce qu'il ne connaissait pas ses fonctions, se
formalisa un jour de ce qu'il s'était permis de prendre
du tabac dans sa boîte. Il lui reprocha cette inconve-
nance, et depuis il ne voulut plus s'en servir. La gravité anglaise se dérida un peu aux dépens du pauvre
Brivasac, et lorsqu'il se permettait encore de paraître
en société, on ne le désignait que sous le nom de M. le
comte *Tabatière*. Brivasac-Beaumont revint à Paris
et se retira ensuite dans les environs de Bordeaux, où
il fut relégué par M. Franchet avec défense de paraître
dans la capitale, sous peine de perdre le traitement
qu'on voulait bien lui accorder.

L'ambassadeur de France à Londres, en 1825, avait
encore une police secrète qui surveillait les réfugiés
français. Un des principaux agents de M. de Polignac
était un nommé Desprès. Il y avait aussi quelques

agents qui étaient à la solde de l'ambassade. Ils surveillaient avec soin l'arrivée et le départ des Français,
afin d'en donner connaissance à l'autorité. On adressait des rapports à M. de Corbière, alors ministre de
l'intérieur en France, et ils passaient ensuite entre les
mains de M. Creveret, chef de bureau au ministère,
qui les conservait dans ses cartons.

CHAPITRE IV

La Police de provocation

Une anecdote sur M. Beugnot. — L'affaire du colonel Labédoyère.
— La conspiration de 1816. — La police belge et la police fran-
çaise. — Conspiration du bord de l'eau. — Affaire Millard. —
Le pétard. — Bouton et Gravier. — Chignard et le dépôt de fusils.
— Les coquetiers séditieux. — Les cannes à effigie de Bonaparte.
— Placards séditieux. — Affaire de Grandménil.

Les agents provocateurs qui, s'il faut en croire
Dulaure, manquaient à la police de l'ancien régime,
même à la police perfectionnée de MM. de Sartines et
Lenoir, ne manquèrent pas plus à la police de la Restauration qu'ils n'avaient manqué à celle de l'Empire.
On peut même dire que la provocation fut un des
principaux moyens de la police, les traits de cette nature sont nombreux ; nous allons en citer quelques-uns
des plus notables.

C'était à l'époque où la direction générale de la
police fut confiée au comte Beugnot. Dès qu'il eut
entre ses mains le gouvernail de cette partie du service public, tous ses efforts tendirent à inspirer des
craintes au Gouvernement ; il ne rêvait que conju-

rations et attentats contre la légitimité, ne voyait que
des ennemis de l'Etat dans tous ceux qui, n'ayant
point imité son exemple, n'avaient pas chanté les
hymnes de la palinodie; et son ardente sollicitude à
cet égard se trouvait parfaitement secondée, non-
seulement par M. Pasquier, préfet de police, mais
encore par les agents en chef et en sous-ordre du ministère, de même que par l'inspecteur général Foudras
et ses subordonnés.

Il fallait absolument trouver des coupables, et
surtout prouver que les militaires de l'ancienne armée voyaient, avec un grand déplaisir, le retour des
Bourbons; on s'attacha à faire croire que ces braves
désiraient renverser le gouvernement qui venait de
s'établir. Les ennemis, qu'on avait désignés sous le
titre d'*alliés*, occupaient encore la France, et les
soldats français voyaient avec indignation vivre pai-
siblement au sein de leur patrie ceux qu'ils avaient
tant de fois vaincus; ils murmuraient contre le sort,
sans accuser le Gouvernement, et surtout sans offen-
ser celui que la Providence replaçait sur le trône de
ses ancêtres; ils croyaient que l'honneur de la France
et de leurs drapeaux était souillé par la présence des
étrangers; mais ils respectaient le roi, mais ils auraient voulu qu'il leur ordonnât de chasser, de repousser dans leurs contrées ces phalanges ennemies.
Conspiraient-ils donc ces vaillants soldats, parce qu'ils

voyaient avec une noble indignation le sol de la France envahi? L'ancienne armée a toujours connu ses devoirs, et l'amour de la patrie est le sentiment qui prédomine tous ceux dont elle est animée.

Le 11e régiment de ligne, qu'on citait pour sa bonne tenue et sa discipline, fut le premier qui, à cette époque, rentra dans la capitale; un de ses officiers, que la curiosité arrêta devant la boutique d'un marchand d'estampes, rue Neuve-des-Petits-Champs, fut accosté par un individu qui, ayant remarqué le numéro du bouton de son habit, savait bien ne pas se tromper en lui faisant cette question : *Monsieur, vous êtes du 11e régiment? L'officier* répondit affirmativement, et la conversation en resta là.

L'officier continua son chemin, et lorsqu'il fut à la place Vendôme, le même individu, qui l'avait déjà accosté, s'en approcha de nouveau, et lui dit :

— Monsieur, vous êtes officier dans un bon et brave régiment?

— Comme tous les autres.

— Aimez-vous l'oiseau (l'aigle)? voudriez-vous encore servir le tondu (Bonaparte)?

— Je ne comprends rien au langage que vous me tenez.

— Si vous vouliez me faire l'honneur d'accepter un verre de vin et d'entrer chez ce marchand, je m'expliquerais plus ouvertement.

— Je n'ai pas l'habitude d'entrer dans ces maisons, surtout en uniforme. Au surplus, qu'avez-vous à me dire ?

— Monsieur, vous me paraissez un brave; j'aurais eu beaucoup de choses à vous communiquer, qui sont de la plus haute importance, et qui tendent à rétablir un ordre de choses qui vous conviendrait mieux. Entrons.

— Je ne le puis. Dans tout autre endroit qu'un lieu public, je vous écouterais volontiers.

— Eh bien ! voulez-vous vous donner la peine de venir chez moi demain? je me nomme Populus, je demeure rue Bour_-l'Abbé, 11 ; demain, à sept heures, je vous attendrai.

— Comptez sur moi.

Ici nos deux interlocuteurs se séparèrent, et l'officier, en quittant son homme, se rendit de suite chez un général de sa connaissance, auquel il rendit compte de la rencontre qu'il avait faite. Le général engagea *l'officier* à suivre l'aventure, quoiqu'il soupçonnât que ce fût une plaisanterie qu'indiquait à peu près la terminaison latine du nom du personnage mystérieux.

Le lendemain, *l'officier*, en habit de ville, fut au rendez-vous, et l'homme de la veille le reçut avec beaucoup de déférence, et le conduisit chez un de ses amis, rue Salle-au-Comte, et où étaient réunis plusieurs individus qui, sur l'invitation de Populus, s'expliquèrent sans détour avec l'officier. Alors il apprit qu'il y avait un parti très-nombreux où figuraient des généraux, des officiers, des soldats de la Garde impériale, des régiments entiers, une multitude d'hommes de toutes les classes de la société, et qui tous voulaient contribuer à rétablir Napoléon sur le trône; qu'on aurait de l'argent, des armes et tous les moyens de se débarrasser des troupes étrangères en mettant le feu dans les casernes, ou en les faisant sauter; que les empereurs d'Autriche et de Russie ne pouvaient échapper eux-mêmes : on montra des plans de retranchement et de barricades, et l'*officier*, au nom de la patrie, de la liberté et de l'honneur, fut invité à faire partie de l'association, et vivement pressé de faire des prosélytes parmi ses camarades; il le promit, ainsi que de revenir le lendemain au même lieu de rassemblement, où d'autres braves, disait-on, devaient aussi se rendre.

L'*officier*, après avoir eu beaucoup de peine à se rendre compte de l'imprudence qu'il y avait de communiquer aussi légèrement un projet d'une telle importance, et dont l'exécution pouvait ébranler tous les cabinets de l'Europe, s'empressa d'en informer à son tour le général, qui avait toute sa confiance. Celui-ci, justement indigné d'une entreprise si épouvantable, conduisit l'*officier* chez M. le duc de Maillé,

premier gentilhomme de la chambre de Monsieur, qui
partagea la terreur et l'indignation qu'inspirait naturellement un parti aussi abominable. Le duc de Maillé,
accompagna le général et l'officier chez le duc d'Aumont, qui crut indispensable d'en informer le comte
de Blacas, ministre de la maison du roi, et quand tous
ces grands personnages eurent entendu toutes les explications données par l'officier, dont ils louèrent et
le zèle et le dévoûment, ils le chargèrent expressément de continuer à voir les conspirateurs, afin de
découvrir les ramifications du complot, et c'était au
comte de Blacas qu'il devait faire son rapport, jour
par jour, sur tout ce qu'il découvrirait.

Animé par le désir d'être utile, l'*officier* suivit avec
soin les réunions de l'association, et il estima s'être
trouvé avec quatre à cinq cents personnes réparties
dans divers quartiers de Paris, et qui toutes annon-
çaient les intentions les plus criminelles, attendant,
avec une furieuse et sourde impatience, le moment de
les exécuter. Il y en avait un bien plus grand nombre
qui semblaient prendre part à cette immense conjuration, et qui n'aspiraient aussi qu'à l'occasion de se
montrer et de frapper les grands coups. Paris alors
semblait recéler dans son sein tous les éléments des
plus grands désastres. Dans quelques jours, dans
quelques instants, au moment même, si le terrible
signal eût été donné, la capitale se trouvait en proie

à toutes les horreurs de l'anarchie ; et, dans un torrent de sang, on eût vu couler des milliers de cadavres.

Chaque jour le comte de Blacas recevait de l'officier de nouveaux renseignements, et chaque jour aussi, celui-ci recevait de nouveaux éloges sur les services qu'il rendait; il avait pu donner la liste d'un grand nombre de conspirateurs, et jusqu'à leurs demeures ; il fut jusqu'à désigner ceux qui, rencontrant un jour l'empereur d'Autriche se promenant avec une suite peu nombreuse, près des fossés de la Bastille, voulaient l'y précipiter ; un d'eux, seul, arrêta ce mouvement impétueux, en faisant observer que le signal décisif n'était point donné, et qu'il fallait agir de tous côtés en même temps pour être assuré d'un plein succès.

Chaque jour le rôle de l'officier devenait de plus en plus embarrassant, et il répugnait à sa délicatesse de marcher à peu près sur les traces d'un agent de police, lancé comme un *mouton* au milieu des conjurés. Le comte de Blacas, en applaudissant à ses scrupules, lui promit de l'affranchir de ce rôle qui lui pesait, et ce jour-là même l'officier lui remit des documents très-exacts et très-positifs sur ce qui se passait chez les grands personnages qui avaient tenu de très-près à Napoléon, sur leur réunion, et sur les projets qui devaient assurer le retour de l'île d'Elbe.

Le comte de Blacas dans l'occurrence, pensa que le meilleur, le plus sage parti à prendre était de voir M. Beugnot, ministre de la police, qu'il pressentit d'abord en lui demandant si Paris était tranquille, et s'il n'y avait pas quelques rassemblements. Le ministre, peu instruit sur ce point, *ou feignant de ne l'être pas*, afin de profiter de toutes les chances, l'assura que tout était dans le calme le plus parfait ; alors le comte de Blacas annonça tout le contraire ; et, pour le prouver au ministre, il lui remit les renseignements très-détaillés qui lui avaient été fournis par l'officier. Le ministre les lut avec beaucoup d'attention, et, malgré cet ascendant qu'ont sur eux-mêmes les diplomates, celui-ci ne put se défendre d'une surprise, d'une confusion qui n'échappèrent point à l'œil observateur du comte de Blacas ; mais le ministre, revenu de cette vive impression qui avait mis à découvert ou sa déloyauté ou son manque de perspicacité, reprit son sang-froid, et dit avec une sorte d'importance, qu'il avait bien quelques données sur ce complot, envisagé par l'officier sous un point de vue trop élevé ; que le mal était exagéré, mais que, cependant, il y avait quelque chose de vrai Le comte de Blacas se plaignit assez amèrement, de ce qu'un magistrat, chargé de tout ce qui était relatif à la sûreté publique comme à celle du roi, fût moins instruit qu'un particulier des dangers éminents dont on était entouré, et qu'on était sur un

volcan prêt à produire la plus terrible éruption. Le
ministre balbutia, pour se justifier, quelques phrases
de zèle et de dévouement qui rassurèrent un peu le
comte de Blacas qui, avant de le quitter, lui laissa
toutes les notes de l'officier, le nom et la demeure de
celui-ci.

Le ministre, fâché qu'on eût devancé sa police, se
trouva offensé du zèle de l'officier, zèle qu'il caracté-
risait d'indiscrétion; mais pourtant il se promit bien
d'approprier au profit de son autorité tout ce que con-
tenaient d'intéressant les renseignements qui lui
avaient été laissés par le comte de Blacas.

Enfin les mouches de la police prirent leur essor;
l'officier fut circonvenu; on s'insinua auprès de ceux
qu'il fréquentait : les provocations, arme si dange-
reuse et si perfide, furent mises en avant; et tous les
piéges, toutes les machines obliques de la rue de Jérusalem furent tendues pour enlacer les innocents et les
coupables, suivant le bon plaisir de M. le ministre
Beugnot.

L'officier, au zèle duquel on avait tant de raison
d'applaudir, dormait encore profondément, et du sommeil d'un homme qui n'a rien à se reprocher, lorsqu'au lever de l'aurore, un matin, les sbires et les
agents de la police se présentèrent à son domicile, et,
au nom du Roi, on lui intima l'ordre de se rendre
près du ministre. Probablement on inventoria ses pa-

piers, bouleversa tous ses effets; et sur la figure sinistre des archers de la police se marquait très-distincte-
ment le regret de ne rien trouver qui pût comprome-
tre celui dont on violait la demeure, dont on troublait
le repos. L'officier fut conduit à la police, où, après
avoir répondu franchement à toutes les questions de
M. Foudras qui lui reprocha durement de n'avoir pas
fait directement ses révélations à la police, il fut en-
fermé dans une chambre, dont l'ameublement annonçait qu'il pouvait se considérer comme étant en prison.

Quels sont ses torts? ou plutôt quels services n'a-t-
il pas voulu rendre? il a pour lui sa conscience et le
témoignage des ducs de Blacas et d'Aumont et du comte
de Maillé; il attend avec sécurité que cette affaire se
débrouille, ne doutant pas que bientôt sa liberté ne lui
soit rendue.

Mis au secret jusqu'à nouvel ordre, notre prisonnier ne pouvait qu'écrire, et, à travers la brusque
obscurité du laconisme de son gardien, il découvrit
qu'il était métamorphosé en conspirateur. Peut-on le
croire?

Il fait cher et très-cher vivre en prison; tout s'y
paye au poids de l'or, et la bourse la mieux garnie se
vide en peu de temps. Celle de l'officier prisonnier
étant à sec, on le réduisit au pain et à l'eau, et on le
priva des draps de son lit composé d'un seul matelas.
C'est ainsi qu'il passa treize jours sans avoir de rela-

tions qu'avec le geolier, et un autre commensal, le *mouton obligé*, le compère de la police, causeur plus ou moins adroit, mais que l'officier devina tout de suite, et qu'il se plut à mystifier. Dans ses interrogatoires, il rendit un compte exact de tous les faits; et quoique la personne qui l'interrogea ne pût s'empêcher de lui dire qu'il méritait des éloges, et que toutes ses réponses faisaient ressortir tout l'odieux des provocations qu'on avait essayées sur lui, il n'en fut pas moins remis au secret. On le confronta avec quelques-uns des nombreux individus qu'il avait vus avant son arrestation; ils le reconnurent, avouèrent les propos qu'ils avaient tenus, les projets qu'ils méditaient, et déclarèrent que l'officier ne pouvait être accusé en aucune manière. L'un d'eux ajouta que plusieurs de ceux qui avaient disparu, soupçonnant l'officier de vouloir les trahir, avaient proposé un jour de l'attirer hors des barrières, où il aurait été assommé et jeté dans une carrière.

Les interrogatoires, tout à l'avantage de l'accusé, et les aveux de quelques conspirateurs qui étaient tout en sa faveur, réunis aux antécédents les plus flatteurs, rien ne put décider le ministre à lui rendre justice. Pour l'obtenir, il aurait fallu se rappeler qu'on était dans le sanctuaire des détours, de la ruse, et savoir dissimuler sa juste indignation, épargner au ministre des reproches sanglants; mais ce dernier qui n'aimait

pas à s'entendre dire de dures vérités, et qui paraissait
prendre sous sa protection immédiate le corps des
agents provocateurs, décida comme mesure administrative que l'officier passerait deux mois à la prison de
la Force ; on l'y transféra dans une voiture, et il se
trouva pêle-mêle confondu avec des voleurs.

C'est du séjour du crime, où, dénué de tout ce qui
peut en tempérer l'amertume, que le malheureux officier s'empressa d'informer les ducs de Blacas et
d'Aumont et le comte de Maillé, ainsi que le général,
de l'infamie dont l'accablait un ministre vindicatif ;
mais cet administrateur insigne, intéressé à dérober
la trace de ses actes arbitraires, avait donné l'ordre
d'arrêter et de lui remettre toutes les lettres de l'infortuné détenu. On triomphe quelquefois des méchants, et notre prisonnier rencontra à la Force un
compagnon d'infortune qui, ayant la liberté de cor-
respondre avec le dehors, trompa l'active inquisition
qui pesait sur l'officier, en se chargeant de soustraire
ses lettres au terrible *veto* du ministre. Grâces à cet
expédient, les protecteurs du prisonnier surent enfin
ce qu'il était devenu, et de combien d'outrages on
l'abreuvait.

Dans ce séjour de honte, où l'abus du pouvoir con-
fond quelquefois l'homme honnête avec l'être le plus
bas qu'ait formé la nature, le prisonnier reconnut
quelques-uns des agents provocateurs, qui avaient

comparu devant lui lors de ses interrogatoires, de ces vils instruments du pouvoir qui voulaient faire croire que le gouvernement et le roi avaient tout à craindre des militaires et de l'armée française ; et quand ces agents osèrent s'approcher de lui en se plaignant aussi des vexations du ministre qui les privait de leur liberté, il les signala hautement à tous les prisonniers comme d'infâmes espions, apostés au milieu d'eux par la police pour les enlacer, sous les verroux, de nouvelles perfidies.

Eh bien ! malgré les instances des hautes protections de l'officier, sa liberté ne lui fut rendue qu'à peu près à l'expiration du temps prescrit par l'injuste mesure administrative du ministre.

Pendant son absence, le sieur Guillaume, propriétaire du logement de l'officier, avait fait main basse sur les effets qu'il y avait trouvés ; et, comme le sieur Guillaume était un agent secret de la police, l'officier, en s'adressant au commissaire de police du quartier, tomba de Charibde en Scylla, et il dut ajouter la perte de ses effets et de plusieurs valeurs importantes aux persécutions qu'il avait éprouvées sous le bon plaisir ministériel (1).

(1) Ce sieur Guillaume, d'une grande immoralité, était cuisinier chez le général M..., qui commanda dans le département de ..... et si généralement connu par les services qu'il vendait. G..., devenu secrétaire du général, préparait les voies et partageait avec son

Le ministre n'avait point encore épuisé la série des
mauvais procédés dont il voulait accabler le protégé
des ducs de Blacas et d'Aumont; et, comme leur crédit
avait arraché à la captivité l'officier huit jours avant
l'échéance des deux mois de mesure administrative, le
ministre Beugnot voulait une compensation, et il la
trouva dans l'injonction faite à l'officier de prendre
un passe-port et de quitter Paris, encore bien que son
régiment y fût toujours caserné, et que, comme militaire, il se trouvât dans les attributions du ministre
de la guerre. Il prit donc ce passe-port, cette espèce de
feuille d'ostracisme, et, au lieu de quitter les murs de
Paris, il se retrancha auprès de ses puissants protecteurs, qui surent encore triompher de la malice minis-
térielle, et l'officier rentra à son corps.

Que conclure de cet acharnement du ministre Beugnot à tourmenter, à persécuter cet officier? C'est
qu'il était désespéré qu'un simple particulier fût mieux
informé que lui des projets qui devaient ramener
Napoléon de l'île d'Elbe; ou plutôt, de ce qu'il divul-
guait ce que lui, M. Beugnot, avait intérêt de cacher,
afin d'être en faveur à tout évènement.

maître le produit des exactions. Ces productives opérations ayant
éveillé l'attention d'un certain procureur impérial, il en résulta
une enquête qui prouva l'évidente culpabilité. Le général parvint
à assoupir l'affaire, reçut un ordre de départ, et le secrétaire-cui-
sinier fut chassé du pays.

(1) *Biographie des commissaires de police de Paris*, 1826.

Labédoyère est une de ces victimes de la perfidie et de la trahison, livrée à la juste sévérité des lois.

Labédoyère était coupable ; mais les moyens employés pour le perdre sont infâmes.

Ce colonel, né avec une tête et une imagination ardentes, ébloui par cette gloire immense, dont l'auréole ceignait la tête de son héros, crut devoir tout sacrifier à la reconnaissance. Il s'égara, il en fut puni.

Labédoyère fut le premier colonel qui passa du côté de Napoléon à son retour de l'île d'Elbe. Cet exemple était dangereux, il le donna. C'est de là que date sa culpabilité.

Il était loin de Paris, il pouvait fuir ; mais les objets de ses plus chères affections étaient dans la capitale ; il voulait presser sur son cœur sa femme et son fils.

Il vint à ce qu'il paraît, dans Paris, excité par un agent provocateur et d'après de faux avis. On l'a publié dans le temps.

Dès que Labédoyère fut dans la capitale, il fut surveillé sur l'heure. Dabasse, inspecteur de police, ayant été au service de sa famille, qui l'avait comblé de bienfaits, avait un libre accès dans cette maison. Il inspirait de la confiance, était instruit de tout ce qui se passait dans l'intérieur, et rien ne lui était caché. On ne doit pas s'étonner si le colonel jouissait d'une si grande liberté ; Dabasse le voyant à chaque instant, il ne pouvait échapper lorsqu'on voudrait l'arrêter. On voulait, en le laissant dans une grande sécurité, connaître ses amis, ses liaisons, afin de frapper encore d'autres victimes si on pouvait en rencontrer ou en découvrir. Enfin, on voulut en finir, et Labédoyère dut être arrêté. Dabasse présida à cette opération sans y prendre une part active ; il guida les émissaires de la police et leur montra la victime ; second Judas, c'est sous le masque de la reconnaissance, de l'intérêt, disons plus, de l'amitié, qu'il livra Labédoyère. Celui-ci fut arrêté au moment où il rentrait au château de la Malmaison, où Dabasse n'ignorait pas qu'il avait reçu asile.

Labédoyère, conduit à la préfecture de police, le fut ensuite chez le général commandant la 1re division militaire, qui le fit transférer à la prison de l'Abbaye.

Dabasse, tout en continuant sa surveillance, faisait de fréquentes visites à la femme du colonel, qui demeurait rue de Grenelle-Saint-Germain. Il était parvenu à s'insinuer dans la confiance de la cuisinière. Cette fille, qui croyait voir dans Dabasse un ami sincère et zélé de ses malheureux maîtres, s'abandonna même à un sentiment plus tendre, que les aveux du traître et fourbe Dabasse fortifièrent encore.

Elle pensa ne devoir faire aucun mystère de tout ce qui pourrait intéresser le colonel, et annonça à Dabasse que les parents de Labédoyère espéraient gagner le concierge de la prison, et que le soir même elle porterait 10,000 francs à ce concierge pour le prix de sa plaisance et de l'évasion de Labédoyère.

Dabasse avertit de ce fait son chef Foudras et se rendit le soir devant la porte de la prison avec deux autres agents. La cuisinière parut, il laissa tomber son masque, se montra tel qu'il était, et arrêta cette fille, interdite de reconnaître son adorateur au nombre de ceux qui l'arrêtaient.

Dans l'interrogatoire, elle avoua la mission dont elle était chargée, en ajoutant que Dabasse devait la seconder dans ce projet et en assurer l'exécution. On s'empara de l'argent qu'elle portait, et elle fut détenue pendant quelque temps.

Le bruit courut alors que Dabasse avait reçu les 10,000 francs comme récompense dans l'affaire Labédoyère.

Revenons à ce colonel.

Le 29 août 1815, il comparut devant le deuxième conseil de guerre de la 1re division militaire. Après avoir entendu les témoins à charge, le conseil se déclara suffisamment instruit, et on refusa de laisser comparaître les témoins à décharge.

Labédoyère fut même interrompu plusieurs fois dans sa défense. Enfin, il prit la parole et s'exprima ainsi :

« Messieurs, si dans cette journée importante, ma

vie seule était compromise, cédant à une émotion intérieure, je vous dirais : Celui qui a conduit tant de braves gens à la mort, saura y marcher en brave homme, et je ne vous arrêterais pas longtemps. Mais ma femme, modèle de toutes les vertus, verra-t-elle flétrir un nom respectable depuis tant d'années? Mon fils, dès qu'il apprendra à se connaître, apprendra-t-il à maudire le nom de celui qui lui a donné le jour? Je puis le dire, messieurs, l'honneur est intact. L'intérêt mal entendu de la patrie a pu m'entraîner ; mais qu'on ose me soupçonner d'avoir été mu par des considérations d'intérêt personnel, je ne puis supporter un tel soupçon et je dois le repousser. Il paraît qu'on a voulu me représenter comme étant, avant le mois de mars 1815, dans une conspiration tendant à favoriser le retour de Napoléon Bonaparte... Je n'ai jamais été dans aucune conspiration. Je suis parti ignorant qu'il existait des communications avec l'île d'Elbe ; je déclare que je suis convaincu qu'il n'y en avait aucune. Mais les troupes étaient mécontentes ; il eût été difficile de leur faire oublier le nom d'un homme qui les avait si souvent conduites à la victoire. J'aurais aimé à leur faire connaître les noms des grands hommes qui ont illustré la famille des Bourbons... Avant le débarquement de Bonaparte, je n'étais resté à Paris au-delà du terme fixé par mon congé, que parce que j'y étais retenu par mon épouse, qui venait de me donner un fils... Je connaissais l'esprit public; il y avait du mécontentement sous plusieurs rapports, mais rien n'était lié. Cependant, si le danger n'existait pas aujourd'hui, il pouvait exister demain. Si ma voix peut avoir l'accent que les voix, même les plus faibles, ont au moment de la mort, je l'emploierai à proclamer quelques vérités que je crois utiles à mon pays. En avril 1814, la France et l'armée avaient abandonné Napoléon Bonaparte; on demandait la famille des Bourbons; les Bourbons furent accueillis avec enthousiasme. On ne pouvait imputer au roi aucun malheur. Comment cette disposition unanime des cœurs changea-t-elle en si peu de temps?

» Les Bourbons voulaient le bien; mais des amis égarés par leur zèle... »

Ici, Labédoyère fut interrompu, on l'engagea à se renfermer dans sa cause.

« Il me semble de toute justice, répondit l'accusé, qu'on entende les raisons qui ont pu déterminer ma conduite. »

Nouvelle interruption.

Il reprit.

« Je passe toute ma défense; je vais à la dernière page. Une grande erreur que je reconnais, que j'avoue avec douleur, a été commise par l'ignorance des intentions du roi. Aujourd'hui la charte, les promesses du roi sont exécutées; un peuple se pressant à l'envi

III   11.

autour de son souverain, reconnaît que lui seul est digne de régner et peut faire son bonheur. Peut-être ne suis-je pas réservé à en être témoin. Mais je désire que ma mort, précédée de l'aveu de mes erreurs, soit de quelque utilité. »

Son avocat réclama la parole pour lui, afin qu'il pût achever sa défense. Elle lui fut refusée. Alors Labédoyère reprit ainsi :

« J'ai renoncé à ma défense, je me suis arrêté lorsque l'on m'a interrompu ; je n'ai lu que la dernière page; mais je suppose que je sois accusé d'avoir tué un homme, on entendrait des témoins sur le fait et sur les circonstances. Je puis prouver que les faits dont on m'accuse ne sont pas de nature à me faire perdre l'honneur, et du moment où l'on m'empêche de me défendre, je suis exposé à perdre à la fois la vie et l'honneur. »

On repoussa sa réclamation. Il fut donc condamné à mort le 29 août 1815, et subit son jugement le même jour, à six heures du soir.

Par le codicile de son testament, daté de Longwood, le 24 avril 1821, article 15, Napoléon lègue 50,000 francs aux enfants de Labédoyère.

Un mois après la mort du colonel Labédoyère, Dabasse, qui était d'une ignorance crasse, mais seulement très-habile dans l'art de la perfidie (il sait à peine signer son nom), fut nommé officier de paix à la préfecture de police. Cette récompense fut ajoutée aux

10,000 fr. pour avoir trahi et conduit, pour ainsi dire
à la mort, *son ancien maître et son bienfaiteur.*

La police joua le principal rôle dans la conspiration
dite de 1816, et les agents provocateurs firent leurs
premières armes à cette époque d'une manière tout à
fait ostensible, car ils n'avaient fait que préluder en
1814 avec assez de timidité. Ils n'étaient pas assez
sûrs de leurs rôles. Après s'en être bien pénétrés, ils
se mirent en scène et cherchèrent quelques-uns de ces
hommes, obscurs, qui follement épris de la gloire de la
France, qu'ils étaient incapables de connaître et d'apprécier, se laisseraient séduire par des propositions
astucieuses et s'érigeraient en réformateurs pour changer la face du gouvernement.

Où rencontrer ces conspirateurs, ces victimes que
la police devait sacrifier à son infâme désir de paraître utile et nécessaire, et dont elle voulait voir couler
le sang pour cimenter son affreux pouvoir? Émule et
rivale de Robespierre, elle élevait son trône sur des
cadavres. Un agent de la police, nommé Scheltein,
parcourait les cabarets de la capitale, ce rendez-vous
de tous les désœuvrés qui, échauffés par le vin, tien-
nent des propos dont ils ignorent la portée, et c'est là
que Pleignier, guidé par sa mauvaise étoile, s'offrit
aux regards et à la perfidie de l'agent provocateur.

Il adressa la parole au malheureux Pleignier. Quel-

ques mots sur les affaires du temps échappèrent à
Scheltein, et Pleignier, sans instruction, mais guidé
par une espèce d'enthousiasme et des lectures mal con-
çues, répondit à cet appel en émettant des vœux et
des désirs qui tendaient à seconder les intentions et
les projets de celui qui méditait sa ruine.

Il n'en fallut pas davantage pour que l'agent provocateur jetât de l'huile sur le brâsier. Pleignier était
dans le besoin ; bon père et bon époux, il gémissait de
voir les objets de ses plus chères affections à la veille
d'être frappés par la misère. On lui fit entrevoir qu'un
changement de gouvernement pourrait lui être avantageux, et qu'avec les moyens qu'il paraissait avoir, il
lui était permis d'espérer de sortir de l'état d'abjec-
tion dans lequel il se trouvait.

L'amour-propre s'empara de lui, et lui ferma les
yeux sur l'abîme dans lequel il allait s'engloutir.

L'agent de la police le voyant dans des dispositions
convenables, lui fit des demi-confidences qui laissaient
encore quelque chose à désirer. Pleignier devint plus
pressant. Enfin, Scheltein finit par lui dire qu'il existait réellement un projet de changer la face du gouvernement, pour en donner un plus conforme à la
manière de voir et de penser des Français, qu'on semblait vouloir ramener à l'ancien régime. Ce n'était pas
la république, ni rien qui ressemblât au Directoire ;
le Consulat et l'Empire avaient laissé beaucoup de

choses à désirer ; il fallait donc une liberté sage, éclairée, qui fît revivre ce patriotisme pur qui embellit l'aurore de la Révolution, et qui ne fût souillée par aucun des excès que l'on pouvait reprocher à ceux qui avaient gouverné et dont le despotisme royal n'était pas exempt.

C'était donc à des hommes tels que lui et à ses amis qu'il appartenait de changer les destinées de la France et de les consolider à jamais.

Pleignier approuvait ce plan sans songer aux suites et aux conséquences. L'agent provocateur annonçait que déjà un grand nombre d'individus s'étaient enrôlés sous cette bannière du patriotisme ; mais qu'il n'était pas assez considérable ; qu'il fallait se recruter et adopter un signe de ralliement, afin de pouvoir se reconnaître, et que si lui, Pleignier, avait des amis sur lesquels il pût compter, il devait les engager à prendre parti dans cette association.

Pleignier promit de s'en occuper, et il avança même qu'il était lié avec des hommes qui partageraient sans doute son opinion et qui suivraient son exemple. L'agent promit de le revoir et de lui communiquer une proclamation qui lui ferait connaître les intentions de tous ceux qui voulaient coopérer au grand œuvre de la régénération de la France.

Pleignier, d'un caractère faible, adopta toutes ces idées. Il en fit part à Tolleron, graveur ; à Carbon-

neau, écrivain public, et à Charles, imprimeur. Ils
étaient tous ses amis, et sans être des hommes à craindre, ni très-dangereux, ils regrettaient Bonaparte. Ils
n'approuvèrent pas entièrement tout ce que leur dit
Pleignier, et voulurent aussi avoir un entretien avec
l'individu qui lui avait fait ces étranges propositions.
Le lendemain ils se trouvèrent au même endroit, et ils
y rencontrèrent cet homme dont Pleignier leur avait
vanté les talents et les moyens.

Il leur donna connaissance de cette proclamation
dont il avait été question la veille ; elle annonçait que
des hommes qui se montreraient lorsque les circonstances paraîtraient l'exiger, veillaient au salut des
amis de la patrie ; que c'était en vain qu'on cherche-
rait à les découvrir et à les atteindre ; ils avaient
trouvé les moyens de se soustraire à toutes les tyran-
nies, et que, lorsqu'il en serait temps, ils donneraient
le signal pour rendre la France au bonheur, après lequel elle aspirait depuis longtemps, et dont elle joui-
rait sans retour.

Pleignier et ses amis furent éblouis du style de cette
proclamation et de ses promesses. Il fallait un graveur
pour fabriquer les cartes, Tolleron s'en chargea. Carbonneau dut copier la proclamation et les lettres qu'on
devait adresser aux membres de l'association, et
Charles promit de fournir une presse d'imprimeur et
des caractères qu'on déposerait chez Pleignier dans

une des fosses de sa tannerie. Il exerçait la profession de tanneur.

L'agent provocateur parvint tellement à séduire ces malheureux, qu'ils promirent de faire tout ce que l'on voudrait. Ils étaient dans la misère, et sans réfléchir, ni rien examiner, ils voyaient dans tout cela l'ancre de leur salut.

Cependant, livrés à eux-mêmes, ils pensèrent avoir agi avec un peu trop de légèreté, et ils convinrent entre eux de parler des propositions qu'on leur avait faites à un homme qui avait leur confiance et qui était chargé de fonctions publiques, en ajoutant qu'ils avaient de la répugnance à se mettre ainsi à la discrétion d'un individu qu'ils ne connaissaient pas.

Ce personnage en parla ensuite au ministre de la police, qui feignit de ne pas connaître des projets qu'il avait ourdis et qu'il dirigeait lui-même, et il le chargea d'engager Pleignier et ses amis à suivre cette affaire, à continuer à faire partie de cette association, pour connaître tous les conspirateurs, leurs projets, et de l'en instruire très-exactement; qu'ils rendraient un service essentiel, dont ils seraient généreusement récompensés.

Celui auquel ils avaient accordé leur confiance, et dont ils avaient réclamé les avis et les conseils, leur rendit compte de son entretien avec le ministre. Alors ils ne craignirent plus de suivre aveuglément la route

qui leur était tracée, et ils s'abandonnèrent sans réserve à l'impulsion qu'on leur donnait. Tolleron prit
son burin et grava les cartes. Carbonneau copia la proclamation et les lettres de la société. Charles fit gémir
la presse, et tout fut en activité. On distribua des
cartes. La société se réunit à jours et heures fixes dans
des cabarets. L'agent provocateur Scheltein y fit admettre un de ses amis intimes. Il est facile de penser
quel était cet ami, et pour lever tous les doutes, nous
ajouterons que c'était un autre agent de police, nommé
Astyer. Il l'annonça comme d'une rare prudence et
des plus grands talents, et cet individu parla de la
conspiration en homme instruit des plus petits détails.
Chacun en fut émerveillé ; mais ce qui inspira bien
plus de confiance à tous les membres de la société,
c'est qu'il admit au nombre de ses membres tous ceux
qui en témoignaient le désir. Il payait les dépenses,
dirigeait la gravure des cartes, l'impression des proclamations, et le Pactole coulait de ses mains dans
celles des frères. Pleignier dit avoir eu une audience
du ministre de la police, chez lequel on l'avait introduit. Il lui avait tout révélé et donné les plus grands
détails sur les séances qui avaient eu lieu ; il avait
même ajouté le signalement de celui qui répandait
l'argent avec tant de désintéressement et de libéralité,
mais il ignorait son nom.

Le ministre, mieux instruit, le connaissait parfaitement; il n'agissait que d'après ses ordres; il était son agent, et fournissait les mêmes renseignements à Son Excellence. Il engagea cependant Pleignier à continuer de jouer son rôle, et il le paya généreusement. Pleignier recrutait aussi la société. Des hommes et des femmes y étaient admis. Les frères Ozéré, la femme Picard, épouse d'un bottier, rue Neuve-des-Petits-Champs, près le ministère des finances, et un nommé Devin, officier en retraite, en devinrent membres.

L'agent du ministère faisait chaque jour de nouvelles confidences dans les réunions; enfin, un soir, dans un de ces épanchements, il annonça que le plan de la conspiration était définitivement arrêté, qu'il n'y aurait plus qu'à s'occuper des moyens d'exécution. On devait attaquer le château des Tuileries, et y pénétrer par un aqueduc dont il indiqua la position. Il désirait trouver quelqu'un qui pût lui copier le croquis du plan qu'il avait levé; un de ses collègues, autre agent de police, lui rendit ce service : cet odieux complice est toujours resté inconnu. Lorsque ce travail préparatoire fut terminé, Devin, l'officier en retraite, se chargea de le mettre au net.

L'agent provocateur n'avait plus rien à désirer. Il avait pour complices et pour fauteurs, dans cette coupable entreprise, un nombre suffisant d'individus pour qu'on pût dénoncer une conspiration; alors il arrangea tout de manière à les accuser et à les livrer entre les mains de ses indignes patrons. Les réunions avaient toujours lieu dans des cabarets, chez des marchands de vin. Depuis quelque temps les chefs de la société en avaient adopté un, placé près le Palais de Justice, au *Sacrifice d'Abraham.* Les réunions étaient toujours très-nombreuses. Si le ministère de la police y jouait le premier-rôle, grâce à ses agents, la préfecture y envoyait aussi les siens. Ils se prêtaient un mutuel appui. Ils se relevaient les uns les autres. On voyait très fréquemment dans ce cabaret un Polonais nommé Reillsky ; il paraissait y être à poste fixe. Il était aussi membre de la société, et l'un des plus chauds partisans de la conspiration. Ce Polonais conduisait quelquefois des conjurés dans la rue Sainte-Anne, près de l'arcade, chez un marchand de vin, où il attira d'abord Ozéré, écrivain dans la cour de la Sainte-Chapelle, et comme il était dans la misère, on lui remit de l'argent, en y ajoutant quelques confidences qui lui méritèrent un brevet de conspirateur et quelques années de prison.

Les principaux rassemblements se tenaient toujours au *Sacrifice d'Abraham,* et la police ayant sous sa main les coupables qu'elle avait faits, les laissait se compromettre à leur aise, afin d'avoir plus de moyens apparents de punir et de provoquer au nom de la loi le châtiment des conspirateurs. Pleignier, qui croyait n'avoir rien à redouter, puisqu'il avait vu le ministre et qu'il n'agissait qu'en vertu des ordres qu'il avait reçus verbalement, rendait toujours compte à Son Excellence de ce qui se passait, des discours, des desseins et des propositions de celui qui payait et donnait l'impulsion à tout.

Pleignier, qui recevait de l'argent pour le prix des services qu'il rendait au gouvernement, inspirait la confiance dont il était pénétré à Tolleron, Carbonneau, Charles et autres avec lesquels il était lié intimement, et, sans leur donner la clé de sa conduite, il leur en disait assez pour qu'ils n'eussent pas la moindre inquiétude. Ils faisaient un beau songe dont le réveil devait être affreux.

Lorsque l'agent provocateur Scheltein eût rendu compte de la situation des affaires, et que la culpabilité et la complicité des sociétaires parut suffisamment établie, alors la police jugea qu'il était temps de s'emparer de tous les conspirateurs.

Scheltein reçut l'ordre de s'arranger de manière à ce que les principaux membres de la société pussent être arrêtés en flagrant délit, c'est-à-dire porteurs de pièces de conviction. Il leur indiqua donc la marche à suivre pour éviter d'être découverts en écartant tous les soupçons, et il fut convenu que l'on transporterait dans un lieu qu'il désignait, les objets qui pourraient servir à prouver la conspiration. Devin se munit du plan qu'il avait mis au net. Tolleron de la planche gravée qui avait servi pour fabriquer les cartes. Charles et Carbonneau des caractères en paquets pour imprimer les lettres et les proclamations.

Quant à Pleignier, il avait chez lui des cartes et des proclamations cachées dans sa tannerie. Il n'en fallait pas davantage.

Les choses étant ainsi réglées, ils se mirent en route ; l'embuscade était dressée, les agents de police les attendaient, et ils furent tous arrêtés en même temps et conduits à la préfecture de police. Ces malheureux furent très-étonnés de se voir incarcérés et mis au secret le plus rigoureux. Le préfet de police, qui les tenait sous sa verge de fer, donna les ordres les plus précis pour que leur détention fût ignorée de leurs familles et de leurs amis. Ils languirent ainsi plusieurs mois dans les fers, furent interrogés sans qu'on eût égard aux motifs qui les avaient fait agir et qui pouvaient leur être favorables. Comme ils étaient dans la plus profonde ignorance de tout ce que l'on voulait faire contre eux, ils pensaient qu'ils n'étaient arrêtés que pour assurer, par leur témoignage, la culpabilité de celui qui s'était montré seul l'instigateur du complot, et qui l'avait alimenté et fortifié de ses conseils et de son argent. Ils espéraient qu'en divulguant la vérité, ils seraient reconnus innocents, et Pleignier, qui avait vu le ministre et lui avait donné connaissance de tout, se croyait à l'abri des poursuites et des accusations. Mais que devinrent-ils lorsqu'ils se virent transférés dans la prison de la Force, et que, subissant des interrogatoires devant le juge d'instruction, ils furent instruits que celui qui s'était montré à eux comme le chef, l'instigateur de la conspiration dont ils étaient devenus les complices sans s'en douter, n'était autre chose qu'un agent de police, le fourbe Scheltein !... Ils furent saisis d'horreur et d'indignation, et accusèrent le ministre et le préfet de police de la plus criminelle et la. plus astucieuse conduite. Ils voulurent se justifier ; mais comment y parvenir ? Leur témoignage ne suffisait pas, ils ne purent prouver matériellement ce qu'ils avançaient, aucun ordre écrit n'était entre leurs mains, et ce fut en vain qu'ils invoquèrent la vérité pour qu'elle se fît entendre par la bouche du ministre et du préfet : ils furent sourds à leurs voix, à leurs réclamations, et le silence de la mort entourait déjà ces infortunés.

Pleignier comptait encore sur l'équité du monarque, si le ministre voulait la méconnaître. Tolleron et Carbonneau attendaient tout de Pleignier. C'était à lui à parler et à divulguer la conduite de ceux qu'il avait vus et dont il avait reçu les ordres et les instructions.

Pendant qu'ils s'agitaient ainsi et qu'ils étaient en proie aux plus cruelles inquiétudes, l'instruction se poursuivait. Elle se termina ; ils furent mis en jugement, et ils comparurent devant la cour d'assises. Il existait des preuves contre eux, il fallait les détruire, et par quel moyen? Tolleron et Carbonneau, sur le banc des accusés, pressaient Pleignier de divulguer la vérité. Celui-ci, qui paraissait avoir perdu la tête et qui était en outre accablé par la douleur, s'écriait qu'il ne pouvait parler qu'au roi. Devin, l'officier en retraite, demandait que l'agent de police Scheltein, qui avait tout provoqué, qui les avait trahis et trompés, fût conduit devant la cour pour reconnaître leur innocence, et qu'il fût prouvé que lui seul était coupable. M. le président de la cour donna ordre de le chercher, mais on ne le trouva pas. Devin annonça avec force qu'il avait changé de nom et qu'il s'appelait Duval. Il demanda qu'on lui permît d'aller le chercher avec des gendarmes qui l'accompagneraient. Les formes judiciaires s'y opposaient; on ne put faire droit à sa réclamation. Les preuves accablaient les prévenus; elles étaient là, sous les yeux du jury; des dénégations ne pouvaient les détruire, et, d'après sa déclaration, la cour d'assises rendit un arrêt qui condamnait à mort Pleignier, Carbonneau et Tolleron. Les autres co-accusés le furent à des peines plus ou moins fortes, et la femme Picard à la déportation. Les condamnés à mort se pourvurent en cassation. Pleignier persistait toujours à vouloir parler au roi; comme cela était impossible, il déposa entre les mains de deux officiers de gendarmerie le détail des faits qui le concernaient. Ces militaires les remirent aux juges, qui les communiquèrent à

M. le chancelier, qui en donna lui-même connaissance au ministre de la police; mais tout cela tomba dans le néant.

Pleignier et ses co-accusés subirent leur jugement. La cour, nous le répétons, avait prononcé sur des preuves. Les instigateurs, les provocateurs se taisaient; rien ne les accusait implicitement, ni d'une manière patente; ils triomphaient. L'opinion publique seule pouvait les juger, les condamner et les frapper d'anathème. L'officier de gendarmerie qui avait remis aux juges le mémoire de Pleignier, fut persécuté ensuite par le préfet de police, pour ne lui avoir pas déposé ces pièces entre les mains.

Il le fit mettre aux arrêts, et même conduire à Bicêtre; mais, comme cet acte arbitraire eût pu le compromettre, on le fit mettre en liberté. Il finit par perdre son emploi.

Il n'en est pas moins vrai que cette provocation, ourdie et conduite par l'agent de police Scheltein, coûta la vie à trois malheureux pères de famille. Cet agent provocateur a quitté la France sous le nom de Duval, et s'est réfugié dans les pays étrangers, où il vit tranquille du fruit de son infamie.

La police craignait les révélations de quelques personnes; elle a trouvé le moyen de leur imposer silence. Les condamnés à la détention ont obtenu des adoucissements à leurs peines et même des secours. La femme

Picard, au lieu d'être déportée, fut détenue pendant quelque temps dans la maison de santé Richebraque, et finit par recouvrer sa liberté. Elle est retirée, avec son mari, dans le département de la Sarthe, où il avait acquis une propriété. Cette conspiration des patriotes de 1816 jeta sur la police une grande défaveur, et les provocations auxquelles elle s'est livrée par la suite ont encore augmenté son discrédit dans l'opinion publique (1).

Lorsque, en 1818, dans le procès des individus prévenus d'avoir voulu assassiner l'empereur Alexandre à Aix-la-Chapelle, le procureur-général de la cour de Bruxelles, M. Ortz, prit la parole, il qualifia Buchoz, l'un des accusés, d'agent de la police de M. Decazes : « Notre police, s'écria-t-il, cherche à prévenir les crimes, et ne fournit pas les moyens de les consommer, comme cela est arrivé quelquefois en France. »

Vers la même époque, une tentative d'assassinat eut lieu, à Paris, sur le duc de Wellington, et là encore, on crut découvrir l'intervention de la police. On a prétendu que l'accusé Marinet avait eu des entrevues avec M. Decazes, qui lui avait fait donner un passe-port pour Bruxelles.

Dès 1817, des sociétés secrètes s'étaient organisées; les hommes qui les composaient se prétendaient plus

(1) *La police de la Restauration dévoilée*, par Froment.

royalistes que le roi. Un pouvoir occulte dominait le
ministère et combattait toutes ses mesures. Pour s'en
débarrasser, on en vint à la vieille méthode : on com-
promit ces *jacobins blancs*, comme on les appelait.

La police imagina, assure-t-on, en 1818, la conspiration dite du *bord de l'eau*, dont les généraux Canuel et Donadieu se virent signalés par elle comme en
étant les principaux chefs. Le général Canuel fut gardé
au secret pendant vingt-sept jours, MM. de Rieux-
Songis , Chapdelaine - Romilly , pendant quarante
jours, et ensuite acquittés par la cour royale. On avait
fait coïncider, avec l'arrestation du général Canuel, les
déclarations de deux hommes nommés Leguevel et
Legall, qui avaient cherché à jeter le trouble et le désordre dans les départements de l'Ouest. Leguevel déclara que l'officier de police, qui lui avait été envoyé
par le ministre, lui avait suggéré l'idée de forger un
plan : « Il me dit, ce sont ses expressions : si vous
connaissiez, Leguevel, les auteurs de quelque conspiration, vous feriez bien de les nommer. Le ministre
veut seulement connaître leurs desseins pour les empêcher de nuire; Son Excellence ne les poursuivra pas,
et vous pouvez être assuré que la justice ne se mêlera
pas de cette affaire. » La police, semblable à l'épée de
Damoclès, restait suspendue sur la tête de ces deux misérables, prête à les abandonner ou à les secourir
suivant le parti qu'elle en voulait tirer, et ne leur

laissant d'autre voie de salut que dans l'asservissement
complet à ses exigences ou à ses honteux caprices. Il ne
faut pas en douter, c'est au zèle condamnable d'agents
subalternes que cette action de la police est due : la dignité du ministère en était blessée et compromise.
L'opinion publique blâmait hautement, et ce blâme
remontait toujours à l'institution ; résultat inévitable
d'une situation où les choses sont arrangées de telle
sorte, que ce qui déshonore profite, où le mensonge
même a sa récompense. Cette intrigue déplorable se
termina par un acquittement.

A la suite des révolutions il reste toujours dans certains esprits des regrets, des espérances. Le malheur
ou la disgrâce aigrissent les caractères exaltés. La
haine s'exprime quelquefois par des propos inconsidé-
rés ; mais il y a loin de là à conspirer. « La police,
disait à cette époque M. Benjamin Constant, lance ses
dogues au milieu de ces mécontents, elle les stimule,
elle les provoque, dresse les plans, donne les signes de
ralliement, les enrôle dans un complot, dont d'avance
elle avait formé le cadre, et livre ensuite ces malheureux aux tribunaux, afin de prévenir les conspirations.»

Millard revient du Champ-d'Asile ; on peut le croire
malveillant, mécontent, violent, ennemi même, si l'on
veut ; on peut l'accuser de désordres , de mauvaise
conduite privée, de tenir des propos dangereux ; on
peut le regarder comme devant être l'objet de la sur-

veillance de la police : tout cela accordé, certes ce n'est point un conspirateur : il va le devenir.

Deux hommes se lient avec lui; il les a rencontrés dans un estaminet. Ces hommes se disent d'anciens officiers; leurs sentiments, leurs discours sont les mêmes que ceux de Millard; ils boivent ensemble; ils signent ensemble le serment de « mourir l'un pour l'autre, et pour la vraie liberté sans royauté. » Millard est traduit en justice comme prévenu de complot contre le gouvernement du roi et l'ordre de successibilité au trône. (*Voyez* la relation du procès de Millard.)

Que sont ces hommes? Ils s'appellent Chignard et Vauversin. L'acte d'accusation de Millard les qualifie agents de police. L'avocat-général, sans s'expliquer, ne s'oppose point à ce qu'ils soient pris pour tels. La cour même les désigne ainsi, en rendant un arrêt pour déclarer qu'elle recevra leurs témoignages.

D'ailleurs, ces hommes sont connus. Ils ne débutent point dans leur métier. Je lis, dans le rapport de M. Bastard à la cour des pairs, sur le procès de Louvel :

« On assurait que le nommé Chignard avait dit, le 7 mars : Il y a trois Louvel; nous n'avons qu'à mettre la main dessus, et dans dix jours il n'y aura plus de Bourbons. Le nommé Vauversin, désigné

comme ayant tenu ce propos, avai tété appelé et allait
être interrogé, lorsque l'on apprit que ces individus
étaient tous deux agents de police, et que cherchant,
sans se connaître, à pénétrer réciproquement leur
opinion, ils avaient, par un zèle mal entendu et dans
l'intention répréhensible de s'exciter l'un l'autre,
tenu chacun des propos extrêmement condamnables
en eux-mêmes, mais qui, dans cette circonstance,
ne devaient mériter en aucune façon l'attention de la
justice. »

Voilà toute la conspiration que Millard a faite;
voilà les hommes qui la lui ont fait faire.

A l'époque des troubles de juin 1820, lorsque les
avenues de la chambre des députés retentissaient des
cris de *Vive la Charte!* la force armée placée sous les
ordres du ministre de la police Decazes sabra impitoya-
blement tous ceux qui se trouvaient dans les lieux où
se tenaient les rassemble-ments. L'assassinat du duc
de Berry, arrivé sous son administration, servit de
prétexte aux ultras pour l'attaquer de nouveau.

La police avait imaginé de couvrir son incurie par
la découverte de quelque complot qui menaçait la famille royale. Un nommé Gravier, soit que cette idée
lui ait été suggérée, comme cela est probable, soit de
son propre mouvement, avait fait partir un pétard
sous le guichet des Tuileries, vis-à-vis la rue de l'E-
chelle. Gravier fit confidence de l'affaire du pétard à

Leydet ; celui-ci l'invita à récidiver, et s'offrit même à l'aider. Il dresse ses embuscades pour que Gravier tombe dans le piége et soit arrêté en flagrant délit, Anglès, prévenu d'avance, s'enferma au château pour attendre l'effet de la scène.

Leydet amène Gravier ; les autres agents de police fondent sur lui au moment où il va mettre le feu au marron qu'il avait apporté. Bouton, qui avait fabriqué le pétard, est arrêté. Mis tous deux en jugement, ils rejettent la responsabilité du crime sur Leydet, qui, disent-ils, les y a provoqués. Ils demandent qu'il paraisse devant la cour : Leydet n'est ni amené ni entendu ; on l'avait fait sortir de France : Gravier et Bouton sont condamnés à mort (1).

Le nommé Chignard, qui avait été employé à diverses époques dans la police, qui s'était fait remarquer, dont les journaux avaient cité le nom en diverses circonstances, mais sans en faire un très-grand éloge, trouva moyen d'approcher de M. Bonneau. Il parla de ses antécédents en police, de son zèle, de son dévouement, de son activité, des talents qu'il avait pour découvrir ce qui existait, et même pour créer ce qui n'existait pas. Chignard parut un sujet précieux à M. Bonneau, et il se décida à l'employer, sauf à faire usage des documents qu'il fournirait selon l'occurrence.

(1) *Biographie des lieutenants généraux, préfets, etc., de la police en France*, par M. Saint-Edme.

Il le prit donc à son service, et lui permit de s'occuper sous ses ordres, pour le mieux, des intérêts de la police et de sa gloire.

Chignard remercia M. Bonneau de sa bienveillance, et lui promit que sous peu il aurait de ses nouvelles. Il se mit en campagne, et quelques jours après il vint trouver M. Bonneau, en lui annonçant qu'il existait plusieurs dépôts considérables de fusils dans Paris, que la malveillance et les ennemis de la tranquillité publique et du gouvernement pourraient s'en emparer; que le parti libéral avait peut-être des intentions criminelles. Pour obvier à tant de malheurs, il pensait qu'on devait employer tous les moyens possibles pour découvrir ces divers dépôts de fusils, et s'en emparer, n'importe à quel prix; qu'on y trouverait le double avantage d'enlever cette ressource aux ennemis de la France, et de faire rentrer dans les arsenaux un grand nombre d'armes de guerre.

L'avis donné par Chignard, fut trouvé excellent; on applaudit à ses bonnes et louables intentions, et on lui laissa la liberté d'agir comme bon lui semblerait pour chercher et découvrir ces dépôts d'armes. Chignard qui avait carte blanche, auquel on laissait la bride sur le cou, se mit à parcourir Paris pour trouver un dépôt de fusils. Il passa sur le quai de la Feraille ou de la Mégisserie, aperçut la maison de Madame Jamain, qui avait des armes dans son magasin. Il se dit : voilà où

je trouverai mon dépôt. Il me faut trente mille fusils
de munition garnis de leurs baïonnettes, c'est là qu'ils
doivent être. Allons! Chignard, vole à la fortune, mon
fils. Il rêva ensuite aux moyens à employer pour avoir
accès dans la maison, et pour s'y présenter sous un
prétexte plausible. Les méchants ont l'esprit inventif;
Chignard était de ce nombre, et en continuant son
à parte, il ajouta : « Je suis le capitaine Brown, j'ar-
» rive de la Colombie, et je suis chargé, par le libé-
» rateur Bolivar, d'acheter vingt-cinq à trente mille
» fusils pour armer les soldats qu'il va lever inces-
» samment afin d'augmenter ses forces. On ne pourra
» avoir aucun soupçon de ma ruse. J'ai le teint rem-
» bruni et olivâtre d'un habitant du Perou. Il me
» faut un brevet de capitaine, une commission pour
» l'achat des fusils, des lettres de créance de Londres,
» je les fabriquerai, des répondants à Paris, j'en trou-
» verai en les intéressant un peu dans l'affaire, on ne
» manque pas de gens honnêtes de cette espèce. Un
» logement près des barrières, j'en prendrai un à la
» Maison-Blanche...., des rouliers pour charger les
» fusils et les transporter.... Je saurai m'en procurer,
» et je les placerai en attendant dans une auberge.
» J'inspirerai encore plus de confiance; et pour por-
» ter le dernier coup, et ne pas avoir l'air d'un aven-
» turier, ajoutons un cheval et un cabriolet; car dé-
» cemment un envoyé du libérateur de la Colombie ne

» peut aller à pied dans Paris. De l'adresse, de l'au-
» dace, de l'impudence, j'en ai une dose complète, je
» sais mentir; le succès est certain. »

Chignard acheta un cheval, un cabriolet, il prit un
costume analogue au rôle qu'il allait jouer, et il arriva en voiture à la Maison-Blanche; il s'y logea, et
commença à se donner des airs d'importance. Comme
on a l'habitude dans Paris de juger les gens sur la
mine, quoiqu'on y soit souvent trompé, l'expérience
ne corrige pas ces bons habitants, Chignard fut pris
pour un homme comme il faut, pour un riche colon,
sa couleur cuivrée prêtait à l'illusion, enfin on eut de
lui la plus haute opinion. Ce qui vint encore à l'appui
et la confirma, c'est qu'il s'annonça sous le nom du
capitaine Brown au service de la république de la Colombie, sous les ordres du libérateur Bolivar. On ouvrit
de grands yeux, et Chignard-Brown parut un brave
militaire, rempli d'honneur ; mais, soit dit en passant,
l'habit ne fait pas le moine. M. le capitaine Brown demanda une chambre; on la lui donna. Il fit mettre le
cheval à l'écurie. Dès qu'il fut monté dans son appartement, il mit en ordre dans son portefeuille toutes les pièces fausses dont nous avons parlé plus haut; il les avait
fabriquées. Les lettres de Londres portaient en outre
le timbre de Calais. Quand le cheval de M. le capitaine
Brown fut rafraîchi, il le fit mettre au cabriolet, se
disposa à partir pour Paris, en annonçant qu'il revien-

drait le soir, et disant, s'il se présentait des voituriers
qui vinssent de sa part, de les recevoir et de les loger
eux et leurs chevaux. On lui promit d'exécuter ponc-
tuellement ses ordres, et il se mit en route pour la
capitale. Il trouva facilement des rouliers qui se rendirent à la Maison-Blanche. Ils ne furent pas mis dans
le secret; il leur avait dit seulement qu'ils seraient-là
pendant quelques jours pour attendre un chargement
de marchandises ; ils n'en demandèrent pas davantage.
Ils conduisirent leurs chevaux dans l'écurie, et se mirent ensuite à table pour attendre plus gaîment le moment du départ. Toutes ces dispositions étant arrêtées,
Chignard devenu le capitaine Brown, monta le lendemain dans son cabriolet, arriva à la porte de
madame Jamain; on entra dans le cabinet, chacun
prit un siége, et le capitaine entama la conversation en
ces termes : « Madame, je suis chargé par le général
« Bolivar, président et libérateur de la république de
« Colombie, d'acheter vingt-cinq à trente mille fusils
« de munition français, garnis de leurs baïonnettes.
« J'ai passé par hasard devant votre maison, et je
« m'adresse à vous pour savoir si vous pourriez entre-
« prendre cette fourniture. »

Madame Jamain, qui avait été saisie en 1815 et en
1816, pour vente de fusils, conçut d'abord des soupçons, de la défiance, et répondit d'une manière évasive
à l'envoyé Colombien. Brown s'en aperçut; alors, pour

13.

lui inspirer de la confiance, et lever tous les obstacles, il lui montra la commission du gouvernement de Colombie, pour faire cet achat, et des lettres de Londres fabriquées à Paris, sur lesquelles on avait eu soin d'apposer le timbre de Calais, comme nous l'avons dit. La dame Jamain se crut alors tout-à-fait en sûreté, et ses craintes s'évanouirent. Elle prit de son côté des informations à la Maison-Blanche, pour s'assurer de la vérité des faits énoncés par le capitaine Colombien, et savoir si un étranger de marque y était logé avec plusieurs rouliers. On lui en donna l'assurance, et ces voituriers, qui étaient eux-mêmes bien traités, ne manquèrent pas d'affirmer encore la chose, et que celui qui les avait arrêtés pour charger leurs voitures, était un homme riche, très-généreux, qui payait tout comptant. Chignard-Brown avait même donné à madame Jamain, l'adresse de MM. Baron et Boivin, demeurant rue d'Artois. Il les qualifiait de banquiers, et il l'engageait à prendre auprès d'eux des renseignements sur sa solvabilité. Elle y envoya une personne de confiance, ils répondirent de la manière la plus satisfaisante. C'était de l'or en barre !

La dame Jamain, satisfaite de plus en plus, et très enchantée de faire une fourniture aussi considérable qui lui serait bien payée, avoua au capitaine Brown, lors d'une nouvelle entrevue, qu'elle pouvait disposer de la quantité de fusils dont il avait besoin, que ceux qui se trouvaient dans ses magasins appartenaient en gaande partie à des gardes nationaux qui les lui avaient remis pour les réparer. Mais s'il était toujours dans les mêmes intentions, elle lui en procurerait la quantité qu'il désirerait, à condition qu'il paierait comptant au moment de la livraison. Si cette proposition pouvait lui convenir, elle l'attendait à dîner le lendemain à cinq heures précises; alors elle lui ferait voir différents modèles de fusils français, anglais et prussiens. Chignard-Brown accepta tout, il ne pouvait ni ne devait être difficile. Le lendemain il fut exact au rendez-vous, et il arriva à l'heure indiquée pour se mettre à table. On lui montra des fusils de différents modèles, ainsi qu'on le lui avait annoncé ; ils convinrent à Chignard-Brown. Le prix fut arrêté. La dame Jamain ne demanda que trois jours pour la première livraison, et huit jours pour la terminer entièrement. On dîna, et chacun ayant des motifs de satisfaction, fit honneur aux mets qui parurent sur la table.

Madame Jamain était tellement contente, qu'au dessert elle fit cadeau au capitaine Brown, d'une tabatière de buis doublée en argent doré, et d'une paire de superbes pistolets, afin de lui prouver sa confiance et de le remercier de la préférence qu'il lui avait donnée, pour conclure un marché qui lui offrait d'aussi grands avantages.

M. Bonneau fut exactement informé de tous ces dé-

tails par son agent Brown ; il prit ses mesures en conséquence. Le jour de la première livraison étant arrivé,
Chignard-Brown se rendit au café de la place du Cha-
telet, d'après les ordres de M. Bonneau. Il y fut bientôt lui-même. M. le commissaire de police Dénoyer y
arriva ensuite, ainsi que Deslauriers, chef d'une brigade sous l'inspecteur Bonneau. Il était déguisé en
portefaix. Deux officiers de paix et plusieurs agents de
la police centrale s'y trouvèrent.

L'un deux s'approcha de Brown pour lui transmettre
les ordres de l'inspecteur Bonneau. A l'heure dite,
Brown se rendit chez la dame Jamain ; il sortit de sa
maison à dix heures avec un jeune homme qui était
associé ou intéressé dans le commerce; la dame Jamain
partit seule, et chacun prit de son côté, afin d'éviter
toute fâcheuse rencontre. Ils le croyaient ainsi. Le
jeune homme qui accompagnait Brown lui fit traverser
plusieurs rues, parcourir différents quartiers, afin de
donner le change à ceux qui auraient pu les suivre.
Enfin, il finit par le conduire rue Saint-Denis, et le
faire entrer dans une maison de roulage où la dame
Jamain les avaient précédés. Le commissaire de police
Dénoyer, les agents et les officiers de paix qui les
avaient suivis de loin, se mirent en embuscade près
du roulage.

Brown, à qui l'on demandait de payer les fusils
avant la livraison, insistait pour les voir, afin de s'as-

surer s'ils étaient emballés convenablement Alors le
jeune homme qui l'avait accompagné, le conduisit
dans un grenier à fourrage, sur le derrière de la maison.
Dès qu'ils y furent montés, le jeune homme dérangea
quelques bottes de foin, et il découvrit plusieurs cais-
ses dans lesquelles il y avait des fusils de calibre des
manufactures françaises, et des armes blanches. Le
commissaire de police et tous les agents parurent dans
ce moment, et ils opérèrent la saisie. Chignard-Brown
profita de la bagarre pour s'esquiver.

Cette saisie fit rentrer dans les arsenaux pour 25 à
30,000 francs de fusils et autres armes qui n'ont jamais été payés à la dame Jamain. Elle fut encore assez
heureuse de transiger avec la préfecture de police,
pour l'amende à laquelle on eût pu la condamner.

Quant aux rouliers, ils ne furent pas payés de leur
temps perdu. La police ne les connaissait pas, et ils
durent s'estimer très-heureux de ne pas éprouver d'autres désagréments (1).

Dans le mois de janvier 1824, l'agent Vonix se présenta chez M. Vincent, tourneur en bois, rue du
Roule n° 10, et lui commanda 300 *coquetiers en
buis*; mais il fallait que la figure de Bonaparte fût gravée dessus, en sorte qu'on ne pourrait manger des *œufs
à la mouillette* sans être séditieux ou conspirateur !

(1) *La police de la Restauration dévoilée*, par Froment.

Le prix fut arrêté et convenu, sous condition qu'ils seraient livrés dans un très-court delai. On envoyait ces coquetiers à l'étranger.

Le vaisseau qui devait les emporter était en chargement au Hàvre, et il les attendait pour completer sa cargaison.

Le moindre retard pouvait donc compromettre les intérêts de celui qui faisait la fourniture.

M. Vincent promit de livrer, sous quatre jours, les 300 coquetiers, rue Saint-Antoine, à l'adresse donnée par M. Vonix, soi-disant négociant.

Le tourneur se mit sur-le-champ à l'ouvrage ; il ne perdit pas un moment, et le 15 janvier tout fut terminé.

Il pria sa mère d'accompagner le commissionnaire qui portait les coquetiers, il lui remit la facture acquittée, et ils se mirent en route.

Arrivés sur la place de Grève, cette dame fut arrêtéé, ainsi que le commissionnaire, par le nommé Deslauriers, chef de la brigade de police, aux ordres de M. Bonneau.

On les conduisit chez le commissaire de police ; le délit, si c'en était un, se trouvait prouvé. On fit une perquisition chez M. Vincent, et il fut condamné à l'amende.

On voit que tout était calculé par la police ; Vonix était le provocateur et Deslauriers, aposté sur la

Grève, était l'exécuteur des actes iniques de la Préfecture (1).

LAFORGE.

En 1822, le préfet de police reçut un rapport qui lui annonçait qu'on fabriquait dans Paris des cannes dont la pomme portait l'effigie de Bonaparte.

L'agent Chignard fut chargé de decouvrir les fabricants. Il parcourut tout Paris, et comme il n'en trouvait point, ce qui n'est pas extraordinaire, car il était l'auteur du rapport et le créateur du délit, il crut qu'il était plus expédient de les commander lui-même. Alors, prenant le nom de Jackson, Américain, il se présenta chez M. Laforge, fabricant de cannes, rue Saint-Martin, numero 177, maison du boucher.

Il lui fit une très-forte commande en donnant une fausse adresse, et eut soin de prendre un échantillon des cannes. On parut satisfait à la Prefecture des moyens employés par Chignard et des renseignements qu'il donna.

M. Laforge chercha, à ce qu'il paraît, l'adresse de l'Américain Jackson ; il ne la trouva point ; il conçut des soupçons et refusa de fournir les cannes demandées.

Chignard, furieux d'avoir manqué son opération,

(1) *La police de la Restauration dévoilée*, par Froment.

et de voir que sa victime lui échappait, écrivit à M. Laforge la lettre ci-dessous.

« Je me suis rappelé, que je ne vous avais pas payé les échantillons de cannes que vous m'avez laissés.

» D'après votre note, vous m'avez compté, savoir :

» Pour les bambous tournés, 49 fr.

» Faux rotins et faux bambous faits à la main, 59 fr.

» Bambous noirs, 59 fr.

» Faux rotins, 47 fr.

» Vous m'avez ensuite rabattu 4 fr. par douzaine sur chacune d'elles. Vous m'avez laissé la somme de 15 fr. pour laquelle vous voudrez bien remettre un reçu au porteur.

» Je suis fâché des frais que vous a occasionnés ma commission ; mais je puis vous protester, *sur mon honneur*, que mes intentions ont toujours été de vous payer. Vous devez donc vous en prendre aux personnes qui vous ont dit du mal de moi.

» Je n'ai point revu le juif ni le courtier qui ont fait mes commissions.

» Je dois de l'argent à ce dernier, que je serais bien aise de lui payer avant mon départ.

» Vous m'obligerez de m'envoyer son adresse pour que je puisse m'acquitter envers lui.

» J'ai l'honneur de vous saluer,

JACKSON. »

Nous n'avons rien changé à la lettre ; nous en donnons littéralement la copie. Quoique **M.** Laforge n'eût
point accédé aux demandes insidieuses de Jackson-Chi-
gnard, la police n'en ordonna pas moins une perquisition et une saisie chez ce fabricant, et il ne put échapper au malheur d'avoir reçu chez lui cet être aussi vil
que méprisable (1).

Le nommé de Rochemont, voulant renchérir sur ce
que la police pouvait exécuter de plus répréhensible,
imagina de tapisser les murs de Paris d'affiches séditieuses. Mais, comme il était assez perfide pour commettre un pareil délit et trop lâche pour se mettre en
évidence, il ne trouva d'autre expédient que d'em-
prunter à l'agent Lavigne des caractères en cuivre qui
lui servaient à faire des étiquettes pour les cartons de
son bureau. Lavigne les lui confia sans difficulté et
sans défiance. De Rochemont, à l'aide de l'encre de
Chine, des caractères qu'on lui avait prêtés et d'un
pinceau, fabriqua des placards injurieux et séditieux,
et il les dénonça ensuite à M. de Pins, en ayant soin
de lui en remettre plusieurs exemplaires. Le chef du
cabinet particulier en parla à Lavigne, en le chargeant
d'en découvrir les auteurs. Lavigne parcourut inutilement les différents quartiers de Paris, et l'annonça à
M. de Pins. Le noble comte, l'accusa d'impéritie et de

_____

(1) *La police de la Restauration dévoilée*, par Froment.

maladresse, et, pour le lui prouver, il lui montra les
placards qu'il tenait de Rochemont; il ne lui fit pas
même un mystère du nom de celui qui les avait remis.
Lavigne se douta alors de la vérité, et lui annonça
que l'agent de Rochemont avait été en même temps
l'auteur et le dénonciateur des affiches, et il lui en
fournit la preuve par les caractères qu'il lui avait prêtés. Il engagea M. de Pins à garder le silence jusqu'à
ce qu'il eût confondu l'agent de Rochemont en démas-
quant sa conduite, et, d'après sa promesse, il dressa
ses batteries en conséquence.

Il fit dire à de Rochemont de se rendre au bureau.
Il arriva alors, Lavigne l'invita à lui remettre les caractères qui lui appartenaient. De Rochemont répondit qu'ils étaient chez lui et qu'il les apporterait.
L'autre observa qu'il en avait besoin sur le champ, et
qu'il fallait qu'il allât les chercher de suite.

De Rochemont partit et revint peu de temps après;
les caractères qu'il rendit à Lavigne n'étaient pas ceux
qu'il lui avait confiés. Il en avait acheté de neufs,
afin qu'on ne découvrît pas sa fourberie. Il ne put
tromper Lavigne, qui le lui fit remarquer, en exigeant
qu'il remît ceux qu'il avait reçus. De Rochemont parut embarrassé; mais enfin, il fallut se décider à la
restitution.

Alors Lavigne vint trouver M. de Pins, lui donna
les anciens caractères, et, en les appliquant sur les

placards; les lettres se trouvant de la même dimension, il acquit la preuve matérielle de l'indigne conduite de l'agent de Rochemont.

Il le réprimanda sévèrement, et quoique M. de Pins fût un chaud partisan de tous les actes de la police, il ne pût s'empêcher de blâmer cette action. Il est des choses qui répugnent même à ceux qui souvent se sont égarés par un faux zèle.

L'agent de Rochemont en fut quitte pour la mercuriale : c'était bien peu de chose. Mais ces messieurs de la police avaient à se reprocher tant de fautes et de peccadilles, qu'ils ne manquaient pas d'indulgence les uns pour les autres (1).

Quelque fréquentes que fussent les provocations sous la Restauration, on abusa quelquefois pourtant de cette dénonciation d'agents provocateurs, et il arriva qu'on en qualifia des hommes honorables et sincères. Nous trouvons à ce sujet un récit fort intéressant dans l'*histoire des deux Restaurations* de Vaulabelle, dont le héros est Grandménil qui fut depuis gérant de la *Réforme*.

Dans l'affaire de la conjuration de Saumur, en 1822, Grandménil était un des principaux accusés. Pendant qu'on le recherchait dans l'Ouest, il s'était réfugié à Paris; après être resté caché pendant plu-

(1) *La police de la Restauration dévoilée*, par Froment.

sieurs semaines aux environs de la Flèche, il attendait dans la demeure d'un jardinier, derrière l'hôtel
des Invalides, les moyens de passer à l'étranger. Il y
avait un grand intérêt pour ses co-accusés à ce qu'il ne
fût pas arrêté, car il avait été un des agents les plus actifs
de la conjuration, et il avait mis les conjurés en rapport avec plusieurs députés, notamment avec le général La Fayette. Ces faits étaient relevés dans l'acte d'accusation, mais l'absence de Grandménil leur enlevait
toute autorité et tout caractère suffisant de certitude.

Le 1er août, près d'un mois et demi après l'arrestation du général Berton, M. Georges de La Fayette,
qui s'était chargé de faciliter le départ du fugitif, vint
lui annoncer qu'un de ses collègues de la gauche, M.
Adam de la Pommeraie, député du Calvados, consen-
tait à le faire conduire en Normandie, chez des amis,
qui l'aideraient à gagner l'île anglaise de Jersey.
« C'est aujourd'hui même, ajouta-t-il, que je dois
vous présenter à mon collègue, quelques-uns de nos
amis seuls vous connaissent; le palais de la chambre
est encore le lieu le plus sûr pour cette entrevue. »
Tous deux se rendent au palais Bourbon, et attendent,
dans la salle des Pas-Perdus, le passage de M. de la
Pommeraie. Benjamin Constant, le général La Fayette,
le général Foy, et plusieurs autres députés de la gauche, en traversant cette pièce pour entrer dans la salle
des séances, échangent quelques mots avec M. Geor-

ges de La Fayette ou avec Grandménil; l'un d'eux,
Benjamin Constant, serre même la main de ce dernier
qu'il avait vu, à son passage à Saumur, au mois d'octobre 1820; enfin M. de la Pommeraie arrive, emmène le conjuré saumurois de la salle des Pas-Perdus,
et le conduit dans une autre partie du palais, où, moins
exposés aux regards du public, ils pourront s'entretenir plus à l'aise des détails du départ.

La séance de la chambre était alors commencée; on
discutait le budget des finances, matière aride, qui
laissait la plupart des tribunes vides et les députés
inattentifs, lorsque tout à coup une agitation soudaine
se manifesta sur les bancs; nombres de députés, le
Moniteur à la main, vont d'un groupe à l'autre et si-
gnalent à l'attention de leurs collègues des passages
qui paraissent exciter une vive animation parmi les
membres de la gauche. Ces passages appartenaient à
l'acte d'accusation dressé par M. Mangin, procureur
général à Poitiers, à l'occasion des événements de
Saumur, et que la feuille officielle publiait dans son
numéro du matin. Plusieurs députés étaient désignés,
notamment dans ce passage : « Grandménil fit alors
des voyages à Paris; il résulte des discours qu'il a tenus qu'il a été présenté à MM. Laffitte, Benjamin
Constant, Foy, de La Fayette, qu'il s'en est fait connaître au moyen de cartes de *carbonari;* qu'il les a vus
séparément et réunis; que le marquis de La Fayette

14.

lui a payé son voyage; qu'il a reçu de ces messieurs
des instructions pour le nouveau mouvement à opérer
sur Saumur. Si ce mouvement eût réussi, il en aurait
édaté un dans la capitale, où il est tout organisé. Son
but est de detrôner le roi et de s'emparer de la famille
royale. Les débats feront connaître à qui, devant qui
Grandménil a tenu ces discours. Au reste, il est prouvé
que cet accusé a présenté au marquis de La Fayette au
mois de mai dernier, un des agents les plus importants
de la nouvelle conjuration, et que le marquis de La
Fayette a dit à Grandménil au moment où il prenait
congé de lui: « Allons, *du courage*, mon cher Grandménil. » C'est après ce voyage que Grandménil a *cou-
rageusement* ramené Berton dans les environs de Saumur. »

On venait de voter les pensions, les intérêts des
cautionnements, les frais de service, et le président se
disposait à mettre aux voix les deux millions annuelle-
lement demandés pour la dotation de la chambre des
pairs. Benjamin Constant demande la parole et re-
pousse l'allocation demandée pour la pairie : « La
chambre des pairs, dit-il, est à la fois chambre légis-
lative et cour judiciaire; son indépendance, à ce dernier titre, doit être parfaite; les subsides qu'on s'obs-
tine à donner arbitrairement à quelques-uns de ses
membres sont d'autant plus fâcheux aujourd'hui, que
le système du gouvernement paraît être de favoriser

l'invention de prétendues conspirations dont l'instruction et le jugement peuvent être renvoyés à cette chambre. Nous devons être d'autant plus circonspects, ajoute-t-il, que les agents du pouvoir se complaisent dans des contes dignes des *Mille et une nuits*, évoquent les morts, font parler les contumax pour étayer des réquisitoires qui ne peuvent exciter que le rire et la pitié. » Ces paroles soulèvent un orage; l'insolence des membres de la droite ne fait qu'exciter l'irritation des membres de la gauche. M. Laffitte demande que l'on examine la conduite de l'officier public qui a suivi la procédure, et, dit-il, « si on trouve dans les dépositions faites contre nous un caractère grave, le ministère doit nous mettre en accusation. » — M. de Peyronnet, ministre de la justice, prend la défense du procureur général : « On parle de conspirations factices, s'écrie-t-il; mais la prise de Thouars par une troupe de révoltés, la marche de cette troupe sur Saumur, la présence du drapeau tricolore dans ses rangs, les destitutions d'autorités publiques par des rebelles, tous ces faits sont-ils factices? Berton est-il un agent provocateur? un homme dont le gouvernement du roi disposait? » — Une voix de la gauche interrompt le ministre : « C'est ce scélérat de Grandménil qui a joué le rôle de provocateur! » Le général Foy, dans sa réplique dit aussi : — « Le procureur général de Poitiers a cité mon nom en deux circonstances; il prétend

que le général Berton, à Thouars, a annoncé la for-
mation d'un gouvernement provisoire, dont je faisais
partie. Ce fait est-il vrai ? Je n'en sais rien. Mais ce
n'est pas là le point principal de l'accusation ; le point
essentiel, c'est la déposition d'un nommé Grandménil,
contumax, qui, dit-on, a pris la fuite, et sur le compte
duquel on mettra tous les mensonges qu'il importe à
la faction de répandre. » — *Nombreuses voix à droite.*
Mais quelle est cette faction dont vous nous parlez
toujours? — *Le général Foy.* La faction anti-nationale,
anti-française (*Tumulte*). Voilà l'homme que cette
faction a mis en avant. On a eu grand soin d'en faire
un contumax ; il ne sera pas interrogé, il ne s'expliquera pas publiquement ; il ne reparaîtra pas, je le
parie. Mettre des calomnies dans la bouche d'un accusé contumax, afin que l'impression en reste et qu'on
ne puisse les démentir, c'est une action atroce, per-
verse, infâme! J'appuie la proposition d'enquête, je
la demande à l'instant même. » L'incident se prolonge,
et ce n'est que longtemps après que la clôture mise
aux voix, est prononcée au milieu du plus effroyable
tumulte, et que l'assemblée vote ensuite la dotation de
la chambre des pairs.

La véhémence des orateurs, les apostrophes et les
cris qu'il leur fallait subir ou braver, toutes ces violences, en concentrant sur la tribune l'attention des
membres de l'Assemblée et des spectateurs, avaient

laissé inaperçu un incident qui faillit donner au débat
des proportions et une gravité inattendues. Lorsqu'une
voix de la gauche, interrompant M. de Peyronnet, lui
avait jeté ces mots : « C'est ce scélérat de Grandménil
qui a joué le rôle d'agent provocateur! » un homme de
haute taille, assis au fond de la tribune réservée aux
anciens députés, s'était brusquement élancé vers le
bord extérieur; tous ses traits respiraient l'émotion la
plus violente, et ce n'était qu'au prix des plus grands
efforts qu'il parvenait à la maîtriser. Mais à ces mots
du général Foy : « Le contumax, mis en avant par la
faction, ne sera pas interrogé, ne s'expliquera pas publiquement sur ses mensonges, ne reparaîtra pas! »
l'agitation de cet homme n'avait plus connu de bor-
nes; on aurait pu le voir se hausser avec les mains
sur le rebord de la tribune et l'enjamber à demi. Ce
spectateur était Grandménil, qui, furieux, exaspéré,
voulait se précipiter dans la salle et crier au général
Foy : « Non, je ne suis pas un infâme! je ne le suis
pas! me voilà! » M. Georges de La Fayette était monté,
dès le commencement du débat, dans la tribune, habituellement déserte, où M. Adam de la Pommeraie
avait conduit le conjuré saumurois; les deux députés
n'avaient eu que le temps de le saisir au moment où il
s'élançait, et de le rejeter vivement en arrière. Ils

(1) Lettre de M. Georges de La Fayette, du 24 mai 1840.

réussirent à l'entraîner hors de la salle (1). Grandménil pouvait du moins écrire dans les journaux, protester ; mais il était libre, ses amis dans les fers : il im-
mola son honneur à l'intérêt et au salut de ses
coaccusés, dur sacrifice dont il sentit le poids dès son
arrivée en Normandie. Les *carbonari*, auxquels il
avait été recommandé, mis en défiance par les débats
du 1er avril, ne consentirent à lui donner asile et à faciliter son passage à Jersey qu'après avoir reçu de
M. Georges de La Fayette une lettre qui rendait le plus
complet hommage à son dévouement et à sa loyauté (1).

(1) *Histoire des deux Restaurations*, par Vaulabelle.

CHAPITRE V

Le Secret des Lettres

La poste doit au moins recacheter les lettres qu'elle ouvre. — Réclamations des Anglais contre les procédés de la police française. — La correspondance de l'ambassadeur anglais.— Le service du cabinet noir. — Marche suivie. — Les lettres falsifiées. — Les lettres volées.

La violation du secret des lettres, moyen familier à la police de l'Empire, ne devait pas être négligée par la police royale. Elle n'y mettait même pas toujours un très-grand mystère.

Un général qui, à l'époque de la première Restauration, avait obtenu le commandement d'une des places fortes du département du Nord, s'était rendu à son poste; mais, comme il avait quelques affaires à terminer à Paris, il y avait laissé un officier chargé de les suivre. Ils avaient ensemble une correspondance assez active, tout à fait étrangère aux affaires publiques.

Il paraît qu'il avait été donné un ordre d'arrêter et d'ouvrir toutes les lettres qui venaient des frontières de la France, car celles que recevait l'officier avaient été soumises à cette inspection. On ne se donnait pas même la peine de les *recacheter*. Il en reçut *deux*

sans rien dire ; mais, à la troisième, il se rendit à
l'administration des postes. Il se présenta devant le
chef du bureau de l'arrivée, et, lui montrant les lettres, il lui observa qu'il ne trouvait pas mauvais qu'on
les lût si cela était jugé nécessaire ; mais il priait ces
messieurs de les fermer, pour que le portier de sa maison n'en prît pas connaissance. Le chef du bureau
balbutia quelques mots insignifiants, ne chercha point
à nier le fait, ni à l'excuser ; il se contenta de dire
que cela n'arriverait plus ; effectivement, depuis lors
on les *recachetait*.

C'est dans le procès dirigé contre madame de Lavalette
et MM. Wilson, Bruce et Hutchinson, pour l'évasion
de M. de Lavalette, que, pour la première fois, l'on fit un
aveu public, j'oserai presque dire légal, de cette honteuse manœuvre. L'accusation dirigée contre les officiers anglais, reposait en entier sur une lettre inter-
ceptée et décachetée à la poste. Les accusés protestèrent
avec une juste indignation contre cette violation du
secret des correspondances, contre cet odieux abus de
confiance dont la police osait faire un titre à ses poursuites ; et, tel était alors l'aveuglement de l'esprit de
parti, que, parmi les magistrats qui siégeaient, parmi
ces magistrats qui devaient être les vengeurs et les
gardiens de la foi publique, il ne s'en trouva pas un
qui osât élever la voix pour désavouer la turpitude à
laquelle la police prenait à tâche de les associer ; on les

vit avec regret donner suite à une poursuite fondée sur
un moyen qui était bien plus digne de leur sévérité,
que l'accusation même à laquelle il servait de base.

Les journaux anglais de cette époque flétrirent,
comme ils le devaient, l'infâme manœuvre de la police,
avouée devant un tribunal français et sanctionnée par
ses magistrats. C'était un sentiment d'honneur et de
loyauté qui dictait les généreuses réclamations des
Anglais. Ils ne prévoyaient pas alors que le sentiment
de leur orgueil national blessé, devait un jour leur arracher, sur ce même abus, des plaintes bien plus vives
et bien plus énergiques. Ils ne prévoyaient pas que le
représentant de leur gouvernement, que l'ambassadeur
de la Grande-Bretagne, enlacé lui-même dans les piè-
ges de la police, environné d'êtres séduits par des manœuvres corruptrices, ne pourrait plus s'entretenir des
intérêts les plus intimes de son gouvernement, ni recevoir de lui des communications de quelque nature
qu'elles fussent, sans que les dépêches qu'il faisait partir ou qui lui parvenaient, eussent été souillées par les
regards des agents de la police française. Tel est cependant l'excès d'audace auquel était parvenue cette police.
Et les preuves de ce fait sont citées dans l'ouvrage auquel
nous empruntons ces renseignements (1). Il produit des

_____

(1) *La Police dévoilée sous la Restauration* et notamment sous
Messieurs Franchet et Delaveau, par M. Froment, ex-chef de brigade du cabinet particulier du préfet. 3 vol. in-8. Paris, 1829.

extraits ou résumés des lettres décachetées, tels qu'ils ont été pris à la préfecture.

« Certains agents ministériels ne manqueront pas, dit notre auteur, de dire que de pareilles pièces ne sont publiées que dans le desir d'exciter du scandale ; mais le scandale est dans les manœuvres de la police, il n'est pas dans la publicité qui peut y mettre un terme Ces extraits ne contiennent, au reste, rien qui dévoile les secrets intérieurs des familles : secrets qui ne doivent jamais être mis au jour, même lorsqu'il s'agit de démasquer une infamie de la police. Nous nous félicitons que les correspondances dont nous allons prouver la violation n'offrent que des noms appartenant aux hautes classes de la société ; car ces classes ne sont que trop disposées à approuver tous les actes du pouvoir, sans en examiner la légalité, ni la moralité. Il est bon de leur montrer que ces actes, lorsqu'ils violent à la fois les lois et la morale, n'épargnent pas plus les hautes classes que les classes inférieures, et que toutes ont également besoin de lois fortes et de magistrats intègres qui protégent leur honneur et leur repos contre la fraude, l'iniquité et la trahison. »

Pour ne pas allonger inutilement notre travail, nous omettons les citations dont il est question, qui d'ailleurs, avec l'actualité, ont perdu quelque peu de leur intérêt ; mais les renseignements qui suivent ont un intérêt trop vif et une importance trop significative, pour que nous nous permettions d'en rien retrancher.

Depuis plusieurs années il existait, à la préfecture de police, des moyens organisés pour se procurer la correspondance de l'ambassadeur anglais avec le gouvernement britannique. Il paraît que le bureau secret, chargé à la direction des postes de décacheter les lettres que l'administration lui renvoyait, ne faisait point ce service d'une manière satisfaisante, et ne remplissait pas complétement les vues du gouvernement; on jugea à propos de lui donner une succursale à la préfecture de police. C'est au sieur Boudras, qui avait le titre d'inspecteur-général de la police, que l'on dut la création et le perfectionnement de cette ténébreuse institution. Ayant à sa disposition des sommes immenses, cet homme parvint facilement à corrompre, dans la plupart des légations étrangères, des individus qui lui livraient la correspondance des ambassadeurs avec leurs cours respectives. Cependant, on mit d'abord trop peu de précaution à exploiter cette bonne fortune. Des plaintes eurent lieu; les personnages, objets de ce manége, conçurent des soupçons qui rendirent moins faciles les intelligences formées avec des individus de leur maison. On sentit alors que pour n'être pas compromis, il fallait agir avec plus de circonspection, et en même temps perfectionner les moyens d'exécution. On fit fabriquer avec le plus grand soin une multitude de cachets dont on prenait l'empreinte à mesure que

les paquets scellés, arrivant à l'ambassade, tombaient
entre les mains des agents de la police. On s'efforçait
ensuite de faire disparaître, au moyen d'un fer à repasser, les traces du travail dont ces lettres étaient
l'objet. Dans le commencement, on prenait le modèle
des cachets avec une pâte trop peu solide pour bien
conserver les empreintes ; aussi ces empreintes ve-
naient-elles toujours mal, et ne pouvait-on, d'après
elles, reproduire exactement les cachets que l'on avait
rompus. Cette difficulté fut surmontée par le zèle et
l'adresse d'un jeune homme, nommé Lenoir, qui était
spécialement employé à ouvrir et à refermer les lettres.
Il trouva le secret d'une composition métallique qui,
après avoir reçu l'empreinte du cachet, devenait d'une
dureté extrême ; grâces à cette découverte, on eut
bientôt imité avec la plus parfaite exactitude les cachets de tous les personnages en correspondance avec les
ambassadeurs, et ceux des ambassadeurs eux-mêmes. Il
est à remarquer que, malgré cet éminent service, le
sieur Lenoir fut renvoyé plus tard, sans qu'on crût
même devoir acheter sa discrétion, soit qu'on pensât
que le soin de son propre honneur lui imposerait silence, soit qu'on méprisât assez le public pour ne pas
craindre que de tels secrets lui fussent révélés. Heureux
qu'une pareille disgrâce l'eût arraché à la carrière de
l'opprobre où il s'était engagé, ce jeune homme alla
exercer dans la province une profession honorable.

Le nouveau moyen que l'on venait d'acquérir permettait de violer les correspondances diplomatiques
avec plus de succès et de sécurité que jamais ; aussi
s'attacha-t-on à entretenir les intelligences que l'on
avait pu conserver encore, depuis les premières mala-
dresses qui en avaient fait rompre quelques-unes. Ce
manége continua sans que ceux, contre qui il était dirigé, parussent en avoir le moindre soupçon.

Voici quelle était la marche suivie :

Les paquets et lettres qui arrivaient à l'ambassade
d'Angleterre ou qui en partaient, étaient livrés par
le *factotum* de la légation à un agent. Il y avait plusieurs années que ce *factotum* exerçait ce genre d'industrie, qui lui rapportait par mois de 3 à 400 francs,
suivant les circonstances. Le 14 octobre 1822, il reçut encore 150 francs pour un demi-mois, qui lui furent apportés par le sous-agent de l'agent principal.
Chaque lundi et chaque vendredi de très-grand matin,
peu de temps après l'arrivée du courrier d'Angleterre,
qui vient toujours dans la nuit du dimanche ou du
jeudi, l'employé de l'ambassade remettait lui-même,
chez l'individu attaché à l'agent de police, les paquets
reçus par ce courrier. Il les apportait à son chef, qui
demeurait à cet effet près de l'ambassade anglaise,
rue de Surène, n° 8, au deuxième étage au-dessus de
l'entresol.

Ils étaient ouverts, alors. On prenait copie de ce

15.

qu'ils pouvaient contenir d'intéressant, puis après les
avoir remis dans leur état primitif, avec le plus grand
soin, on les renvoyait sous couvert à l'ambassade, ou
on les faisait remettre simplement à la poste, selon le
cas. Le soir des mêmes jours, on répétait les mêmes
procédés pour les lettres et paquets que devait emporter le courrier. Mais pour le départ, il y avait deux
séances : la première investigation avait lieu de la
même manière à quatre heures ; on renvoyait le paquet
à cinq, et l'on recevait en échange un nouvel envoi
que l'on renvoyait de nouveau à six heures environ ;
mais pour n'inspirer aucun soupçon et pour faire taire
les plaintes des garçons emballeurs de l'ambassade sur
l'envoi tardif de ce dernier paquet, celui-ci était toujours à l'adresse de M. *Joseph Planta, l'un des sous-
secrétaires d'État au bureau des affaires étrangères
à Londres,* et l'on avait soin de mettre l'adresse en
anglais. Cette dernière précaution était employée,
parce qu'il se trouvait souvent du monde au bureau, à
l'approche du départ du courrier. Si l'on demandait de
quelle part venait le paquet, question que l'on faisait
quelquefois en se plaignant que l'on envoyait les paquets trop tard, on répondait que *c'était de la part de
M. Robert.*

Lorsqu'il arrivait des courriers extraordinaires, on
tâchait d'en tirer également parti ; mais depuis les
changements qui s'opérèrent lors de la retraite de

M. Anglès, on ne put guère profiter de ces occasions, bien que l'on n'ignorât pas quels renseignements précieux on pouvait se procurer de ce côté. Sous l'administration précédente on a quelquefois employé quatre traducteurs et autant d'expéditionnaires pour avoir le contenu des *dépêches* adressées aux *ministres anglais,* et principalement à lord Castelreagh ; on passait même des nuits à ce travail. Il y avait quatre à cinq traducteurs employés constamment à la préfecture de police. Ils étaient assez bien rétribués, et M. Pasquier, alors préfet, donnait 5 à 600 fr. par mois à M. Foudras pour payer les interprètes.

Tels étaient les moyens en pleine activité à la préfecture de police.

Quant à la manière de défaire les paquets et les lettres, elle présentait peu de difficulté.

Dans le principe, on avait un homme fort adroit (Lenoir, l'inventeur de la composition métallique), qui savait parfaitement enlever l'empreinte d'un cachet, l'amollir au moyen de la vapeur de l'eau, défaire et refaire les lettres et paquets sans qu'il y parût. Mais cet homme précieux ayant été atteint par la réforme, un autre agent de police se chargea, non-seulement d'examiner et de distribuer la besogne, mais encore de décacheter, rogner, déchirer, etc. Quand les lettres pouvaient sortir par le côté en déployant l'enveloppe, on se contentait de rogner un peu celle-ci pour faire

rentrer la lettre plus facilement (1), et au moyen d'un
coup de fer à repasser, il n'y paraissait presque plus.
Les lettres qui ne pouvaient sortir par ce procédé
étaient souvent maltraitées.

On enlevait le cachet, si c'était de la cire, en passant un couteau en dessous, et on le rétablissait ensuite avec un peu de cire fondue. Il arrivait parfois
que les paquets étaient très-serrés, de sorte qu'il était
très-difficile et souvent impossible de rapprocher le
bout détaché lorsqu'on avait fait une incision autour
du cachet ; dans ce cas, il fallait changer l'enveloppe,
et l'on imitait l'écriture de l'adresse. Si cela ne réus-
sissait pas, alors le paquet courait de grands risques ;
il allait quelquefois ailleurs qu'à la poste. Un accident
de cette nature arriva, vers la fin d'août 1822, à un
paquet de journaux à l'adresse de M. *Ull, ambassadeur anglais près la cour de Turin*, et si ces notes
passent sous ses yeux, elles pourront lui faire connaître à qui il doit s'en prendre de ne point avoir reçu les
journaux anglais à cette époque.

Sous l'administration de M. Anglès, les documents
que l'on obtenait par cette voie subissaient des modi-
fications avant d'être remis aux personnes qu'ils inté-
ressaient spécialement. Comme l'inspecteur Foudras

(1) Pour bien savoir cette manœuvre, il faut connaître le mode
des enveloppes anglaises, qui ressemblent à des lettres ordinaires
et non aux enveloppes françaises.

tenait à faire sentir l'importance des services qu'on devait à son zèle, il se permettait des additions et des soustractions qui souvent donnaient de la valeur à une lettre qui n'en avait que peu ou point.

Sous la direction de la police de MM. Franchet et Delaveau, le cabinet noir fut dans une très-grande activité. Il y avait des employés dont les appointements étaient portés jusqu'à 40,000 francs; mais aussi que de services ils rendaient! Il en est aussi résulté les plus graves inconvénients. Tout le monde savait que ce cabinet existait, que les lettres passaient dans beaucoup de mains. Alors quelques employés avides du bien d'autrui crurent qu'ils pourraient soustraire des lettres qui renfermeraient des valeurs, et que, si ce vol était découvert, on accuserait nécessairement le *cabinet noir*. Ils avaient rencontré juste. Les premières plaintes se portèrent sur les indiscrets qu'on ne put justifier que du vol. Enfin, le vrai coupable fut atteint et condamné (1).

(1) *La police de la Restauration dévoilée*, par Froment.

CHAPITRE VI

La Police de l'Imprimerie et de la Librairie

Persécutions administratives. — Intelligences dans la place. — Les infortunes de Constant-Chantpie. — Les *Mémoires d'une jeune grecque.*—Histoire d'un brevet.—Encore les agents provocateurs. — Le libraire Terry et les chansons de Béranger. — Le sosie. — Mouchette.

L'imprimerie et la librairie furent constamment un objet d'épouvante pour la police ; elle y voyait un fanal toujours prêt à éclairer sa conduite et à pénétrer dans le dédale tortueux de ses investigations arbitraires et inquisitoriales : les voleurs ne redoutent pas plus les réverbères. Il y aurait tout un volume à faire de l'histoire des persécutions administratives que l'on suscitait aux imprimeurs qui prêtaient leurs presses aux écrivains de l'opposition ; ne pouvant atteindre directement ceux-ci, on aurait voulu étouffer le peu de liberté que le gouvernement de la restauration laissait à la presse, en détournant les imprimeurs de consentir à prêter leur office à tous ceux qui ne venaient pas à eux munis d'un brevet de civisme décerné par l'administration.

Pour réussir dans ses projets et en assurer le succès, la police était parvenue à enrôler sous ses drapeaux bon nombre d'imprimeurs et de libraires qui, pour mériter sa protection et ses faveurs, et même pour s'assurer à l'occasion un peu d'impunité, lui dénonçaient leurs confrères et l'instruisaient de ce qui se faisait dans les diverses imprimeries. Ce fut ainsi que le libraire Laurent Beaupré fut ruiné, qu'il se vit saisi à plusieurs reprises ; il dut tout cela à un collègue, à un voisin qui affichait un royalisme outré. Maugé l'aîné fut saisi pour avoir imprimé et publié le récit de la bataille de Waterloo, grâce à un confrère qui le dénonça à la police. Domère, le libraire, qui avait fait réimprimer le *Système de la Nature*, et qui fut condamné à dix mois de prison, fut arrêté au moment où il montait en voiture, d'après la dénonciation d'un *soi-disant ami*, auquel il avait accordé sa confiance.

Le chef de bureau de la librairie, Tezenas, avait *à lui* plusieurs libraires qui l'instruisaient de tout ce qui s'imprimait et se vendait dans Paris et même dans les départements ; jamais ils n'ont été saisis, jamais on n'a fait aucune visite chez eux. La police avait su gagner des protes, des ouvriers et des commis, et le libraire Mansut, qui avait renvoyé le sien parce qu'il n'en

était pas content, a pu savoir à ses dépens qu'il était
entré dans la police, et qu'il avait divulgué tout ce
qu'il savait sur le compte de son ancien patron, et
même sur beaucoup d'autres libraires.

La surveillance, les recherches et les persécutions
de la police reçurent un grand degré d'accroissement
et de ténacité, lorsque MM. Franchet et Delaveau
furent élevés au rang suprême de cette administration,
et l'imprimeur Constant-Chantpie fut spécialement
recommandé à tous les agents en chef et subalternes
chargés de cette partie. Il fut en butte à tous les
piéges, à toutes les embûches; on ne voulait pas qu'il
pût y échapper; et c'était une victime que chaque
agent devait offrir en holocauste à la police, s'il voulait mériter ses grâces, ses faveurs et ses gratifica-
tions; aussi ces bons et loyaux serviteurs redoublè-
rent-ils de zèle, prirent-ils tous les costumes, adoptè-
rent-ils toutes les opinions pour séduire et enlacer le
malheureux Constant-Chantpie.

C'est un père de famille, se disaient-ils, il veut
faire honneur à ses affaires pour élever ses enfants et
leur donner du pain; l'amour paternel l'aveuglera,
nous en aurons bon marché et il tombera dans nos
filets. L'un venait, au nom du royalisme, lui offrir un
ouvrage, tant soit peu virulent il est vrai, mais il
ferait sa fortune en servant le parti qui seul pouvait
sauver la France et l'arracher aux révolutionnaires,

qui voulaient la plonger de nouveau dans cet abîme
dont elle avait eu tant de peine à sortir. Un autre,
sorti du même antre, arrivait tout rayonnant, avec cet
air franc et joyeux qui pouvait caractériser un libéral, honnête homme, ami de son pays et du droit; il
proposait un manuscrit qui devait faire ouvrir les
yeux sur tous les abus, les montrer au grand jour,
les faire toucher du bout du doigt, en un mot, c'était
le palladium de la France! Mais Constant-Chantpie
résistait à toutes ces séductions; il eût résisté de même
aux propositions de toutes autres personnes; il ne voulait pas se compromettre; car il eût été bientôt découvert, dénoncé, quelques précautions qu'il eût prises.

Il avait continuellement dans son imprimerie des
ouvriers vendus à la police.

Quel était donc le crime du sieur Constant-Chantpie? Quels griefs la police avait-elle donc à lui reprocher? Les voici: il avait imprimé la *Renommée*,
rédigée par M. Benjamin Constant et autres; il imprimait le *Courrier Français*, le *Pilote*, le *Miroir*, dont
le reflet montrait les gens un peu trop ressemblants,
en leur donnant une petite teinte de ridicule. Mais ce
n'était pas encore là ce que Constant-Chantpie avait
commis de plus répréhensible. Peccadilles que tout
cela! Mais le péché mortel! la cause de la reprobation,
était d'avoir imprimé une lettre de M. Cauchois-
Lemaire, adressée à M. Delaveau lui-même, et comme

il n'y était pas ménagé, il se vengeait sur l'imprimeur de ce qu'il ne pouvait nuire à l'auteur.

Constant-Chantpie était l'imprimeur de l'administration des prisons. M. Delaveau qui la dirigeait, qui l'avait sous sa férule, lui enleva cette ressource; ne pouvant le claquemurer, il lui *coupait les vivres*. Ce fut le signal. Les rédacteurs des *Petites-Affiches* craignirent de se brouiller avec la police, quoiqu'on ne pût *incriminer* leurs articles, ils lui retirèrent l'impression de leur feuille. Il voyait chaque jour diminuer ses travaux et perdait ses moyens d'existence.

La direction générale de la librairie partageait la haine que lui portait la police, et elle usait contre lui d'une rigueur extrême pour les formalités les plus simples à remplir. On ne pouvait lui pardonner d'imprimer le *Miroir*. Plusieurs fois M. Tezenas, chef du bureau de la librairie à la direction générale, le manda près de lui pour l'engager à renoncer à l'impression de ce journal. La police eût voulu le voir s'éteindre de lui-même pour ne pas être obligée de le supprimer; aucun imprimeur n'eût voulu s'en charger. La dernière entrevue qu'il eut avec M. Tezenas fut même assez vive, et pour ne plus être importuné de nouveau, Constant-Chantpie dit à ce chef qu'il aimerait mieux tout perdre, et retourner travailler chez les autres, plutôt que de céder aux insinuations de la direction de la librairie.

On redoubla de sévérité contre lui. La police, toute puissante alors, abusa de son influence, et ses agents portèrent les choses au point de qualifier son imprimerie de sentine des libéraux. On poussa l'inimitié et la calomnie jusqu'à répandre dans le public que son imprimerie ne lui appartenait pas, et qu'il n'était que le prête-nom de MM. Benjamin Constant, Kératry et autres, et qu'en le punissant on frappait, on atteignait les chefs de l'opposition. Ses ennemis, et ceux qui voulaient le perdre, ajoutaient encore à tant de calomnies, qu'il imprimait les brochures de Paul Courier, qui toutes avaient encouru la censure.

M. Tezenas lui-même put se convaincre du contraire lorsqu'il fut question de l'impression des mémoires d'une jeune Grecque, espèce de roman qui parut sous le nom d'une dame Panam, et dont le sieur Chasles, secrétaire de M. de Jouy, fut le teinturier rédacteur. Cette dame Panam, non contente de ne pas payer le sieur Constant-Chantpic, le dénonça comme ayant imprimé une seconde édition de son ouvrage sans son aveu. M. Capelle fut envoyé pour vérifier le fait, et il reconnut la fausseté des assertions de la dame Panam. Cette affaire tomba d'elle-même, mais l'impression du *Miroir* l'exposa à de nouveaux désagréments, et on finit par le supprimer par suite d'une condamnation judiciaire.

Les rédacteurs firent paraître un nouveau journal

sous le titre du *Sphinx* ; on le saisit comme étant la
suite du *Miroir*, et M. Chardon, commissaire de police de la Chaussée-d'Antin, fut chargé de cette mission ; Constant-Chantpie vit son imprimerie frappée
d'interdiction, comme ayant fait une fausse déclaration pour le nombre d'exemplaires tirés. Il n'y avait
qu'une simple erreur qui fut rectifiée en déposant le
premier numéro ; mais comme on ne cherchait qu'à
le trouver coupable, on profita de cette circonstance
pour le traduire en jugement. Il fut acquitté en première instance ; mais cité de nouveau en cour royale,
il y fut condamné, et une ordonnance de Son Excellence monseigneur de Corbière, alors ministre de
l'Intérieur, lui enleva, en 1823, son état, son imprimerie, son avoir et ses moyens d'existence. M. le commissaire de police Chevreau, du quartier du Palais-
Royal, accompagné de ses agents, vint mettre à exécution l'ordonnance de sa ruine. Mais, comme la présence des ouvriers, qui ne cachaient pas leur mécontentement, imposait à tous ces messieurs, et qu'ils
en craignaient les suites, on parlementa, et durant ce
temps on déménagea beaucoup d'objets, principalement le matériel d'un journal, qui parut le lendemain
chez M. Carpentier-Méricourt.

M. le commissaire de police tenait tellement
à mettre dans l'oubli et le néant le malheureux
Chantpie et son imprimerie, qu'il fit enlever sur-le-

champ le tableau qui l'annonçait. Mais le mot *impri-merie*, tracé sur le fronton de la porte cochère, avait échappé à l'œil clairvoyant des agents. L'un d'eux, qui rôdait le soir dans le quartier, s'en aperçut; il se hâta de courir chez le commissaire de police pour lui dénoncer cette inscription séditieuse. Un voisin, qui avait reconnu l'observateur, la barbouilla de noir tandis qu'il allait chercher le magistrat, et lorsqu'ils revinrent ils ne trouvèrent plus rien. L'agent fut réprimandé par le commissaire pour l'avoir dérangé inutilement, et un peu plus tard il reçut une correction qui lui fut administrée par le mari d'une marchande d'oranges, dont il voulut faire disparaître l'étalage. Il dut cette gratification à un des ouvriers de l'imprimerie, qui le fit connaître pour ce qu'il était. Le brevet du sieur Chantpie était alors à la disposition du ministre, qui pouvait en gratifier un de ses protégés. Un grand nombre de concurrents et de solliciteurs se mirent sur les rangs. Quelques-uns vinrent trouver l'imprimeur supprimé pour l'engager à les aider dans leurs démarches; des pairs de France se mirent aussi de la partie, mais ils échouèrent tous. Le ministre et le directeur géneral ne se tinrent pas pour battus; ils avaient un protégé qu'ils voulaient munir et gratifier d'un brevet d'imprimeur, et ce favori de la police était un sieur Thomas, qui passait dans le public pour un agent secret de cette administration, compositeur

d'imprimerie, et qui avait été prote chez M. Gœt-
schy.

Un libraire qui faisait travailler dans cette imprimerie, dit qu'on lui avait rendu un manuscrit annoté
par ce Thomas, et qui avait passé par la filière de la
police. On ne voulut pas se charger de cette impression, mais on n'osa pas renvoyer le sieur Thomas, on
le craignait en raison de ses titres et qualités; enfin
on s'en débarrassa. Ce même Thomas s'était présenté
plusieurs fois chez l'imprimeur Chantpie, pour lui
proposer de s'associer avec M. David. Comme il connaissait le caractère du négociateur, il eut l'air d'entrer dans ses vues, afin de connaître ses intentions,
et Chantpie fut trouver M. David : il lui dit franchement qu'il ne pouvait se lier avec lui, parce qu'il
était déjà intéressé dans deux imprimeries; il le pria
en outre de lui garder le secret sur cette confidence,
mais la direction en fut instruite.

Sans accuser M. David d'avoir manqué à sa promesse, il n'en fut pas moins forcé de renoncer à cette
association, sans cela le ministre eût fait ressentir les
effets de sa haine à ceux qui avaient des liaisons avec
Chantpie. Quel acharnement! comment reconnaître
dans une telle conduite les protecteurs de l'industrie
et les soutiens du commerce?

Thomas, qui ne se fatiguait pas et qui avait toujours son plan dressé, se présenta de nouveau chez

l'imprimeur Chantpie, pour lui acheter son imprimerie, en lui annonçant sa suppression, et qu'il ne
s'en rendrait pas moins adjudicataire, et même sans
garantie, de la transmission du brevet; mais il en
offrit un prix si médiocre, qu'il n'essuya qu'un refus.

Enfin, l'autorité crut devoir ne plus garder aucune
mesure, et Thomas se trouva pourvu du brevet de
Chantpie. Dès que le corps des imprimeurs fut informé de la nomination du sieur Thomas, il s'éleva
des murmures, et l'immoralité du nouveau titulaire
fut mise au grand jour. On ne se récriait pas sur son
incapacité reconnue; mais on annonçait que Thomas
avait été condamné aux galères par contumace, et
que ses deux frères, moins heureux que lui, avaient
passé plusieurs années au bagne; que l'un y était
mort, et que l'autre venait d'en sortir après l'expiration de sa peine; et c'était à Thomas, galérien, et
frère de deux forçats, que le ministre Corbière accordait des grâces et des faveurs, en dépouillant un
malheureux père de famille.

Le sieur Robert, fils de l'avocat de ce nom, qui
avait aussi des prétentions sur le brevet de Chantpie,
informé de la préférence que l'on accordait à son con-
current Thomas, fit faire plusieurs copies du jugement qui le condamnait aux galères, et en adressa
des exemplaires à MM. de Corbière, Franchet, Té-
zenas, Capelle, et à M***, député, demeurant alors

rue du Cimetière-Saint-André-des-Arts. Ce député devait, selon Thomas, lui avancer des fonds pour acheter et monter son imprimerie. Lorsque tout cela fut mis au grand jour, les protecteurs de Thomas eurent encore assez de pudeur pour ne pas confirmer sa nomination. Le brevet de Chantpie resta donc dans les cartons du ministère, et devait y être enseveli pour jamais ; mais, pendant l'intérim de M. de Villèle, qui fut chargé du portefeuille de l'Intérieur, le brevet, convoité par tant de gens de toutes les couleurs et de tous les rangs, fut accordé à M. de Genoude. Cet évènement a fait assez de bruit, chacun en a parlé diversement, et nous nous taisons sur cette affaire.

Thomas, qui, grâce à ses hauts faits, avait échoué dans ses espérances, ne fut pas abandonné par ses protecteurs ; ils le placèrent, en qualité de commis de l'octroi aux pesées, à l'une des barrières du nord, où il exerce son emploi, et il est sans doute aussi honorable que flatteur pour les membres de cette administration d'avoir un semblable collègue.

Quant à l'imprimeur Constant Chantpie, on voulut bien lui accorder un brevet pour Saint-Denis (1).

Les agents provocateurs cherchèrent aussi des victimes parmi les libraires, ils leur tendirent des embûches en se masquant de la bonne foi, et en prenant

(1) *La police de la Restauration dévoilée*, par Peuchet.

le titre de négociants ou de commis-voyageurs. Citons-en un exemple sur mille.

Le libraire Terry, établi au Palais-Royal, se livrait tranquillement à son commerce, il n'avait dans son magasin ni dans son domicile particulier aucun des ouvrages qui auraient pu le compromettre. L'agent de police Dubois, voulut mériter les récompenses et les éloges de la police, aux dépens de ce libraire, dût-il même lui faire perdre la liberté, son état et sa fortune; et tout en se complaisant dans cet odieux projet, il se présenta chez le libraire Terry, comme un négociant chargé de faire diverses pacotilles qu'il devait envoyer au Havre, à la destination des Colonies ; il lui demanda des exemplaires des chansons de Béranger, principalement celles dont la publication avait été défendue, parce qu'elles piqueraient plus vivement la curiosité, et que la vente en serait plus avantageuse. Le libraire Terry, qui n'avait pas ces chansons, qui, en outre, ne connaissait pas le prétendu négociant, et qui pouvait penser que c'était un loup revêtu de la peau d'un agneau, répondit qu'il ne pouvait se charger de cette fourniture ; l'agent insista en protestant de sa probité et de son honneur, mais le libraire persista dans sa résolution.

Le tentateur sortit, mais le lendemain il revint à la charge, et Terry, vaincu par ses instances, ses sollicitations, et par l'espoir du gain, promit de fournir

50 exemplaires des chansons de Béranger, qu'il espérait trouver chez quelqu'autre libraire, moins craintif que lui. Dès lors sa boutique fut surveillée par quatre agents de police, collègues de Dubois, qui se retira enivré de la plus douce espérance. Il allait enfin remplir les intentions bénévoles de ses chefs. Un libraire allait tomber dans les filets de la police. Le libraire Terry se mit en quête, et après avoir fait des démarches pendant plusieurs jours, il trouva les exemplaires demandés, et il promit à l'agent Dubois, qui lui rendait de fréquentes visites et qui s'impatientait du retard, de lui livrer les chansons de Béranger, au lieu qu'il lui indiquerait ; le libraire ne voulait pas qu'ils sortissent de son magasin. Dubois donna son adresse rue d'Aval, près la rue Saint-Antoine, et Terry, sans défiance, s'étant muni du précieux paquet, s'achemina à sa perte, suivi par quatre agents de police qu'il ne connaissait pas et qui étaient sur ses traces ; ils jouissaient à leur manière, en voyant le crédule Terry chargé de leur proie et qui allait lui-même au devant du coup qui devait le frapper. Arrivé à sa destination, et près de la porte du domicile indiqué par Dubois, le libraire Terry trouva d'autres agents qui dirent à l'un d'eux : « Tiens, voilà ton linge qu'on t'apporte. » Terry, sans défiance, comme sans malice, quoiqu'il fut Normand, répondit : « Ce n'est pas du linge, mais du papier. » Alors les agents se firent connaître, en voulant s'emparer de

son paquet; il opposa de la résistance, et voyant qu'elle
était inutile en raison du grand nombre des assaillants
il lança les cinquante exemplaires des chansons de
Béranger à la tête d'un des agents de police, qui ne
put parer le coup et tomba à la renverse. Terry prit
alors la fuite; il était sur le point d'échapper à la
troupe des agents qui le poursuivaient, lorsqu'il fit un
faux pas et tomba. Les agents le rejoignirent, et
comme il se relevait, l'un d'eux lui asséna un coup de
bâton sur le derrière de la tête qui lui fit éprouver une
douleur très-violente, et il s'en est ressenti assez longtemps. Nous ne discuterons point ici le droit qu'a-
vaient les agents de police, de frapper celui qui cherchait à se soustraire à leurs violences, nous pensons
seulement que c'était un excès auquel ils auraient pu
ne pas se porter.

Le libraire Terry fut conduit au poste de la rue
Saint-Antoine, et de là chez le commissaire de police,
escorté par des militaires que les agents avaient cru
devoir s'adjoindre, pour s'assurer du coupable, dont
le plus grand crime avait été d'avoir cédé aux propositions d'un agent provocateur. Il comparut devant le
commissaire de police, qui, ne pouvant juger l'affaire que d'après les dépositions des agents et les livres
saisis, renvoya le délinquant à la préfecture de police.

Il y fut transféré sous bonne escorte, et placé à la

salle Saint-Martin, où il resta huit jours au secret, payant fort cher tout ce qu'on lui fournissait. Enfin, il fut interrogé, et, par suite, conduit à son domicile par des agents de police et des gendarmes, qui lui mirent les poucettes, à la recommandation des agents qui annoncèrent que Terry était dangereux et qu'il fallait prendre de grandes précautions, car il pourrait chercher à s'évader. On fit une perquisition aussi exacte que minutieuse dans son magasin et dans sa chambre, mais on ne trouva rien de répréhensible.

Réintégré à la salle Saint-Martin, il comparut devant le juge d'instruction, et fut transféré à Sainte-Pélagie comme prévenu d'un délit prévu par les lois. Il y resta deux mois et demi; sévérité aussi extraordinaire qu'inusitée, car les délits de la presse, de la nature de ceux de Terry, n'emportaient pas la peine avant le prononcé du jugement; mais la préfecture avait pensé que ce qui abonde ne vicie pas. Enfin, le jour du jugement arriva; Terry comparut en police correctionnelle, et malgré tout le talent et la chaleureuse indignation de son avocat, Mᵉ Chaix-d'Estange, qui tonna contre les agents provocateurs, comme il y avait preuve du délit par la saisie des cinquante exemplaires, Terry fut condamné à six mois de prison et à 1,200 francs d'amende.

On demanda la comparution de l'agent provocateur Dubois, mais on ne put le trouver, il avait changé de logement; il devait compter sur l'impunité assurée du côté de ses chefs.

Me Chaix-d'Estanges insistait toujours pour qu'on fît venir Dubois, mais il avait un Sosie, autre agent qui portait le même nom. Il demanda qu'on les fît comparaître tous les deux, mais on passa à l'ordre du jour.

Terry subit sa peine et paya son amende. Il avait parfois, ainsi que ses compagnons d'infortune, le plaisir de voir M. Bonneau, inspecteur général des prisons, qui leur rendait visite et qui leur observait, pour les consoler de leur captivité, qu'ils devaient se regarder comme trop heureux d'être détenus dans des prisons aussi agréables, et aussi bien tenues et administrées que celles de Paris. C'était un bien brave homme que ce M. Bonneau! que de doux souvenirs a laissés son passage dans la police.

Terry en sortant de sa délicieuse prison, de ce petit Eden à la Bonneau, voulut reprendre sa profession de libraire; mais en vertu d'une ordonnance signée du ministre de l'intérieur, S. Exc. M. le comte de Corbière, son brevet lui fut retiré.

Les démarches et sollicitations qu'il fit et adressa dans le temps furent toutes infructueuses, et il se livra à un autre genre d'industrie, il vendit des estampes; et voilà où le conduisirent les agents provocateurs : il perdit sa liberté et son état (1).

(1) *La police de la Restauration dévoilée*, par Peuchet.

La police poursuivait avec acharnement les libraires
ou colporteurs qui vendaient des ouvrages obscènes ;
on ne pouvait que l'approuver. Mais que penser de la
moralité de cette administration, lorsque ses *agents*
fournissaient eux-mêmes ces ouvrages, et dénonçaient
ensuite les acheteurs ? C'était le comble de la bassesse
et de la méchanceté. Les vrais coupables étaient donc
dans la police? Eux seuls méritaient d'être punis, et avec
la plus grande sévérité. Le fait qui suit va le prouver.

Le nommé Mouchette, colporteur, demeurant rue
Mouffetard, 229, était soupçonné de vendre des ouvrages contre la religion et les mœurs. Il fut mis en
surveillance, et l'agent Gillet fut chargé de suivre ses
démarches. Il fit plusieurs rapports, et, d'après les
renseignements qu'il fournit, on fit une perquisition
chez Mouchette. On y saisit plusieurs exemplaires de
Justine, et autres ouvrages dans ce genre.

Ce colporteur fut arrêté et conduit à la préfecture
de police. On lui fit subir un interrogatoire, et il déclara avoir acheté ces livres d'un nommé Giau.

Comme cet individu était agent de la police, et que
la provocation eût été trop facile à prouver, qu'en
mettant Giau en cause, il eût fait connaître la complicité de l'administration, on ne donna pas de suite à
cette affaire, la prudence en faisait une loi et Mouchette fut rendu à la liberté (1).

(1) *La police de la Restauration dévoilée*, par Peuchet.

CHAPITRE VII

Vidocq et la Brigade de sûreté

Biographie de Vidocq. — Ses premiers exploits. — Il prend la fuite. — Aventure à Ostende. — Les *musicos*. — Vidocq chez les saltimbanques. — Retour sous le toit maternel. — Nouvelles escapades. — Vidocq au régiment. — La schlague et l'armée autrichienne. — Vidocq c.... — Arrestation. — Tentative d'évasion. — Les compagnons de prison. — Condamnation aux travaux forcés. — Pris dans la forêt de Compiègne. — Vidocq à Bicêtre. — Nouvelle évasion. — Merveilleuses péripéties. — Arrestations et évasions successives. — Clef de l'argot. — Apprentissage de Vidocq dans la police. — Le mouton et l'ange malin. — Le parrain de Vidocq. — La brigade de sûreté. — Eloge de Vidocq par lui-même. — Coco-Lacour. — Ses titres. — Le gamin du Jardin-Egalité. — L'éducation d'un voleur. — Conversion de Coco Lacour. — La pêche à la ligne. — Transformation de la brigade de sûreté par M. Gisquet.

Vidocq, qui était destiné à faire tant de bruit dans le monde, y arriva par une soirée d'orage ; esprit fort, il n'en tire aucune induction, mais il a cru convenable d'inscrire ce petit événement en tête de ses Mémoires. Vidocq naquit donc au bruit du tonnerre, à Arras, en 1775, dans une maison voisine de celle où Robespierre avait vu le jour seize années auparavant. Il était si fort à sa naissance, qu'il avait l'air d'un en-

fant de deux ans. En grandissant il devint la terreur
de ses petits voisins, et la maison de son père reten-
tissait de plaintes continuelles relatives à des têtes
cassées, des nez sanglants, des yeux pochés et des habits
déchirés. A treize ans, il commença l'apprentissage de
boulanger, métier de son père. De concert avec son
frère, il faisait de fréquentes visites au comptoir. A la
suggestion d'un de ses camarades, Vidocq chercha à
piller le coffre, en y introduisant un tuyau de plume
trempé dans de la glu ; mais cette méthode ingénieuse
ne lui procurant que les plus petites pièces d'argent,
il eut recours à une fausse clef, et le produit du vol
fut dépensé dans une maison publique de la ville, où
se reunissait toute la canaille. Le père de Vidocq,
ayant découvert l'action infâme de son fils, le fit arrêter et conduire en prison ; il y resta pendant dix
jours, et n'en sortit que par l'intercession de sa mère.

Quelques jours après il reprit ses habitudes de dis-
sipation, et, d'accord avec un de ses camarades, résolut de voler à son père tout l'argent que celui-ci possédait. Un dimanche, ayant fait sortir sa mère de la
maison, sous un faux prétexte, s'étant rendu au coffre-
fort et l'ayant ouvert, il fut tout à coup frappé de vio-
lents remords : déjà il renonçait au vol, lorsque, décidé par les reproches et les plaisanteries de son complice, il s'empara de deux mille francs qu'il partagea
avec ce dernier, et partit pour Dunkerque. De là il se

rendit à Calais, afin de s'y embarquer pour l'Amérique; mais le capitaine de vaisseau lui ayant demandé huit cents francs pour son passage, il se rendit à Ostende. Voici en quels termes il raconte ce qui s'est passé dans cette dernière ville : « Tandis que je me promenais sur le port, cherchant un vaisseau destiné pour les Antilles, je fus accosté par un individu qui se disait courtier de marine, et qui me promit de me faire avoir promptement ce que je désirais ; en même temps il m'engagea à l'accompagner à une partie de plaisir à Blakenberg. J'acceptai. Nous dinâmes à Blakenberg avec une nombreuse société, dans laquelle se trouvaient quelques jolies femmes. Nous restâmes très-longtemps à table ; mais il me serait impossible de dire jusqu'à quelle heure, car tout à coup un sommeil irrésistible s'empara de mes sens, et en me réveillant je me sentis transi de froid. Au lieu des rideaux jaunes du lit où je me rappelais avoir été placé, je vis une forêt de mâts : les cris des matelots vinrent frapper mes oreilles, et, quand j'étendis mes mains je rencontrai une pile de boulets de canon contre laquelle on m'avait appuyé. Lorsque je racontai cette aventure au propriétaire de l'hôtel où j'étais logé, il me dit que l'on m'avait conduit dans un de ces fameux *musicos*, où tant de héros tarés avaient perdu, non-seulement leur argent, mais même leurs oreilles. Il est inutile d'ajouter que l'argent que je possédais avait disparu de mes poches, à l'exception de deux pièces de six francs. »

De ce moment Vidocq, jeté dans le monde, sans aucune ressource, entre au service du propriétaire d'une ménagerie ambulante ; mais le rôle de paillasse, qui lui fut adjugé, n'étant pas de son goût, il quitta l'entreprise et se mit à la solde d'un charlatan pour l'aider à faire ses conjurations, ainsi qu'à vendre ses spécifiques miraculeux, ses poudres, ses opiats, destinés à la guérison des maladies des hommes et des bêtes. Toutefois, cette liaison dura peu ; car, arrivé à Lille, Vidocq quitta subitement son charlatan, et résolut de retourner à Arras pour y implorer le pardon de ses parents. Sur les vives sollicitations de sa mère, appuyées des instances d'un ecclésiastique, son père, après lui avoir adressé de vives réprimandes et des menaces très-graves, consentit à oublier le passé ; mais le changement de Vidocq ne fut pas de longue durée ; quelque temps après sa rentrée dans la maison paternelle, il partit pour Lille avec une actrice. A cette époque il n'avait pas encore quinze ans. Après une absence de trois semaines, il revint à Arras et obtint de son père la permission de s'enrôler dans le régiment de Bourbon, alors en garnison dans cette ville. Sa jolie figure, son air distingué, et son habileté à manier l'épée, le firent bientôt admettre dans la compagnie des bretteurs. Quelques soldats de cette compagnie ayant murmuré de cette promotion si rapide, il en envoya deux à l'hôpital, où il fut ensuite obligé de se rendre lui-même, par suite d'une blessure qu'il reçut dans un troisième duel. Ce début le fit considérer comme un homme distingué, et les querelles où il se trouva engagé se succédèrent si rapidement, que six mois ne s'étaient pas encore écoulés qu'il avait eu quinze duels et avait tué deux de ses adversaires.

Vidocq ayant appris qu'on voulait le traduire devant un conseil de guerre, comme déserteur de son premier régiment, monta à cheval à la nuit tombante, passa à l'ennemi, et fut incorporé dans le régiment des cuirassiers de Kinski.

La schlague le dégoûta du service dans l'armée autrichienne ; il revint avec les Français, se fit passer pour Belge. Reconnu par son ancien capitaine, il obtint un congé d'un mois pour aller voir ses parents. Des amours et des duels, des aventures miraculeuses ; un emprisonnement pour cause de modérantisme, et sa tendresse pour une demoiselle Chevalier, qui aimait les beaux hommes, et brisa ses chaînes, telles sont les occupations de cette époque de sa vie. Ici se place une des aventures les plus sérieuses de la vie de Vidocq. Cette citoyenne Chevalier n'avait rendu la liberté au captif que pour la lui faire perdre ; en d'autres termes, étant dans les

bonnes grâces du proconsul Joseph Lebon, elle proposa à son protégé d'opter entre le mariage et la guillotine. De deux maux on choisit le moindre : Vidocq
épousa. Mais, ô perfidie! quelques jours après son
mariage, ayant fait une courte absence, il revint tard,
la nuit, au domicile conjugal et frappa à la porte de
l'appartement de sa femme; jugez de l'indignation
d'un homme trompé : un adjudant-major de ca-
valerie sortit en chemise par la fenêtre; Vidocq le
reconnut et le poursuivit sans pouvoir l'atteindre.
La Fontaine a dit : Cocuage est un bien; Vidocq
ne partagea pas cette opinion, et il aurait profité du
remède que la loi lui offrait, si, en divorçant, il
n'eût couru risque d'allumer la colère du farouche
Joseph Lebon. Il se résigna; et quel mari n'en ferait
autant : y en a-t-il beaucoup qui voulussent s'exposer à perdre la tête pour laver l'injure de leur front.
Il prit la fuite, alla à Bruxelles, y fut arrêté avec une
maîtresse qu'il avait prise, sans doute pour n'être pas
en reste avec madame Vidocq. Enivrer les gendarmes
et se sauver, c'était là de ses moindres tours. Arrêté
de nouveau, il est conduit en prison à Lille. Là, il fit
une nouvelle tentative d'évasion, qu'il raconte en ces
termes :

« La troisième nuit, tout étant prêt, nous réso-
lûmes de partir. Huit des condamnés passèrent par
l'ouverture, et s'échappèrent sans attirer l'attention

de la sentinelle. Il en restait encore sept, et nous tirâmes à la plus courte paille pour voir qui partirait le premier. Le hasard me favorisa, et j'ôtai mes habits, afin de rendre plus facile mon passage à travers l'ouverture, qui était très-étroite; mais lorsque j'eus passé la moitié de mon corps, il me fut tout à coup impossible d'avancer, et mes camarades, malgré tous les efforts qu'ils firent, ne purent me retirer. A la fin, mes souffrances devinrent si vives, que je fus forcé de crier à la sentinelle, qui se précipita vers moi en alarme, et, la baïonnette appuyée contre ma poitrine, me menaça d'une mort prompte si je faisais le moindre mouvement. Elle appela ensuite la garde, qui arriva sur-le-champ, suivie des geôliers et des guichetiers portant des flambeaux. Après de longs efforts, on me tira de l'horrible position où j'étais, mais non sans laisser derrière moi une partie considérable de ma peau. Je fus transporté sur-le-champ, meurtri et sanglant comme j'étais, dans une partie de la prison appelée le *petit hôtel,* et plongé dans un cachot avec des fers aux pieds et aux mains. Après dix jours, et des promesses réitérées de ne point faire une nouvelle tentative d'évasion, on me permit de sortir de mon cachot et d'entrer dans la chambre commune aux prisonniers confinés dans cette partie de l'édifice. Jusque-là je n'avais vécu qu'avec des voleurs, des escrocs, des vagabonds, des faussaires;

mais alors je me trouvai au milieu des malfaiteurs
les plus consommés et les plus atroces, qui racon-
taient avec orgueil leurs crimes et leurs forfaits, et
parlaient de leur être avec l'indifférence et la gaîté
la plus parfaite, disant qu'un jour on en ferait de la
chair de saucisse avec la guillotine. Parmi mes nouveaux compagnons se trouvaient plusieurs individus
qui avaient fait partie de la fameuse bande de brigands et d'assassins commandée par le célèbre Sal-
lambier, qui avait répandu la terreur dans le pays,
et connue sous le nom de *chauffeurs*. Ce nom leur
venait de ce qu'ils mettaient dans le feu les pieds des
habitants des maisons qu'ils attaquaient, et les tenaient dans cet état jusqu'à ce qu'ils déclarassent où
leur argent était caché. Parmi les chauffeurs ren-
fermés dans cette prison, le plus remarquable était
Brunellois, surnommé l'*intrépide*, nom que plus tard
il justifia complètement par un acte de courage tel
qu'on n'en trouve pas de semblable dans les plus
fameux bulletins d'armée. Un jour que Brunellois
cherchait à commettre des vols dans la maison d'un
fermier, il passa sa main dans une ouverture prati-
quée dans le volet d'une des fenêtres, afin de détacher le crochet. Lorsqu'il voulut retirer sa main, il
sentit que son poing était pris dans un nœud cou-
lant; il fit d'inutiles efforts pour la retirer : le bruit
qu'on faisait dans la maison annonçait que les habi-

tants avaient pris l'alerte ; et Brunellois s'étant aperçu
que ses complices échangeaient entre eux des regards
sinistres, il pensa qu'ils avaient l'intention de le tuer,
afin d'empêcher qu'il ne les trahît lorsqu'il serait pris,
ce qui devait infailliblement arriver. Dans cette per-
plexité, Brunellois, sans hésiter un seul instant, tira
de sa poche un couteau à double tranchant, se coupa
le poing, et s'enfuit avec ses compagnons. Ce singulier
trait eut lieu dans le voisinage de Lille. Il était bien
connu dans le département du Nord, dont plusieurs
habitants se souviennent d'avoir vu exécuter le héros,
qui n'avait qu'une main. »

Enfin Vidocq, accusé de faux en écriture authentique, fut déclaré coupable et condamné à huit années
de travaux forcés ; il ne parle point du carcan et de
la flétrissure qu'il doit nécessairement avoir subis.
Vidocq fut conduit avec plusieurs autres condamnés à
Bicêtre, pour être transféré de là au bagne de Brest.
Pendant la route, ils firent une tentative désespérée
pour s'échapper. « Hurtel, un des gardiens de la
prison, qui nous accompagnait, ajoute Vidocq, avait
employé dans cette occasion des fers préparés tout
exprès. Outre que chaque condamné était attaché à un
de ses camarades, avec un fort anneau de fer, il avait
à la jambe un boulet pesant quinze livres. De plus, la
surveillance était si active, qu'on ne pouvait songer à
s'échapper par adresse ou stratagème. En conséquence,

III.   18

je proposai d'employer la violence, et mes quatorze
compagnons d'infortune y consentirent.

» Desfaneux, l'un d'eux, homme expérimenté, qui
portait toujours sur lui une boîte de petites scies,
faites avec des ressorts de montre, nous fournit les
moyens de couper nos fers. Afin d'échapper à l'œil
vigilant de nos gardes, nous remplîmes d'une espèce
particulière de mastic les traces des incisions. Arrivés dans un lieu solitaire de la forêt de Compiègne,
le signal fut donné; nos fers tombèrent comme par
enchantement, nous nous élançâmes aussitôt de la
charrette où nous étions placés, et nous nous disper-
sâmes. Les cinq gendarmes et les huit dragons dont
l'escorte se composait, nous chargèrent le sabre à la
main. Nous nous plaçâmes derrière les arbres, et, sai-
sissant de larges pierres qui étaient dans notre chemin, nous nous disposâmes à résister. Les soldats
hésitèrent un moment; mais comme ils étaient bien
montés et bien armés, ils eurent bientôt repris courage : ils font feu sur nous, tuent deux hommes, et en
blessent grièvement cinq autres. Le reste se met à
genoux et demande grâce. Quelques-uns de nous
étaient déjà remontés sur la charrette, lorsque Hurtel, qui, pendant le tumulte, s'était tenu à distance,
voyant un condamné qui ne marchait pas aussi les-
tement qu'il l'eût désiré, se précipite sur ce malheureux, qui était sans armes, et lui passe son épée à

travers le corps. A cet acte lâche et cruel, ceux qui
n'étaient pas encore remontés dans la charrette
devinrent furieux; ils saisirent de nouveau des
pierres, et, sans les dragons, ils eussent fait prompte
justice de Hurtel. Les dragons nous ayant annoncé
que, si nous persistions à résister, un massacre général aurait lieu, tout rentra dans l'ordre. Lorsque
nous arrivâmes à Senlis, nous fûmes jetés dans une
prison, dont l'horreur surpassait tout ce que j'avais
vu précédemment. Comme le geôlier était un ouvrier
qui travaillait dans les chantiers, la prison était sous
la direction de sa femme; et, bon Dieu, quelle femme!
Elle voulut voir si nous n'avions pas sur nous des
instruments qui pourraient favoriser notre évasion, et
nous soumit en conséquence à une perquisition dont
je ne saurais décrire les détails. »

Vidocq n'était que depuis dix ou douze jours à Bicêtre lorsqu'il organisa une des tentatives d'évasion
les plus hardies qui aient jamais eu lieu dans cet
établissement. En pratiquant une excavation dans
le cachot, il s'introduisit, avec un grand nombre de
condamnés, dans l'aqueduc construit sous le bâti-
ment, et de là dans les cours destinées aux aliénés.
Ils étaient sur le point d'en escalader les murs, lorsqu'un énorme chien de garde s'élança de sa loge et
fit entendre de terribles aboiements, auxquels se joi-
gnirent aussitôt ceux de tous les autres chiens de l'é-

tablissement, et en outre les cris des aliénés. Dans un instant la cour fut remplie de soldats, de geôliers, de guichetiers. Les condamnés furent saisis et reconduits dans leur cachot. Le 20 octobre, la chaîne des condamnés, dont Vidocq faisait partie, se mit en route pour le bagne de Brest.

Vidocq fait un tableau trop révoltant de la dépravation qui régnait dans ce séjour de l'infamie, pour que je me permette d'en donner quelques détails.

Six jours après son entrée au bagne, Vidocq chercha à s'échapper sous le déguisement d'un matelot. « Je passai sans obstacle, dit-il, la porte de fer, et me trouvai dans Brest, que je ne connaissais point. Après avoir erré çà et là, j'arrivai enfin à la porte de la ville. Un vieux gardien du bagne, nommé Lachique, y était continuellement posté. Il était impossible qu'un condamné, qui avait été pendant quelque temps au bagne, échappât à son œil vigilant. Non-seulement il découvrait ou prétendait découvrir chaque condamné au regard et au geste qui lui était propre, mais il y avait encore une autre particularité qui l'aidait en cela. En effet, les condamnés, sans y faire attention, traînent toujours la jambe à laquelle le boulet a été attaché. Il fallait cependant passer devant ce redoutable personnage, qui était assis près de la porte, fumant tranquillement sa pipe, et fixant ses yeux d'aigle sur tous ceux qui entraient et sortaient. On m'en avait averti : je pris en conséquence mes précautions pour rendre mon déguisement plus complet ; je m'étais pourvu d'un pot de crème ; je m'approchai de lui sans crainte, et après avoir déposé à ses pieds le pot de crème que je portais, je tirai ma pipe de ma poche, la remplis, et lui demandai la permission de l'allumer à la sienne ; il y consentit gaîment, et lorsqu'elle fut allumée, je repris mon pot de crème et sortis tranquillement de la ville. J'avais à peine fait trois quarts de lieue lorsque j'entendis les trois coups de canon qui annoncent aux paysans l'évasion d'un condamné. Il faut observer qu'une récompense de cent francs était promise à celui qui m'arrêterait.

» Dans quelques instants les champs furent couverts d'hommes armés de fusils, de faux, et battant les buissons pour découvrir le fuyard. Je passai à côté de plusieurs d'entre eux, mais comme j'avais un costume de matelot complet, et portais mes cheveux en queue (tous les condamnés ont la tête rasée), ce que j'eus soin de leur faire voir en tenant mon chapeau à la main, je ne fus pas inquiété. A la nuit tombante, je rencontrai deux femmes, à qui je demandai quel chemin il me fallait suivre ; mais comme elles me répondirent dans un patois dont je ne comprenais pas un mot, je tirai quelques pièces d'argent et leur indiquai par un geste que j'avais

besoin de manger; elles me conduisirent dans un
village, où j'entrai dans un cabaret. Le maître du
cabaret, qui était garde-champêtre, était devant le
feu dans son costume à moitié militaire. J'hésitai
un moment; mais, reprenant courage, je lui dis que
je désirais parler au maire du village. C'est moi le
maire, dit un vieux paysan, en bonnet de laine et
en sabots, qui mangeait un gâteau d'orge sur la
table. Ce nouvel incident me surprit, car j'avais
espéré m'échapper du village sous prétexte d'aller à
la maison du maire. Cependant je pris un air hardi,
et je dis à ce fonctionnaire en sabots, qu'ayant pris
un chemin de traverse pour aller de Morlaix à Brest,
je m'étais égaré, et que je venais lui demander mon
chemin, comme à la seule personne que je présu-
mais devoir bien comprendre le français. Je lui demandai s'il était possible d'arriver à Brest dans la
soirée; il me répondit que c'était impossible d'y
arriver avant la fermeture des portes; mais qu'il me
donnerait un peu de paille dans sa grange, et que je
pourrais aller le lendemain à Brest avec le garde-
champêtre, qui devait y conduire un forçat échappé
et arrêté la veille. »

Le lendemain, Vidocq fut reconnu et reconduit
au bagne. A peine y fut-il rentré qu'il s'échappa
de nouveau avec plus de succès et plus d'adresse
que la première fois. Tels sont à peu près les ter-

mes dans lesquels il raconte cette seconde évasion : « Comme il entrait dans mes vues de passer
quelque temps à l'hôpital, je me rendis malade avec
du jus de tabac, et j'y fus transféré. Mais comme
ma maladie ne dura que trois ou quatre jours, et
que je ne pouvais me procurer d'autre jus de tabac
dans cet hôpital, je fus obligé d'avoir recours à un
autre expédient. A Bicêtre, j'avais été initié dans
tous les secrets de faire ces inflammations et ces ul-
cères au moyen desquels les mendiants excitent la
pitié publique. Parmi tous ces expédients, je choisis
celui dont l'effet est de rendre la tête grosse comme
un boisseau, d'abord parce qu'il devait naturellement embarrasser les médecins, et, en outre, parce
qu'il ne pouvait me causer aucune souffrance, et
qu'il m'était facile de m'en débarrasser dans une
demi-journée. » En effet, Vidocq se fit enfler la tête
d'une façon prodigieuse, et les médecins, qui lui
crurent une hydropisie du cerveau, donnèrent des
ordres pour qu'il restât à l'hôpital. Pendant ce temps,
notre héros se procura un habit de sœur hospita-
lière, et s'échappa à la faveur de ce déguisement.
Arrivé près de Rennes, un bon curé engagea la sœur
Vidocq à déjeûner avec lui, et la quitta en se recom-
mandant à ses prières. Le soir même cette incroyable
sœur fut reçue dans la maison d'un paysan, qui la fit
coucher avec ses deux filles, fraîches et jolies, âgées

de quinze à dix-huit ans. Vidocq assure qu'il put se contenir, et qu'il sortit du lit de l'innocence en véritable sœur de charité.

Enfin, par un de ces fâcheux accidents que toute la prudence humaine ne saurait empêcher, Vidocq fut arrêté de nouveau et envoyé au bagne de Toulon, avec de bonnes lettres de recommandation. C'est là qu'il vit les notabilités du crime (1). Il éprouvait quelquefois des élans de probité; il résolut de se soustraire à cette infâme société. Il s'évada, et, pour arriver à faire une fin honnête, il exerça, tantôt sous un

---

(1) Quelques mots d'*argot* peuvent servir à faire connaître des gens que chacun redoute: c'est pour cela que j'extrais des *Mémoires* de Vidocq le vocabulaire suivant : *Avoir le taf*, la peur; *il y a là un chene*, un homme ; *prêter loche*, prêter l'oreille : la *sorgue*, la nuit ; *écorner les boucards*, forcer les boutiques; *orphelin*, orfèvre ; des *parrains*, des témoins ; *carouble*, fausse clef ; la *banquette*, l'argenterie; *grinchir*, voler ; *grinche de la haute pègre*, voleur du grand genre ; du *poussier*, de la monnaie : *aboule du carle*, compte-moi de l'argent ; *le rifflard a battu morace*, le bourgeois a crié au secours ; se faire *cuisinier*, se faire mouchard; *reconobrer*, reconnaître ; faire le *sinvre*, la bête ; le *chat*, le geolier ; *jouer du violon*, scier ses fers, se *câvaler*, s'évader ; *garçons de campagne*, voleurs de grands chemins ; les *marchands de lacets*, les gendarmes; *chevaux de retour*, forçats reconduits au bagne ; la *coloquinte*, la tête ; du *raisinet*, du sang ; *jouer du vingt-deux*, jouer du poignard ; *refroidir*, tuer ; *escarpe*, assassinat; *manger le morceau*, faire des révélations ; *mettre un homme sur la planche du pain*, le traduire devant la cour d'assises; *balancer le chiffon rouge*, remuer la langue, parler ; *donner un redoublement de fièvre*, révéler un nouveau fait à charge ; la *placarde*, la place des exécutions ; *chalot*, le bourreau ; la *carline*, la mort. « — L'argot des prisons s'est peut-être légèrement modifié depuis Vidocq; mais le fond est resté le même.

nom et tantôt sous un autre, diverses professions industrielles. « Plus d'une maison de banque, dit-il, se rappelle peut-être encore le temps où la signature de *Blondel* (c'est le nom qu'il portait alors) était en faveur sur la place. »

Mais la police voulait le ramener au bagne; et, après avoir mis sur les dents je ne sais combien de brigades de gendarmerie, sa retraite, à Paris, est découverte; il veut se sauver en chemin ; on l'arrête sur le toit; on le transfère à la Force et de là à Bicêtre, où il devient l'objet de toutes sortes de prévenances. C'est alors qu'il fit des propositions à la police. M. Henry en fut frappé; il les communiqua à M. Pasquier. Dès ce moment Vidocq se voue à l'intérêt des honnêtes gens. Après un séjour de deux mois à Bicêtre, on le transfère à la Force, où il arrive précédé de sa grande renommée. Loin d'y être suspect, il laisse s'accréditer le bruit qu'il est un assassin; il devient donc un protecteur puissant et un garant de la franchise quand elle est suspectée. Tous les condamnés, loin de se douter qu'il est *mouton*, viennent lui faire leurs confidences, et Vidocq redit tout à la police.

Les talents de cet homme ne pouvaient rester enfouis dans une prison : après vingt-deux mois de *moutonnerie*, le préfet de police, à la sollicitation de M. Henry, consentit à le laisser* sortir de prison. De concert avec la police, il s'évada, pour ne pas perdre son crédit parmi ses anciens amis. Ils célébrèrent son évasion comme un triomphe.

Que de fois Vidocq n'a t-il pas rendu grâce à M. Henry, qui, on peut le dire, a été son parrain à la police; et M. Henry s'y connaissait, car les voleurs l'appelaient *l'ange malin.* Vidocq fut bientôt pour eux l'ange exterminateur.

Associé désormais aux directeurs de la police, MM. Henry, Bertaux et Parisot, il conspire l'anéantissement du brigandage. Il arrête de sa propre main les malfaiteurs, après avoir lutté avec eux corps à corps; des faux monnayeurs sont découverts et bientôt après exécutés. Il prend toutes sortes de travestissements, tantôt la hotte sur le dos, et, dix minutes après, l'épaulette à graines d'épinards; c'est un véritable Protée : il se mêle aux voleurs, assiste à leurs opérations, entre dans des complots contre ce *damné Vidocq,* qu'il promet de pendre lui-même si on l'attrape : et qu'on vienne encore nous parler des travaux d'Hercule !

L'envie est là qui veut ternir la gloire de Vidocq; des inspecteurs jaloux l'accusent, en 1810, de voler pour son propre compte. Cette calomnie, loin de tourner contre lui, affermit son crédit. On lui donne carte blanche, on l'autorise à jeter le masque; Vidocq est proclamé par toutes les bouches comme l'a-

gent légitime de l'autorité. Plus de subterfuges, le héros va lutter au grand jour; son nom sera bientôt populaire.

Alors on vit paraître la fameuse brigade de sûreté dont il a tracé lui-même l'histoire.

« La brigade de sûreté fut créée en 1812. J'eus d'abord quatre agents, puis six, puis dix, puis douze. En 1817 je n'en avais pas davantage, et cependant, avec cette poignée de monde, du 1er janvier au 31 décembre, j'effectuai soixante-douze arrestations et trente-neuf perquisitions ou saisies d'objets volés.

» Ce fut dans le cours des années 1823 et 1824 qu'elle prit son plus grand accroissement : le nombre des agents dont elle se composait fut alors, sur la proposition de M. Parisot, porté à vingt et même à vingt-huit, en y comprenant huit individus alimentés du produit des jeux que le préfet autorisait à tenir sur la voie publique. C'était avec un personnel si mince qu'il fallait surveiller plus de douze cents libérés des fers, de la réclusion ou des prisons; exécuter annuellement de quatre à cinq cents mandats, tant du préfet que de l'autorité judiciaire; se procurer des renseignements, entreprendre des recherches et des démarches de toute espèce, faire des rondes de nuit, si multipliées, si pénibles pendant l'hiver, assister les commissaires de police dans les perquisitions ou dans l'exécution des commissions rogatoires ; explorer les diverses réunions publiques , au dedans comme au dehors , se porter à la sortie des spectacles, aux boulevards , aux barrières , et dans tous les autres lieux de rendez-vous ordinaires des voleurs et des filous. Quelle activité ne devaient pas déployer vingt-huit hommes , pour suffire à tant de détails, sur un si vaste espace , et sur tant de points à la fois ! Mes agents avaient le talent de se multiplier, et moi celui de faire naître et d'entretenir chez eux l'émulation du zèle et du dévoûment : je leur donnais l'exemple. Point d'occasion périlleuse où je n'aie payé de ma personne ; et si les criminels les plus redoutables ont été arrêtés par mes soins, sans vouloir tirer gloire de ce que j'ai fait , je puis dire que les plus hardis ont été saisis par moi. Agent principal de la police particulière de sûreté , j'aurais pu, en ma qualité de chef , me confiner, rue Sainte-Anne, en mon bureau ; mais, plus activement et surtout plus utilement occupé, je n'y venais que pour donner mes instructions de la journée, pour recevoir les rapports , ou pour entendre les personnes qui , ayant à se plaindre de vols, espéraient que je leur en ferais découvrir les auteurs.

» Jusqu'à l'heure de ma retraite., la police de sûreté , la seule nécessaire , celle qui devrait absorber la majeure partie des fonds accordés par le budget, parce que c'est à elle principalement qu'ils sont affectés, la police de sûreté, dis-je, n'a jamais employé plus de trente hommes, ni coûté plus de cinquante mille francs par an, sur lesquels il m'en était alloué cinq.

» Tels ont été, en dernier lieu, l'effectif et la dépense de la brigade de sûreté : avec un si petit nombre d'auxiliaires, et les moyens les plus économiques, j'ai maintenu la sécurité au sein d'une capitale peuplée de près d'un million d'habitants ; j'ai anéanti toutes les associations de malfaiteurs, je les ai empêchées de se reproduire ; et depuis un an que j'ai quitté la police, s'il ne s'en est pas formé de nouvelles, bien que les vols se soient multipliés, c'est que tous les *grands maîtres* ont été relégués dans les bagnes, lorsque j'avais la mission de les poursuivre, le pouvoir de les réprimer. »

Vidocq fut supplanté en 1828, par Coco-Lacour, son secrétaire et son élève.

« Un jour que je traversais la place Maubert, dit Saint-Edme, je vis une troupe de polissons en guenilles qui poursuivaient une vieille chiffonnière ivre. Elle monta sur une borne, et, de toute la force de ses poumons, elle leur cria : *Vidocq a été mis à pied ; c'est monsieur Coco-Lacour qu'est maître de tout.*

» Je cherchais vainement alors à savoir quel était cet heureux successeur du *grand Vidocq*; tout ce que j'appris, c'est qu'en effet Coco-Lacour était *maître de tout*, comme le disait la chiffonnière, c'est-à-dire qu'il était chargé de veiller à la sûreté de Paris. »

Coco-Lacour ne devra pas à Vidocq moins de reconnaissance pour l'importance qu'il a donnée aux fonctions de la *brigade de sûreté*, que pour la sollicitude avec laquelle il s'est attaché à faire connaître son ex-secrétaire. C'est en effet Vidocq qui a voulu transmettre à la postérité les faits et gestes de son successeur, et c'est d'après ce héros de police que nous allons esquisser ses traits.

Nous extrairons d'abord textuellement des mémoires de ce *grand homme* le passage qui suit :

« On trouve dans les registres de sûreté de la préfecture de police :

» *Lacour*, Marie-Barthélemi, âgé de onze ans, demeurant rue du Lycée, écroué à la Force, le 9 ventôse an 9, comme prévenu de tentative de vol, et, onze jours après, condamné à un mois de prison par le tribunal correctionnel.

» *Le même*, arrêté le 2 prairial suivant et reconduit de nouveau à la Force comme prévenu de vol de dentelles dans une boutique. Mis en liberté ledit jour par l'officier de police judiciaire du deuxième arrondissement.

» *Le même*, âgé de dix-sept ans, filou connu, déjà arrêté plusieurs fois comme tel, enrôlé volontairement à Bicêtre, en 1807, pour servir dans les troupes coloniales; remis, le 31 dudit mois, à la gendarmerie pour être conduit à sa destination; évadé de l'île de Rhé dans la même année.

» *Le même Lacour* dit *Coco* (Barthélemi), ou Louis-Barthélemi, âgé de vingt et un ans, né à Paris, commissionnaire en bijoux, demeurant faubourg Saint-Antoine, n° 297, conduit à la Force le 1er décembre 1809, comme prévenu de vol; condamné à deux ans de prison par jugement du tribunal correctionnel le 18 janvier 1810, conduit ensuite au ministère de la marine comme déserteur (1).

» *Le même*, conduit à Bicêtre, le 22 janvier 1812, comme voleur incorrigible; conduit à la préfecture le 3 juillet 1816. »

Coco-Lacour est né de parents pauvres; son père

(1) Vidocq raconte qu'étant à cette époque à la Force, on soupçonnait plusieurs voleurs d'y jouer le rôle de mouton (le soupçon n'atteignait pas Vidocq!). A ce sujet on lit dans ses mémoires :
« Le premier dont je me rendis caution était un jeune homme que l'on accusait d'avoir servi la police en qualité d'agent secret. On prétendait qu'il avait été à la solde de l'inspecteur-général Veyrat; et l'on ajoutait qu'allant au rapport chez ce chef, il avait enlevé le panier à l'argenterie..... Voler chez l'inspecteur, ce n'était pas le mal... Mais aller au rapport !... Tel était pourtant le crime de Coco-Lacour, aujourd'hui mon successeur. Menacé par toute la prison, chassé, rebuté maltraité, n'osant plus même mettre le pied dans les cours, où il aurait été infailliblement assommé, Coco vint solliciter ma protection; et pour mieux me disposer en sa faveur, il commença par me faire des confidences, dont *je sus tirer parti.* »
Effectivement, il se servit de ces confidences pour le faire condamner à deux ans de prison.

était tailleur et portier dans la rue du Lycée. Coco
resta orphelin en bas âge; mais il habitait un quartier
où pullulent des filles compatissantes, qui prirent soin
du jeune enfant. Que ne devait-il pas apprendre à
une pareille école! On l'excitait à la malice; on le
trouvait gentil. Il passait sa journée à *gaminer* dans
le jardin du palais *Égalité*. Là il reçut un autre genre
d'éducation. Ses petits camarades lui enseignèrent des
tours de passe-passe, dans lesquels il fit des progrès
rapides. Coco grandissait à vue d'œil; une nommée
Maréchal, *tenant maison* place des Italiens, le re-
cueillit. Coco était complaisant, faisait tout ce qu'on
voulait : ceux qui fréquentaient la *maison* étaient
contents de lui.

Les leçons qu'il avait reçues dans le jardin du palais
Égalité en avaient fait un *sujet*. A douze ans, Coco-
Lacour était un très-adroit voleur de dentelles. Enflé
de sa gloire précoce, il voulut s'illustrer sur un plus
grand théâtre, et des condamnations successives mirent le sceau à sa renommée. Désormais il n'eut plus
de rivaux, et il était cité comme le plus habile des
voleurs *au bonjour*, dits *les chevaliers grimpants*.

Les obstacles ne le rebutaient pas; c'est en vain
qu'on crut lui faire abandonner une carrière où si
jeune il avait acquis un nom illustre, il fut proclamé
voleur incorrigible, et renfermé à Bicêtre par mesure
administrative.

Ici, commence pour lui une autre série d'événements, nés d'une éducation nouvelle. Un banqueroutier, nommé Mulner, détenu à Bicêtre, lui donna quelque instruction ; il apprit aussi l'état de bonnetier. De *chevalier grimpant*, Lacour voulut devenir honnête homme ; et pour marquer son entrée dans la bonne voie, il abandonna *Élisa l'Allemande*, femme qui lui était restée attachée pendant sa longue détention.

La police s'empara de lui à sa sortie de Bicêtre, et tâcha de mettre à profit ses talents. Vidocq en fit son secrétaire.

Lacour avait pris une compagne, qui avait été successivement fruitière et blanchisseuse ; ils se lancèrent dans le commerce et vendirent des mouchoirs dans les rues, cumulant ainsi les profits du négoce et ceux de la *surveillance*.

On a attribué à des vues ambitieuses l'idée qui lui prit à cette époque de se jeter dans la dévotion. On a prétendu qu'il allait pieds nus depuis Sainte-Anne jusqu'au Calvaire, pour accomplir une pénitence qui lui avait été infligée par son confesseur.

A l'avènement de M. Delaveau, Coco-Lacour allait entendre la messe tous les dimanches à Notre-Dame : le nouveau préfet de police le remarqua, et dès lors Vidocq eut un rival.

Un journal esquisse ainsi le portrait de Coco-Lacour :

« Lacour est blond et chauve, il a le front étroit, l'œil bleu, mais terne, les traits fatigués ; sa taille n'excède pas cinq pieds deux pouces. Il aime la toilette et les bijoux ; ses manières sont affectées sans pour cela être ridicules.

» Depuis qu'il n'a plus la passion du vol, Coco-Lacour est en proie à une autre passion bien impérieuse quoique bien innocente; c'est celle de la pêche à la ligne. Heureux, lorsque, débarrassé du poids des affaires, il peut aller tendre ses amorces au bas du Pont-Neuf, accompagné de madame Coco-Lacour ! (1) »

M. Gisquet raconte ainsi comment il transforma la brigade de sûreté :

« Un homme (le sieur Vidocq), qui avait acquis une sorte de célébrité sous la Restauration, fut le créateur de la *brigade de sûreté*. Vidocq, dans les entraves de ses anciennes liaisons, ne s'entoura guère que d'hommes flétris par la justice. Il choisissait lui-même ses agents, fixait arbitrairement leur salaire, était toujours l'intermédiaire entre eux et l'administration pour la remise des fonds destinés au paiement de leurs honoraires, et de ses agents, à peu près comme il l'entendait.

» La répugnance bien naturelle que les préfets et

(1) Madame Coco-Lacour est revendeuse à la toilette, et continue son commerce malgré la nouvelle dignité de son mari.

même les employés supérieurs éprouvaient à être mis
en contact avec les hommes de cette brigade, et à
s'initier aux détails de leurs occupations, laissait une
direction presque absolue et sans contrôle au chef qui
la commandait.

» Vidocq est un homme doué d'intelligence et de
caractère ; seulement, un peu tourmenté du besoin
de faire parler de lui. Je passerai sous silence les services qu'il a pu rendre, puisqu'ils appartiennent à une
autre époque; mais il n'est pas superflu de dire, qu'a-
près l'avoir employé pendant quelques mois, j'ai reconnu que son habileté n'était pas ou n'était plus au
niveau de sa réputation. C'est surtout dans cette
branche qu'il faut varier et renouveler souvent les
moyens de découvrir les coupables. Vidocq avait sans
doute usé toutes les ressources de son imagination,
car, après avoir obtenu de ma confiance la direction
de la brigade, il resta dans l'ornière de ses anciennes
habitudes, de ses ruses qui n'étaient pas toujours
avouables, et qui, mises tant de fois en usage, ne pouvaient plus avoir de chance de succès.

» Quoi qu'il en soit, Vidocq m'ayant été adressé par
M. de Bondy au commencement de 1832, profita de
l'audience que je lui accordai pour faire ressortir l'inha-
bileté des agents de la sûreté alors en fonctions, et
pour mettre en relief sa supériorité. J'étais effectivement peu satisfait de la manière dont se faisait ce ser-

vice, et, comptant sur les améliorations promises par Vidocq, je lui rendis, deux ou trois mois après, le poste qu'il avait occupé. Mais il reprit avec lui les débris de son premier entourage, et l'expérience d'un trimestre suffit pour me faire reconnaître tous les inconvénients d'attacher de tels auxiliaires à la préfecture.

» Dans le courant de septembre 1832, un procès criminel eut lieu pour un vol commis à la barrière de Fontainebleau, le 23 mars précédent. Trois accusés, savoir : Lenoir, Moureau et Cloquemin furent condamnés à vingt ans de travaux forcés ; deux autres, Lequin et Deplantes, à cinq années de réclusion ; et enfin le nommé Léger, devenu depuis l'exécution du vol, agent de Vidocq, à deux années de prison pour complicité. Cette affaire, dans laquelle j'ai vu que Vidocq continuait à mettre en œuvre des repris de justice, et qu'il procédait quelquefois par des moyens auxquels on pouvait reprocher un certain caractère de provocation, me décida à le révoquer et à renvoyer les agents impurs dont il se servait.

» Jusque-là on pensait généralement qu'on ne pouvait faire la police des voleurs qu'avec des voleurs. Je voulus essayer de la faire faire par des gens honnêtes, et les résultats ont prouvé que j'avais raison.

» Cette réforme était devenue nécessaire pour établir une moralité désirable dans toutes les branches de l'administration. Je n'ai pas voulu que l'autorité restât exposée plus longtemps à se voir représentée en justice par des hommes qui, frappés d'une condamnation antérieure, ne pouvaient plus être entendus sous la foi du serment.

» J'organisai donc la brigade de sûreté sur des bases nouvelles. J'ordonnai le renvoi immédiat de tout employé déjà atteint par un jugement quelconque, et décidai qu'à l'avenir on n'admettrait au nombre des agents ostensibles, que des hommes d'une excellente conduite. »

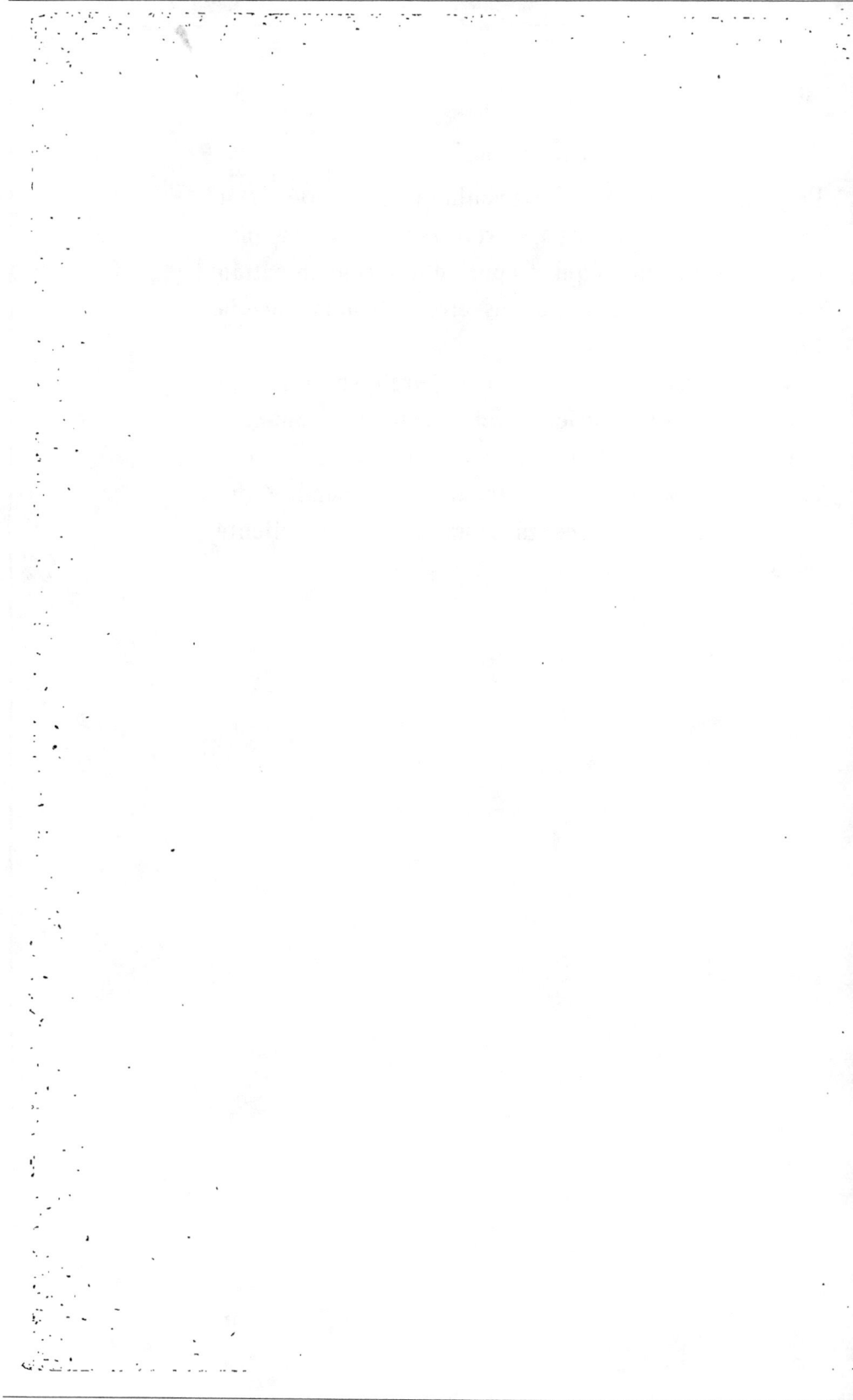

CHAPITRE VIII

La Police politique sous le Gouvernement de Juillet.

Caractère de la police politique de 1830 à 1848. — L'ère de la résistance légale. — Arrestation préventive des journalistes — Défi d'Armand Carrel. — Procès et acquittement. — La publicité des rues conquise sur la police. — Manifestation de Rodde. — Son allocution au peuple. — *Ce bon M. Gisquet.* — Procès des fusils-Gisquet. — Incidents d'audience qui précèdent les dépositions de M. le préfet de police. — M. Persil. — Les procès politiques sous Louis-Philippe. — Les caricatures de Daumier. — *Tu en as menti, misérable.* — Vignerte. — Le procès des vingt-sept. — Le procureur général traité de faussaire. — Plaidoiries de MM. Dupont et Michel de Bourges. — *Accusé, parlez, la défense est libre.* — M. Michel à la Chambre des pairs. — Massacres de la rue Transnonain. — Attitude transie de la police.

Sous l'Empire, sous la Restauration, la police politique eut un caractère de vexation et d'oppression dont nous avons cité de nombreux exemples. La police était la plus forte; il ne s'agissait pas de lui résister, et on ne pouvait lui échapper que par ruse, ou du moins il ne restait que le parti de lui exposer une philosophique et méprisante bonne humeur; ce qui est aussi un moyen de dérouter et de désarmer cet ennemi tortueux, qui n'agit que par surprises, et se prend à douter de sa puissance sitôt qu'on le brave.

Sous le gouvernement de Juillet, l'aspect des choses
change, le despotisme a perdu son auréole; l'arbitraire ne peut résister à la publicité; entre la police et
les partis, la lutte continue; mais, cette fois, elle a
lieu à armes égales, à ciel ouvert, et ce n'est pas toujours à la police que reste la victoire. Elle est décon-
certée par cette résistance inaccoutumée et imprévue.

C'est là tout un chapitre d'histoire original et curieux, que nous écrirons peut-être un jour, mais dont
aujourd'hui nous nous contenterons de détacher quelques traits caractéristiques. La bataille commencée
dans l'ombre par la police, est portée au grand jour
par la résistance de ceux auxquels elle s'attaque; c'est
une lutte qui dégénère facilement en mêlée, ayant la
rue pour champ de bataille; le combat, gagné sur ce
point, s'engage de nouveau dans l'enceinte de la Cour
d'assises, et la victoire, gagnée encore sur ce terrain
par le pouvoir, reste en dernier lieu aux condamnés
auprès de l'opinion publique, juge souverain et en
dernier ressort.

C'est à cette époque que, le parquet ayant imaginé
d'arrêter préventivement avant jugement, les journalistes dont les écrits étaient déférés au jury, Armand
Carrel, dans un article du *National* qu'il signa, déclara
que l'arrestation preventive des écrivains, hors le cas
de flagrant délit, était une illégalité; qu'il ne s'y sou-

mettrait pas, et que si on essayait de l'arrêter, il re-
pousserait la force par la force.

« Le ministère, disait-il, croit l'illégalité peu dan-
gereuse quand elle ne blesse qu'un petit nombre de
citoyens. Il se trompe, et, malgré toute sa fierté, il
pourrait bien éprouver qu'un seul homme, convaincu
de son droit et déterminé à le soutenir par tous les
moyens que lui dicterait son courage, n'est pas facile à
vaincre. Pourquoi un de ces écrivains, devenus l'objet
des haines du juste milieu, ne se rencontrerait-il pas,
qui, pénétré de son droit, opposerait la force à la force,
et se dévouerait aux chances d'une lutte inégale ? Eh
bien ! il y en a dans la presse périodique de ces hommes
qu'on ne provoque pas impunément et qui, certes, ne
seraient pas emportés vivants à Sainte-Pélagie, s'ils
avaient juré de ne pas laisser violer en eux la majesté de
la loi. Il est facile de faire tuer par cinquante hommes
un seul homme qui résiste ; mais croit-on que cela pût
arriver deux fois sans péril pour l'ordre de choses
actuel ? Croit-on que, si un écrivain, dont tout le
crime serait de ne pas penser comme le ministère, et
qui d'ailleurs serait un citoyen recommandable, était
assassiné de jour ou de nuit, dans sa maison, en résistant à une arrestation illégale, ceux qui auraient
ordonné l'arrestation et l'assassinat le porteraient bien
loin ? »

Il terminait ainsi : « Il faut que ce ministère sache

III.   20

qu'un seul homme de cœur, ayant la loi pour lui, peut jouer, à chances égales, sa vie contre celle non seulement de sept ou huit ministres, mais encore contre tous les intérêts, grands ou petits, qui se seraient attachés imprudemment à la destinée d'un tel ministère. C'est peu que la vie d'un homme tué furtivement au coin de la rue, dans le désordre d'une émeute; mais c'est beaucoup que la vie d'un homme d'honneur qui serait massacré chez lui par les sbires de M. Périer en résistant au nom de la loi; son sang crierait vengeance ! Que le ministère ose risquer cet enjeu, et peut-être il ne gagnera pas la partie. Le mandat de dépôt, sous le prétexte de flagrant délit, ne peut être décerné légalement contre les écrivains de la presse périodique, et, tout écrivain, pénétré de sa dignité de citoyen, opposera la loi à l'illegalité, et la force à la force : c'est un devoir, advienne que pourra. »

Cet article de journal appartient à l'histoire; il peint mieux que les plus savantes dissertations l'époque où il pouvait être écrit, quand on ajoute surtout qu'Armand Carrel, traduit pour cet article devant la Cour d'assises de la Seine, fut acquitté, aux acclamations d'un nombreux auditoire, qui le porta en triomphe au sortir de l'audience.

Ceci se passait au commencement de 1832.

Quelques mois plus tard, un autre incident non moins caractéristique se produisait. Des entraves ayant été apportées par la police au colportage des écrits publics, le directeur du *Bon Sens*, V. Rodde, annonçait dans le numéro de son journal du 8 octobre 1833, que le dimanche suivant, à deux heures après midi, il irait en personne, sur la place de la Bourse, distribuer lui-même une brochure, illégalement saisie quelques jours auparavant par les agents de M. Gisquet, et telles autres que bon lui semblerait.

Rodde ajoutait :

« Je résisterai à toute tentative de saisie ou d'arrestation arbitraire ; je repousserai la violence par la violence, et j'appellerai à mon aide tous les citoyens qui croient encore que la force doit rester à la loi.

» Qu'on y prenne garde ! la perturbation, s'il y en a, ne viendra pas de mon fait ; je suis sur le terrain de la légalité, et j'ai le droit d'en appeler au courage des Français, j'ai le droit d'en appeler à l'insurrection ; dans ce cas, elle sera, ou jamais non, *le plus saint des devoirs.*

» S'il y a du sang versé, qu'il retombe sur M. Gisquet ! S'il avait du cœur, il se mettrait lui-même à la tête des sicaires qu'il enverra contre moi ! »

Et Rodde le fit comme il l'avait annoncé.

Nous empruntons le récit suivant aux journaux du temps :

« A deux heures, ainsi qu'il l'avait annoncé, M. Rodde est arrivé, vêtu de la blouse, comme les colporteurs ordinaires de son journal. Sur son chapeau étaient inscrits ces mots : *Publications patriotiques.* Il a distribué lui-même un certain nombre d'exemplaires.

» En ce moment la place était remplie de monde. M. Rodde a été accueilli par des cris multipliés de : *Vive la liberté de la presse !* Après être resté environ un quart d'heure sur la place, il s'est retiré escorté d'une foule immense de citoyens qui rendaient hommage à sa conduite par de très-vives acclamations.

» Pressé par une foule pleine d'enthousiasme et de sagesse patriotique tout à la fois, ou plutôt porté par les citoyens, ce n'est pas sans peine qu'il a pu gagner la rue Richelieu. Là, dévalisé pour ainsi dire des brochures qu'il vendait, par l'avidité des acheteurs, il s'est retiré chez Lointier, qui a fait fermer les portes. M. Rodde a paru aussitôt après au balcon d'où il a prononcé la courte allocution suivante :

« Citoyens,

» C'est pour assurer le triomphe de la loi indignement violée par la police, que je suis descendu sur la place publique. La démonstration que j'ai faite a produit le meilleur effet ; n'en détruisons pas le résultat par une manifestation dont le pouvoir pourrait tirer parti contre la liberté. L'émeute serait pour lui une belle occasion de prendre une revanche de la défaite qu'il vient d'éprouver. Soyons calmes ; c'est le meil-

leur moyen de prouver notre force. Au nom de l'honneur, je vous prie de vous retirer. »

»Tout cela s'est passé sans désordre, sans inquiétude
pour les habitants du quartier, sans émeute, en un
mot. La police a eu la prudence de ne pas intervenir.
« Plusieurs officiers de la garde nationale de service,
lisons-nous dans le *National*, avaient hautement annoncé que, si leur intervention était réclamée, ils ne
prendraient point parti pour la police contre la loi.
M. Gisquet et ses supérieurs auront sans doute connu
ces dispositions, et ils n'auront pas jugé à propos d'engager, pour cette fois, un conflit qui devait tourner à
leur confusion. »

Voilà l'histoire authentique de la publicité des rues
conquise sur la police.

Le directeur de la police à cette époque, le héros
infortuné d'une foule d'épopées tragi-comiques, qu'on
a pu apprécier par les spécimens que nous venons d'en
donner, était *ce bon* M. Gisquet, que Daumier dépei-
gnait dans une de ses immortelles caricatures, lavant
un drapeau tricolore pour en enlever les couleurs.

Nous ne pouvons pas nommer M. Gisquet sans
parler du célèbre incident des *fusils Gisquet* et du
procès auquel il donna lieu. Nous avons vu la lutte
contre la police dans la presse, nous l'avons vue dans
la rue, nous allons la voir maintenant devant la Cour
d'assises.

III. 20.

Il s'agissait de deux cent mille fusils achetés en Angleterre au prix moyen de 37 francs, tandis qu'ils coûtaient en France au plus 28 francs, sur lesquels un pot de vin de plus d'un million aurait été payé, disait la *Tribune*, à M. Gisquet.

Devant la Cour d'assises, une discussion solennelle, une sorte d'enquête eut lieu, qui aboutit à la condamnation dérisoire d'Armand Marrast, le signataire de l'article, à 25 francs de dommages et intérêts et aux frais. Cette fois encore, c'était la police qui était vaincue.

Nous n'avons pas ici à raconter le procès ni ses piquants incidents; nous détacherons seulement, pour en donner une idée, un passage relatif à la déposition de M. Gisquet, appelé comme témoin dans l'affaire, qui était poursuivie par les deux chefs du ministère, Casimir Périer et le maréchal Soult.

Ceci est extrait textuellement de la relation authentique des débats :

M. Marrast. — M. le président, on vient de me prévenir d'un fait grave. Je vous prie de vouloir bien faire prendre des renseignements. On vient de me dire que M. Gisquet ne s'est pas trouvé dans la salle des témoins avec les autres témoins. On m'assure qu'il a été longtemps dans la salle, qu'il a assisté aux débats, et qu'il a eu ainsi tout le loisir de préparer sa déposition.

M. le président. Le fait n'est pas exact : M. Gisquet a été demandé par un employé de la police. Il doit être, dans ce moment, à la préfecture de police.

M. Marrast. — On ne peut pas dire qu'il ait été appelé par un employé de la police, puisqu'on ne l'a pas vu un instant dans la salle des témoins. Or, dès l'instant qu'il n'a pas paru dans la salle des témoins, il a pu, en sa qualité de préfet de police, avoir toutes les communications qu'il a voulu. On sait que la police a le talent d'être toujours très-bien servie.

M. Persil, avec emportement. — Tout cela ne signifie rien. Chez tous les peuples, il faut que le préfet de police ait des agents à ses ordres.

M. Antony Thouret. — Nous avons certes beaucoup de déférence pour M. le préfet de police ; mais nous pensions cependant que M. le général Lafayette et M. le général Lamarque, n'ayant pas dédaigné de venir dans la chambre des témoins, M. Gisquet, préfet de police, aurait pu, *sans dommage,* en faire autant (*On rit, et on cherche des yeux M. Gisquet.*)

Quelques voix. — A l'amende! à l'amende! M. Gisquet, le préfet de police (*On rit de tous côtés.*)

Les huissiers. — Silence, Messieurs, silence !

M. le président. — J'ordonne aux GENDARMES d'arrêter sur-le-champ quiconque se permettra la moindre observation (*Les murmures continuent*). Je

ne vois pas d'opposition raisonnable à l'audition de
M. Gisquet.

M⁰ Michel (de Bourges). — Eh bien ! faites-le
venir, nous tirerons des conclusions.

M. le président. — Vous agirez comme vous le
jugerez convenable. Au surplus, je rappelle aux avocats qu'ils n'ont pas la parole (*Explosion de murmures dans toutes les parties de la salle.*)

M. le Président. — MM. les prévenus, vous opposez-
vous à l'audition de M. Gisquet?

M. Marrast. — Formellement.

M. le Président. — Dans ce cas, prenez des conclusions.

M. Bascans. — Un M. Audel s'est fait introduire
ici comme agent de M. Gisquet.

M. Audel, s'avançant. — Je suis en effet... (*Explo-
sions de murmures dans l'auditoire.*)

M. le Président. — Etes-vous entré comme témoin ?

M. Audel. — Je n'ai pas quitté ma place.

M. Marrast. — Nous nous opposons à ce que
M. Gisquet soit entendu.

M. le Procureur général. — Je ne ferai qu'une
observation ; c'est que les prévenus ont mauvaise
grâce à s'opposer à l'audition de M. Gisquet. En effet,
le ministère public et les parties civiles ne se sont
point opposés à l'audition des témoins cités par les

prévenus, lorsqu'ils n'avaient pas fait connaître à l'avance les faits sur lesquels ils devaient déposer; c'est mal répondre à cette condescendance du ministère public et à cette générosité des parties civiles. Je fais l'observation sans insister davantage.

M. Marrast. — C'est par respect pour la dignité du serment que nous refusons d'entendre M. Gisquet.

Mᵉ Michel. — M. l'avocat général qui prétend que nous avons si mauvaise grâce à refuser l'audition de M. Gisquet, pourrait-il nous citer à son tour les bonnes grâces que la partie civile a eu pour nous? Au reste, messieurs, faites-le introduire; nous voulons bien consentir à l'entendre; peu nous importe qu'il nous ait entendu lui-même ou qu'il nous ait fait écouter. (*On rit.*)

M. Marrast. — Appelez-le donc! appelez-le donc! nous y consentons.

Après ces préliminaires orageux, et surtout peu respectueux, M. Gisquet fut entendu.

C'était là le langage habituel devant la cour d'assises quand il s'agissait de la police. Tout ce qui touchait à l'accusation, le procureur-général lui-même que l'on appelait *l'accusateur public*, n'était pas davantage respectés.

Le procureur-général dont le nom est resté attaché à cette époque, est M. Persil, sur lequel Daumier nous

a laissé une caricature qui indique bien l'hostilité im-
placable que soulevait son nom.

« Le nez est long, droit, mince ; les mèches de cheveux fins et pointus se dressent comme des moustaches
de chat aux alentours des yeux ; la ligne courbe de favoris soigneusement taillés disparaît dans les profon-
deurs de la robe. Toute la partie molle du masque a
été rayée par l'ambition ; les chairs vertes et luisantes
semblent collées sur des os tranchants comme le couteau oblique de la guillotine que le portraitiste a désigné en blason sous le portrait. Une tête coupée, des
chaînes de prison complètent le sens de cette médaille.
Voilà M. Persil ! »

Mais il faut voir avec quelle vivacité on l'attaquait.
« Le persil peut bien tuer les perroquets, disait le
Corsaire, mais les patriotes !... »

Dans un fameux procès, le procès des vingt-sept, un
réquisitoire accusant les membres de la Société des
droits de l'homme de vouloir le *partage des biens et
des propriétés,* fut interrompu par une voix criant avec
force dans l'auditoire : — Tu en as menti, misérable !

Nous empruntons l'incident à la relation du procès :

Le Président. — Faites sortir sur le champ la personne qui a dit cela.

Vignerte, du banc des témoins. — C'est moi qui

l'ai dit, moi, Vignerte, je le répète, il en a menti !

Plusieurs accusés. — Bravo ! Vignerte ! il a raison ! nous pensons comme lui ! Accusez-nous, mais ne nous calomniez pas !

Le barreau, le jury, tous se lèvent et se tournent vers l'endroit de la scène. Les accusés montent sur leurs bancs ; l'agitation est au comble.

Le Président. — Amenez au pied de la cour le témoin Vignerte.

Petit-Jean. — Qu'on m'amène avec lui, je pense comme Vignerte, et je me fais honneur d'être complice de ses paroles.

Les témoins Vignerte et Petit-Jean sont conduits au pied de la cour.

Le Président à Petit-Jean. — Est-ce vous qui avez interrompu l'avocat-général. — R. Non.

Vignerte. — C'est moi, et je suis prêt à le répéter.

Le Président. — Pourquoi a-t-on arrêté Petit-Jean ?

Petit-Jean. — Parce que je pense comme Vignerte ; ce qu'a dit l'accusateur public est faux ; nous avons nos bras pour travailler et nous ne voulons de la propriété de personne.

Le Président à Vignerte. — Est-ce vous qui avez prononcé ces mots : « Vous en avez menti ? » — R. J'ai dit : « Tu en as menti, misérable ! »

Le Président. — Qu'avez-vous à dire pour votre

justification? — R. Je ne me justifie pas. Je suis
membre du comité de la Société des droits de l'homme.
J'ai été révolté des infâmes calomnies que l'avocat-général vomissait contre nous.

Le Président. — Et vous, Petit-Jean, qu'avez-vous
à dire? — R. J'étais indigné d'entendre proférer contre la Société des droits de l'homme des faussetés
aussi horribles.

Vignerte. — Je défie l'avocat-général de présenter
un seul écrit qui puisse justifier ses allégations; il faut
de l'effronterie pour cela.

L'avocat-général. — Nous demandons à la cour
d'appliquer au sieur Vignerte les dispositions de l'art.
223 du code pénal.

Le Président. — Me Dupont, la cour vous nomme
d'office pour défendre Vignerte.

Vignerte. — Je ne veux pas de défenseur... Vous
êtes un tas de valets d'un roi usurpateur des droits
du peuple. Je ne vous connais pas.

Plusieurs voix au banc des accusés. — C'est vrai.

Me Dupont. — Je ne défends pas Vignerte puisqu'il
ne veut pas être défendu; mais je demande à la cour
qu'il soit sursis à statuer jusqu'après les plaidoiries;
car nous établirons que toutes ces accusations d'ambition, d'amour du pillage, etc., n'ont été que d'o-
dieuses calomnies et que la Société dans toutes ses
fractions, n'a jamais cessé de repousser la loi agraire.

La cour, malgré les réclamations de Me Dupont, délibère immédiatement, et après quelques minutes, séance tenante, condamne Vignerte à trois ans de prison.

L'agitation des accusés et des témoins est extrême, Me Dupont demande que les témoins puissent se retirer. Le président l'autorise.

On emmène Vignerte. — Adieu, monsieur le président, dit-il, ce soir vous aurez une *poignée de main!*

C'est dans cette affaire, qu'après l'acquittement par le jury des vingt-sept accusés, trois avocats MMes Dupont, Michel et Pinard, étaient traduits à leur tour devant la cour, pour avoir dit que l'acte d'accusation était *l'œuvre d'un faussaire.*

Maintenant que nous avons vu le ton des journalistes, celui des citoyens dans la rue et celui des accusés devant la cour, voyons celui des avocats.

Me Dupont commençait ainsi sa défense, s'adressant directement au procureur-général :

« Vous avez accusé Raspail d'hypocrisie, et vous, vous venez de dire que c'était avec regret que vous demandiez une radiation. Moi, je vous réponds : Vous ne dites pas la vérité. Vous voulez vous venger en un jour de trente défaites que je vous ai fait subir depuis trois ans. Vous voulez vous venger personnellement de certains souvenirs de la Restauration qui, réveillés par

ma bouche, vous ont vingt fois forcé de baisser les
yeux devant moi, comme vous les baissez maintenant.
Voilà le seul motif de vos réquisitoires. Le pays jugera
la fin du drame comme il en a jugé le commencement.

» Vous dites que Laubardemont est flétri par l'histoire, et vous ne voulez pas que je flétrisse votre procureur-général ! Vous me dites que la postérité de
Laubardemont cache *son nom honteux*, et se voile le
front ; vous demandez si je veux condamner les fils du
procureur-général à rougir du nom de leur père ? Moi,
je vous reponds : Si Laubardemont avait vécu de mon
temps, et qu'il eût été faussaire, je lui aurais dit en
face : Vous êtes un faussaire ; et si Laubardemont
avait eu des fils, je leur aurais dit : Prouvez-moi que
j'ai calomnié votre père ; prenez des épées, voilà ma
poitrine ?

» Quand vous avez, il y a quatre jours, suspendu
vos menaces sur ma tête ; quand nos clients voulaient
se priver de nos secours pour ne pas nous exposer à
vos haines, je vous ai dit : quel que soit le sort qui
m'est réservé, je ferai mon devoir ; je l'ai fait. Pour
venir perdre mon état devant vous, j'ai veillé sept nuits
sur douze, maintenant donnez-moi le salaire de mes
veilles.

» Mais ne vous réjouissez pas trop ! moi, je n'ai pas
besoin de mon état pour manger un pain honteux,

entendez-vous, M. l'avocat du roi? j'ai une famille qui ne rougira pas de moi, quand je sortirai de cette enceinte, entendez-vous! si j'en étais réduit à une honorable mendicité, j'ai des amis qui partageraient avec moi leur dernier morceau de pain, comme j'ai partagé avec eux les travaux d'une noble lutte, comme je partage avec eux l'honneur de vos persécutions, entendez-vous cela? »

Mᵉ Michel ne fut pas moins véhément. Son improvisation entraînante et nerveuse est un chef-d'œuvre qui peut figurer auprès des plus belles philippiques :

« Je sue, mais ce n'est pas de honte; je sue de colère et d'indignation. Vous pouvez me condamner, mais l'avocat du roi ne fera jamais de moi ni un accusé ni un coupable.

» Je suis plein de respect pour la magistrature, car sans elle la loi n'est qu'un bienfait impuissant et stérile; la magistrature, c'est la loi vivante. Mais il est quelque chose que je respecte plus encore, c'est la vérité. Comme homme, je la recherche; comme citoyen, je la propage; comme avocat, j'ai la mission de la faire triompher.

» Qu'exige-t-on de nous? Je suis arrivé à un âge qui n'admet point l'excuse de l'irréflexion, et ma profession ne me permet pas d'ignorer la valeur usuelle et légale des mots. Altérer des pièces, c'est un faux, selon le dictionnaire de l'Académie; et selon les termes du droit, le fonctionnaire public qui reproduit des conventions non existantes, fait un faux. Je l'ai dit, je persiste.

» Eh quoi! les avocats sont-ils donc les esclaves des gens du roi? Connaissez-nous mieux. Il est possible que vous nous suspendiez... Tout est possible dans ce temps de malheur; mais vous ne me réduirez pas à la misère, je ne tendrai pas la main, et si je la tendais jamais à tous ceux dont j'ai sauvé la vie ou l'honneur, je serais encore plus riche que tous les gens du roi, malgré la munificence du pouvoir... (*Des applaudissements unanimes éclatent dans l'auditoire*)

» Mirabeau, plaidant devant le parlement de Provence, disait à ses juges : « Vous me condamnerez sans doute; mais le jour de la vérité luira, ce qu'il y a d'impur sera purifié. » Suspendez-moi, dites que mon nom sera rayé du tableau; mais dites aussi que le même jour j'avais, négligeant mes affaires, fait soixante lieues pour m'associer à la défense de vingt-sept jeunes gens, et que le même jour ils ont été acquittés. Ce souvenir, je le léguerai à mes enfants, et ce patrimoine en vaudra bien un autre. (*Bravo! bravo!*)

» Juges! le jour de la justice se lèvera pour tous, pour les gens du roi, pour nous, pour vous aussi, magistrats; et c'est pourquoi j'espère que vous ferez votre devoir. »

L'exercice de leur profession d'avocat fut interdit à Me Dupont pendant une année, à Mes Michel et Pinart pendant six mois. Mais qu'importe? c'était le beau temps des procès politiques. Les accusés qui, de concert avec leurs avocats, invectivaient les pairs de France, se plaignaient que la défense n'était pas libre; la *Tribune* et le *National*, chaque jour, le répétaient aux lecteurs. Nous avons déjà parlé des caricatures de Daumier, médailles admirables qui seront les témoins les plus vivants de cette époque. Il en est une, à cette occasion, d'une telle exaspération dans la violence, qu'elle fait frissonner. « tant l'art, dit Champfleury (1), peut prêter de force aux plus mensongères accusations. » C'est l'hyperbole cruelle des événements du moment. — *Accusé, parlez, la défense est libre.* Telle est la légende de cette admirable et féroce composition de Daumier. L'accusé est bâillonné; le président, avec un sourire d'hyène, invite le prévenu à s'expliquer. Il se débat, mais en vain, saisi par trois juges dont la robe est chargée de décorations. Un autre juge vient, une hache à la main, et s'avance près d'un condamné qui, lié, a déjà la tête appuyée sur le billot. Jamais le crayon de Daumier ne fut plus sinistre. Mais telles sont les passions du moment, qu'il faut un esprit im-

_____

(1) Champfleury. — *La caricature moderne.* — Honoré Daumier. — Très-intéressante étude publiée dans la *Nouvelle Revue de Paris.*

partial pour démêler jusqu'à quelle violence les haines politiques peuvent pousser. C'était une lutte entre la loi et l'insurrection, entre la majorité et la minorité, entre la force et la résistance, entre le gouvernement et la révolte.

Me Michel, plaidant devant la Cour des pairs, disait :

« Vous ferez ce que vous voudrez des arguments que j'ai présentés. Je connais le temps où je vis. Du moment où je suis entré dans la carrière politique, je me suis dit : Vie, fortune, liberté, il faut que tout y passe, ou nous triompherons. »

C'était un combat, dégénérant souvent en sanglantes mêlées; nous ne voulons pas rappeler ici le souvenir des journées d'avril et des massacres de la rue Transnonain. Mais quel pouvait être, au milieu de ces batailles où l'on se mesurait à visières découvertes, le rôle de la police politique oblique, tortueuse, honteuse, redoutant le grand jour. On s'imagine son attitude transie en face de ces luttes héroïques !

CHAPITRE IX

Confessions d'un Chef du service de sûreté

Canler et ses *Mémoires.* — Une police organisée sans agents. — Les
agents officieux. — Maisons de tolérance. — Garnis *à voleurs.* —
Marchands de contremarques. — *Camelots* — Moyens d'action
d'un officier de police pour vaincre la mauvaise volonté des récalcitrants. — Les *Coqueurs.* — Assassinat Séchepine. — Voyage
de découverte à la recherche d'un assassin inconnu. — Danger de
prendre un cocher de place quand on n'a pas d'argent pour le
payer et qu'on a intérêt de ne pas être signalé. — A quoi peut
tenir l'existence d'un homme. — Trait inouï de sauvagerie. —
Un meurtre commis pour s'emparer d'un livret d'ouvrier. — Disparition de la veuve Houet. — Les assassins de la rue de Vaugirard. — Une révélation.

Il y a quelques années, un ancien chef du service
de sûreté, attaché à la police depuis 1820, et n'ayant
pris sa retraite qu'après l'attentat du 14 janvier 1858,
Canler, publia ses *Mémoires.* Ce livre, peu réservé sur
plusieurs points délicats, fut saisi. Nous n'avons pas à
apprécier cette mesure, encore moins à l'éluder par
d'indiscrets emprunts; mais il nous sera permis d'ex-
traire des confessions de Canler, quelques-unes de
leurs intéressantes révélations, relatives à un service si
important pour la sécurité publique, et de montrer à

l'œuvre un de ces esprits subtils entre tous les esprits,
qui ont le flair aigu du sauvage, pour suivre à la piste
un criminel sur l'induction la plus fugitive, sans induction même, et pour découvrir le crime le plus secret.

En 1844, Canler, qui n'était jusqu'ici qu'un simple
agent du service de sûreté, fut élevé au grade d'officier
de paix, chargé du sixième arrondissement et de la
surveillance des théâtres du boulevard du Temple.
Mais M. Delessert le pria spécialement de ne pas oublier qu'il avait appartenu au service de sûreté, et lui
recommanda que les soins de la police municipale ne
l'empêchassent pas de surveiller et d'arrêter les malfaiteurs dans son arrondissement.

« Une fois installé dans mon nouveau poste, dit
Canler, je réfléchis sérieusement à la promesse que
j'avais faite au préfet, et aux difficultés que j'aurais à
vaincre.

» En effet, quelle est l'âme de la police? l'argent!
Car il faut qu'elle ait à sa solde : 1° des agents, hommes du métier, adroits, actifs, intelligents, secondant
leur chef dans ses desseins, ses volontés, accomplissant
ses ordres, suivant le plan de campagne qu'il a dressé;
en un mot, réalisant la pensée qu'il a conçue; 2° des
indicateurs, êtres méprisables, arrachés au crime par
la crainte, et vendant à la police, pour une faible rétribution, les secrets de leurs camarades. Enfin, quels
sont les moyens donnés au chef du service de sûreté

pour simplifier, faciliter, favoriser ses opérations? La centralisation des renseignements, qui vient lui apprendre chaque jour quels crimes ont été commis, quels repris de justice sont en rupture de ban, quels malfaiteurs sont entrés dans les hôtels et maisons garnies, et mille autres renseignements non-seulement utiles, mais indispensables.

» Or, je n'avais pas à ma disposition un sou des 31,200 francs alloués alors, chaque année, au service de sûreté, pour payer les indicateurs et stimuler, par des récompenses, le zèle des agents. J'étais seul, sans ressources, sans renseignements, sans un homme du métier pour seconder l'exécution de la tâche que je m'étais imposée. Il me fallait donc chercher des auxiliaires assez désintéressés pour me servir gratuitement; mais, comme le complet désintéressement est fort rare, je cherchai, parmi ceux que j'avais à surveiller, les individus qui pouvaient utilement me servir d'indicateurs et d'auxiliaires. Je pensai ne pouvoir trouver ces instruments que parmi les maîtresses ou filles de maisons de tolérance, ou les maîtres de maisons garnies dites *à voleurs*, ou les marchands de contremarques à la porte des théâtres, ou enfin les marchands ambulants dits *camelots*, qui possèdent souvent de précieux renseignements. Au lieu de m'attacher à une seule classe d'individus, je les mis tous à mon service. Voici comment :

» Les filles publiques sont souvent arrêtées pour

des misères qu'on est obligé cependant de réprimer, afin de tenir sous un joug de fer ces créatures dégradées et portées à la licence. Or, après en avoir référé au chef de la police municipale, j'allai faire ma visite aux maîtresses des maisons de tolérance de mon arrondissement ; je leur promis de les protéger en cas de contravention, mais à la condition que, lorsqu'il viendrait des voleurs chez elles, ou qu'elles apprendraient par leurs filles quelques particularités sur les malfaiteurs, elles me le feraient savoir immédiatement.

» Ce point établi, je me tournai vers les maîtres de garnis dits *à voleurs :* tous promirent de me renseigner sincèrement. Toutefois, la plupart de ces individus ne tinrent point leur promesse. Je n'avais qu'un seul moyen de les y contraindre, je le mis à exécution. J'allais à toute heure de nuit, avec le commissaire de police, faire perquisition dans leurs garnis, enlevant tous ceux des locataires dont les papiers n'étaient pas parfaitement en règle ou qui n'en avaient pas. Quelquefois aussi, me rendant avec mes sergents de ville dans ces maisons vers trois ou quatre heures du matin, je visitais toutes les chambres, faisant relever et habiller tous les locataires, sous prétexte de rechercher un malfaiteur qui n'y était pas. Bientôt MM. les logeurs s'aperçurent que leur clientèle, ennuyée de ces dérangements continuels, disparaissait peu à peu, et que, par la suite, ils n'auraient à offrir que des chambres

vides à mes investigations. Ma surveillance menaçait
de ne pas se lasser de sitôt, et ils comprirent enfin
qu'il valait mieux entrer en composition avec moi que
de continuer à lutter aussi désavantageusement. Ils
firent de force ce que les maîtresses des maisons de tolérance avaient fait de bonne volonté, et tout fut encore
pour le mieux de ce côté.

» Il s'agissait ensuite de m'assurer les marchands
de contremarques. Ceux-là n'étaient pas très-difficiles
à réduire; une surveillance soutenue aux abords des
théâtres amenait l'arrestation des contrevenants, et
leur consignation au poste pour être conduits le lendemain, à dix heures du matin, chez le commissaire de
police. On y dressait procès-verbal de la contravention, qui entraînait presque toujours une condamnation
à la prison. Tels furent les moyens qui les soumirent et
les tinrent à ma dévotion.

» En quatrième lieu, je m'adjoignis pour auxiliaires
les marchands ambulants, dits *camelots*, colportant
de droite et de gauche, sans autorisation, des articles
vendus à bas prix, achetés par eux à plus bas prix
encore, et provenant de fonds de magasins ou de
ventes par autorité de justice. Pour ceux-ci j'employai
le système qui m'avait si bien réussi avec les maîtresses de maison, et ce fut en tolérant leur station-
nement au coin d'un passage, à certains endroits des
rues et des boulevards, que j'obtins d'eux de précieux

renseignements que leur vie nomade leur permettait de se procurer.

» Ces jalons posés, je me créai de nouveaux auxiliaires en attachant entièrement à mon service des indicateurs que je choisis parmi les forçats, les réclusionnaires et autres libérés auxquels le séjour de la capitale était interdit, et que j'avais arrêtés pour ce fait. J'en avais distingué quelques-uns d'une intelligence rare; je demandai et obtins pour ceux-ci l'autorisation temporaire d'habiter Paris. Un de ces hommes, nommé Charles R..., déjà condamné deux fois et se trouvant en rupture de ban, était doué d'une intelligence peu commune, il possédait une mémoire et un coup d'œil si extraordinaires, qu'il reconnaissait à première vue et sans hésitation un homme avec qui il avait vécu en prison et dont il avait été séparé plusieurs années. Un individu cherchait-il à se dissimuler sous un faux nom, Charles lui disait immédiatement: « Ce n'est pas votre nom, vous vous appelez un tel, à telle époque vous étiez dans telle salle de telle prison. »

» Avec de telles qualités, R... pouvait me rendre d'importants services. Malheureusement il me fallait subvenir à ses besoins ainsi qu'à ceux de mes autres indicateurs, pour éviter qu'ils ne retombassent dans leurs anciennes habitudes perverses, et n'ayant, comme je l'ai dit, aucune somme à ma disposition, voici ce que j'imaginai : chaque jour je faisais re-

mettre à ces individus quelques cartons d'entrée sur
la masse de ceux qu'on confiait à cette époque aux
commissionnaires qui stationnent devant les théâtres.
Ces cartons, revendus avec un bénéfice de 50 centimes aux personnes qui voulaient entrer sans faire
queue, procurèrent à chacun de mes hommes environ
trois ou quatre francs par jour, ce qui leur assurait
une existence modeste et leur permettait de me consacrer tout leur temps.

« Après avoir pris ces dispositions préliminaires, je
choisis parmi les seize sergents de ville placés sous
mes ordres, les sieurs Sallier et Tois-Oul, en qui j'avais
pleine confiance; jamais je n'ai rencontré deux
hommes plus dévoués à leur besogne. C'est ainsi que
je parvins à me créer des auxiliaires habiles, adroits,
infatigables, qui me rendirent les plus grands services
et facilitèrent au suprême degré, le succès de mes opérations. Grâce à leur concours, je pus enfin pour-
chasser à outrance les malfaiteurs de mon arrondissement. »

Au nombre des auxiliaires les plus usités de la police
de sûreté, sont les *coqueurs* ou dénonciateurs, compères des voleurs, êtres méprisables, mais utiles à la
police pour prévenir le crime ou saisir les malfaiteurs
en flagrant délit. Ils se recrutent habituellement :
1° dans les repris de justice auxquels la réclusion a
donné à réfléchir ; 2° dans les vagabonds ou gens sans

aveu, chez qui la paresse, régnant en souveraine, rejette bien loin toute idée de travail et surtout le labeur assidu du véritable ouvrier ; 3° parmi les êtres ignobles qui, dépouillant toute dignité personnelle, vivent aux dépens de la prostitution et des filles publiques ; 3° parmi les bohémiens qui, sur les places et aux barrières, exercent le métier de banquistes ou de saltimbanques.

Le genre de vie que mènent ces individus, l'existence crapuleuse d'un grand nombre d'entre eux, constamment relégués dans les bouges les plus infects et les bas-fonds de la société, les mettent journellement en contact avec les voleurs de profession, les prostituées de bas étage et tous les malfaiteurs dont ils ne diffèrent en général que par la crainte d'un châtiment qu'ils redoutent d'affronter, et par ce manque de hardiesse qui fait qu'un homme criminel par la pensée et le désir, n'a pas l'audace d'accomplir ses coupables desseins. Ces *coqueurs*, compères des voleurs, trouvent plus avantageux pour leur tempérament pusillanime, de dénoncer à la police les vols ou délits qui ont pu parvenir à leur connaissance, certains d'être récompensés pécuniairement suivant l'importance de la prise qu'ils auront procurée à l'autorité.

Parmi les récits de Canler, qui nous montrent de la façon la plus frappante la sagacité remarquable du limier de police à la piste d'un criminel, pour découvrir sa trace dans les circonstances les plus difficiles, nous nous arrêterons sur celui de l'assassinat Séchepine.

Dans la matinée du 11 juin 1843, des promeneurs découvraient, au bois de Vincennes, à peu de distance de l'allée dite de la Belle-Étoile, le cadavre nu d'un homme récemment et imparfaitement enterré dans un taillis. A six mètres plus loin, une large mare de sang, qu'on avait cherché à dissimuler par quelques poignées de sable et d'herbes, attestait que ce lieu avait été le théâtre du crime. Enfin, on trouvait près de là des vêtements et un marteau ensanglantés, abandonnés sans doute par l'assassin.

Les plaies nombreuses dont le corps était couvert et les fractures que présentait le crâne, indiquaient que le marteau avait été le principal instrument du crime. On fouilla dans les poches des vêtements, mais on n'y trouva qu'un petit billet sur lequel étaient écrits ces mots : *Pour avoir un bon numéro, il faut dire trois* Pater *et trois* Ave. On transporta la victime à la Morgue.

L'agent Balestrino fut envoyé sur les lieux pour se livrer à une enquête, mais n'ayant pu recueillir de renseignements de nature à mettre sur les traces du coupable, il se contenta de faire un rapport sur le résultat négatif de sa mission.

« Je ne comprenais pas l'indifférence de cet agent,

dit Canler, car j'ai toujours pensé qu'en présence d'un crime d'assassinat, la police ne devait jamais s'arrêter dans ses recherches. »

» Il alla rendre compte au chef du service de ces circonstances, et lui demanda s'il croyait qu'on dût attendre d'un hasard plus ou moins éloigné la découverte du criminel?

— Non certes, répondit-il, il doit toujours y avoir quelque chose à faire.

— Eh bien, voulez-vous que je m'en occupe?

— Oui, chargez-vous exclusivement de cette affaire.

Il était onze heures du matin, dit Canler, auquel nous laissons la parole; je pris deux agents et me mis en route en donnant cours à mes réflexions : la victime était jeune, aucun papier ne constatait son identité, mais le billet trouvé dans sa poche me faisait présumer que ce malheureux avait pu être employé à quelque affaire de remplacement militaire, ou tout au moins faire partie d'une classe de jeunes soldats. Je pensai que peut-être c'était en sortant de quelque maison de prostitution du cours de Vincennes, situé à proximité du lieu où le crime avait été commis, qu'il était tombé sous les coups de quelques misérables habitués de ces établissements. Muni du signalement de la victime, j'allai dans toutes les maisons de tolérance des environs de la barrière du Trône, m'infor-

mer si l'on avait vu un jeune homme tel qu'il le dé-
peignait. Toutes les réponses furent négatives. Alors
j'envoyai chercher deux fiacres, dans lesquels j'en-
tassai les maîtresses et les bonnes de ces maisons; je
les emmenai à la Morgue. Mais aucune de ces femmes ne reconnut le corps. Sur ces entrefaites, un jeune
homme entra et me déclara que le cadavre était celui
d'un de ses compatriotes, nommé Séchepine. Profitant
de ce premier renseignement, je fis immédiatement
mettre ce nom en recherche au bureau des hôtels
garnis, où l'on trouva : *Séchepine, âgé de vingt-
quatre ans, domestique, né dans le département
de la Meurthe, entré le 10 rue Phélippeaux, numéro 33.*

Je me rendis à cette adresse et demandai à l'hôtesse
si Séchepine demeurait encore chez elle?

— Non, monsieur, me répondit-elle; il est entré
samedi soir et sorti dimanche à neuf heures du
matin.

— Pardon, Madame, répliquai-je, vous devez faire
erreur; car il est impossible, et pour raison, que Séchepine soit parti d'ici dimanche à neuf heures. Veuillez, je vous prie, rappeler vos souvenirs.

Je pouvais largement affirmer cela : le cadavre
avait été trouvé à sept heures du matin, c'est-à-dire
deux heures plus tôt que le prétendu départ de Séchepine.

— Monsieur, je vous assure que je ne me trompe
pas.

Et pour m'en donner la preuve, elle appela sa fille
et lui dit :

— Viens donc un peu préciser ici quel jour et à
quelle heure ce monsieur, dont je n'ai pas voulu te
dire le nom, a quitté l'hôtel ?

— Mais, maman, tu sais bien que c'est dimanche
à neuf heures du matin.

Cette seconde affirmation me semblait fort étrange ;
je repris alors :

— Pendant le court séjour que Séchepine a fait
chez vous, ne vous a-t-il parlé d'aucune de ses connaissances ?

— Non, monsieur ; seulement il m'a dit que ma
maison lui avait été indiquée par un nommé Drouin,
remplaçant dans un régiment d'artillerie, et qui a logé
chez moi il y a longtemps.

— Lorsque ce militaire demeurait dans votre maison, fréquentait-il quelques personnes, recevait-il des
visites ?

— Je n'ai jamais vu qu'un M. Boutin, qui demeure
passage de la Marmite, et chez lequel Séchepine m'a
dit avoir travaillé.

Je me rendis chez le sieur Boutin, auquel je demandai si Séchepine avait été occupé dans son atelier.

— Je n'ai jamais, me dit-il, entendu parler de ce nom.

— Connaissez-vous l'artilleur Drouin?

— Quant à celui-là, je le connais parfaitement; il doit être en ce moment à Vincennes.

Puis, rappelant ses souvenirs, il ajouta :

— J'ai, pendant, quelque temps, employé un jeune homme qui avait travaillé à Joigny, à la construction des cerceaux.

— Comment se nomme-t-il?

— Je ne me le rappelle pas, mais il a laissé dans une de ses poches une lettre non cachetée qu'il voulait envoyer à son père.

— Pourrais-je la voir?

— Certainement...

Cette lettre était signée Salmon.

Persuadé jusque-là que les trois personnes que j'avais questionnées étaient dans l'erreur, et que Salmon n'était autre que Séchepine, je priai un ouvrier de M. Boutin de vouloir bien m'accompagner à la Morgue; mais cet homme ne reconnut point le cadavre pour être celui de son ancien camarade. J'envoyai un de mes inspecteurs au garni de la rue Phélippeaux chercher l'hôtesse, qui confirma la déclaration de l'ouvrier, en affirmant qu'elle ne reconnaissait point la figure ni les vêtements de l'exposé, et que rien de ce qu'on lui représentait ne pouvait s'appliquer à l'in-

dividu, qui avait couché rue Phélippeaux, devait être
Salmon, et qu'il s'était emparé des papiers de Séchepine après l'avoir assassiné, espérant ainsi cacher
l'identité du coupable sous les noms de la victime.

Je me disposais à sortir de la Morgue, lorsqu'un
jeune homme vint me dire qu'il venait de reconnaître
le cadavre pour être celui d'un nommé Séchepine.

— Nous sommes, me dit-il, nés au même village, et
nous demeurions ensemble rue des Blancs-Manteaux,
n° 4. Samedi dernier, il m'a quitté pour aller chercher une place dans un bureau de placement, rue
Grenétat; et depuis lors je ne l'avais pas revu quand
je l'ai trouvé malheureusement ici.

Ce renseignement me permettait d'espérer que je
pourrais enfin suivre la piste du scélérat que je cherchais. J'envoyai des agents se mettre en surveillance
au garni de la rue Phélippeaux et au passage de la
Marmite, pour arrêter Salmon dans le cas où il s'y
présenterait. Puis, je me hâtai de me rendre chez le
placeur de la rue Grenétat, et là, j'appris qu'en effet
Séchepine était venu le samedi pour avoir une place,
mais qu'il avait été emmené par un nommé Salmon,
qui prétendait le faire entrer à Nogent, chez le maître
où lui-même servait. Je sus également que ce n'était
qu'à la tombée de la nuit que Salmon et sa victime
étaient partis. Voici donc ce qui s'était passé. Salmon
avait emporté avec lui le marteau trouvé sur le

théâtre du crime. Arrivé dans le bois de Vincennes,
il avait profité de l'isolement et de l'obscurité de la
nuit, pour frapper son compagnon à coups de marteau;
et comme celui-ci respirait encore, il l'avait achevé
avec son couteau ; après quoi il avait creusé avec son
marteau une fosse qui n'était pas assez profonde pour
cacher le cadavre. Il l'avait entièrement dépouillé de
ses vêtements, et l'avait recouvert d'herbes, de sable
et de feuilles.

Après avoir établi mes surveillants, je me rendis,
accompagné de deux agents, au fort de Vincennes,
pour y procéder à l'arrestation de l'artilleur Drouin,
que je soupçonnais alors être complice de Salmon.
Mais l'adjudant major auquel je m'adressai fit d'inutiles recherches, il me déclara que cet artilleur, tout à
fait inconnu à Vincennes, était probablement caserné
à l'École-Militaire. En conséquence je donnai ordre à
mes deux agents de se transporter immédiatement à
cette caserne pour opérer l'arrestation de Drouin, et
je rentrai à Paris. Je me trouvai alors conduit par le
cours de mes investigations au garni de la rue Phélippeaux. Les agents en surveillance me déclarèrent que
Salmon n'avait pas paru. De là j'allai chez le sieur
Boutin qui m'annonça que Salmon était venu en cabriolet le prier de lui prêter quinze francs qu'il lui
avait refusés, et qu'il était reparti dans sa voiture.
Pendant ce temps, les agents chargés de la surveillance

du passage avaient abandonné leur poste pour aller se
rafraîchir avec leurs camarades placés rue Phélippeaux. J'allai interroger le concierge du passage pour
en obtenir quelques renseignements ; mais je ne pouvais plus mal tomber. Quoique pressé par mes questions, il ne put me dire la couleur du cabriolet, ni
son numéro, ni la robe du cheval ; il ignorait même si
le cabriolet était de place ou de remise, et, à chaque
demande il répondait invariablement : Je ne sais pas,
monsieur ; je n'ai pas remarqué ; je n'ai pas fait attention ; je ne me rappelle pas.

— Mais, enfin, lui dis-je, le cocher est-il descendu
de sa voiture?

— Ah! oui! je me rappelle... Il paraissait même
fort en colère...

— Vous a-t-il parlé?

— Non, monsieur, mais quand il a allumé sa pipe,
je l'ai entendu marmotter entre ses dents! « En v'là un
animal! il m'a pris ce matin à la barrière de Grenelle,
il me doit quinze francs ; et après m'avoir fait courir
toute la journée, il n'a pas le sou pour me payer! »

Cette indication fut pour moi un jet de lumière. Il
était neuf heures du soir, je retournai à la préfecture,
j'y pris quatre agents, et nous nous rendîmes à Grenelle ; et là, allant de cabaret en cabaret, nous fîmes
jusqu'à la fermeture de ces établissements, des recherches aussi minutieuses qu'inutiles. Vers onze heures

et demie, comme je me disposais à rentrer dans Paris, triste de l'insuccès de mon entreprise, j'aperçus de loin un gendarme de la commune qui, après avoir fait sa ronde, rentrait chez lui. A sa vue, une heureuse inspiration me vint. Je courus à lui, et, après lui avoir fait connaître ma qualité, je lui demandai s'il n'avait point eu connaissance d'une querelle qui serait survenue à la barrière, entre un individu et un cocher de cabriolet, auquel le premier devait une certaine somme pour l'emploi de sa journée.

— Oui, me répondit-il, il y a en ce moment au poste de la barrière, un individu qu'un cocher a fait arrêter pour s'être fait conduire à Paris et ramener ici sans payer.

Cinq minutes plus tard, je m'étais fait reconnaître de l'officier du poste, et le prisonnier, extrait du violon, où il s'était endormi, me fut amené.

— Comment vous appelez-vous? lui dis-je.

— Séchepine, répondit-il d'une voix assurée.

— Où sont vos papiers?

— Je les ai perdus.

— Vous mentez!... Et le regardant en face, j'ajoutai en appuyant sur chaque mot : Vous êtes l'assassin de Séchepine!

Le plus habile observateur n'aurait pu découvrir la moindre altération sur son visage. Il voulut pourtant répliquer, je lui coupai la parole en lui disant : — Je vais vous prouver que je suis bien informé. En sortant du bureau de placement, rue Grenétat, n° 4, vous vous êtes rendu au bois de Vincennes, où vous avez assassiné Séchepine ; et, après lui avoir volé ses papiers, vous êtes allé dans le garni de la rue Phélippeaux, n° 33, où vous vous êtes fait inscrire sous le nom de votre victime. Vous avez travaillé chez M. Boutin, passage de la Marmite, vous avez été arrêté à Joigny pour avoir, avec effraction, commis un vol d'une somme de 1,000 francs ; vous vous êtes évadé des mains de la gendarmerie ; et, comme il vous fallait à tout prix des papiers pour cacher votre identité, vous vous êtes emparé de ceux du malheureux que vous avez assassiné.

— Tout ce que vous dites là est vrai, sauf ce qui a rapport à l'assassinat de Séchepine, que je ne connais pas, que je n'ai jamais vu. Quant aux papiers que j'ai présentés à la logeuse, je les avais trouvés dans la rue.

Je le fis déshabiller par mes agents, la chemise qu'il portait avait sur la poitrine de larges taches de sang ; elle était marquée aux initiales de Séchepine ; c'était celle dont son assassin l'avait dépouillé.

— D'où viennent ces taches de sang ? lui demandai-je.

— J'ai saigné du nez.

— Comment voulez-vous qu'un saignement de nez

ait taché votre chemise par derrière! Expliquez-vous.

— Je ne sais pas, mais cela vient tout de même du nez.

— D'où proviennent ces deux mouchoirs blancs, et ce gilet qui, comme la chemise, sont tachés de sang?

— Je les ai achetés vingt sous à un homme qui passait dans la rue.

Je fis rhabiller Salmon, et, à minuit, je le ramenai en fiacre à la préfecture de police. Pendant le trajet, il s'endormit profondément; le préfet ayant été informé de cette arrestation, me donna ordre de retourner sur le champ à Grenelle pour faire dresser procès-verbal par le commissaire de police de la saisie des vêtements ensanglantés. J'allai chercher Salmon au dépôt où il s'était de nouveau endormi; dans le fiacre, il dormit encore; il dormit pareillement pendant que le commissaire de police dressait procès-verbal.

De retour à Paris, à peine réintégré au dépôt, il se rendormit. Le lendemain, il avoua son crime, et fit connaître toutes les circonstances de cet horrible assassinat.

Je n'aurais rien à ajouter à ce qui précède si je ne devais faire remarquer une particularité qui décida de l'existence du malheureux Séchepine, car c'était à un autre que la mort avait d'abord été destinée; Salmon s'était présenté chez le placeur de la rue Grenétat

III.   23

comme étant domestique à Nogent, et venant de la part de son maître, M. K..., chercher un nouvel employé. Or, la veille du crime, il avait été convenu entre lui et un jeune garçon coiffeur, demeurant rue Popincourt, que celui-ci le lendemain se rendrait à trois heures de l'après-midi au bureau du placeur, muni de ses papiers en règle, et que le premier viendrait le prendre pour le conduire à son maître. Le garçon coiffeur ayant manqué au rendez-vous, Salmon manifesta la plus grande contrariété, en prétendant que son maître serait fort mécontent de ce retard, c'est alors qu'il proposa à Séchepine, venu aussi pour trouver une place, de l'accompagner à Nogent; la proposition fut acceptée avec empressement, et on sait ce qu'il en advint. »

Canler ajoute encore :

« Salmon était brun, petit, mais d'une constitution très-robuste ; ses yeux renfoncés ajoutaient encore à la dureté d'un regard naturellement farouche. Il semblait privé de toute intelligence, et les instincts féroces de la brute étaient seuls développés chez lui. Il porta sur l'échafaud la même impassibilité qu'il avait montrée lors de son arrestation et de sa condamnation. Cet homme qui, sous la main de la justice, sous le poids d'une accusation capitale ne trouvait pas en lui-même assez d'énergie ou d'instinct de la conservation pour se tenir éveillé, est peut-être le seul qui ait eu la sauva-

gerie de mettre sur sa propre chair la chemise impré-
gnée du sang encore tiède du malheureux qu'il venait
de massacrer. Je ne crois pas qu'il y ait d'exemple
d'un assassinat pareil, en ce qu'il fut accompli comme
un acte ordinaire de la vie, sans nulle passion. Et à
quelle fin? pour s'emparer d'un livret d'ouvrier! »

Si souvent l'auteur inconnu d'un crime, comme
dans le cas que nous venons de citer, est découvert
par la sagacité ingénieuse des agents de la police, il
est aussi, quelques cas où le hasard seul, ou bien
encore quelque revelation imprévue, perce les obscu-
rités d'un mystère dont la police a été impuissante à
découvrir les trames. Tel fut le cas d'un crime resté
célèbre dans les fastes judiciaire, de l'assassinat de la
rue de Vaugirard.

La veuve Houet, agée de soixante-dix ans et jouissant d'une fortune de 150,000 francs, demeurait en
1821, rue Saint-Jacques, n° 21; elle était mère de
deux enfants, une fille et un garçon. La fille était
mariée à un ancien marchand de vins, nommé Robert,
qui ne vivait pas toujours en bonne intelligence avec
sa belle-mère. Quant au garçon, grand et fort, d'un
esprit faible et borné, il habitait avec sa mère, et travaillait dans un atelier où il gagnait deux francs par
jour, en qualité d'homme de peine.

La vieille dame, quoique riche relativement à sa
condition, n'avait pour domestique qu'une femme qui

venait le matin faire son ménage et ses commissions. Le 13 septembre de cette même année 1821, sa femme de ménage étant venue un peu plus tard que de coutume, elle la réprimanda assez vertement, puis lui donna une longue course à faire. Après son départ une personne, restée alors inconnue, vint voir la veuve Houet et l'emmena; où la conduisit-elle? on l'ignora, car elle ne reparut plus.

Se fondant sur la mauvaise intelligence qui régnait entre le gendre et la belle-mère, l'opinion publique accusa le premier de cette disparition qui lui profita directement, puisqu'elle le faisait héritier de la moitié de la fortune de sa belle-mère. En conséquence Robert fut arrêté, ainsi qu'un de ses amis, nommé Bastien, ancien marchand de vins, entrepreneur de menuiserie. On fit une enquête, mais comme elle n'apporta aucune preuve à l'appui de l'accusation, une ordonnance de non-lieu fut rendue au bout de quelques mois.

Trois ans plus tard, en 1824, de nouveaux indices étant parvenus à la justice, Robert et Bastien furent de nouveau arrêtés, soumis à une instruction sévère, puis encore une fois relâchés, d'après un arrêt de la chambre du conseil.

Près de dix années s'étaient écoulées depuis ce dernier acte de procédure; quelques mois encore et la prescription décennale allait couvrir le crime de son manteau protecteur, et laisser un forfait impuni; la cré-

dulité publique s'était tue depuis longtemps; la disparition de la veuve Houet était oubliée par beaucoup,
ignorée par un plus grand nombre, lorsqu'au mois de
mars 1833, un nommé C..., ancien repris de justice,
espèce d'homme d'affaires, ami et conseiller de Bastien, s'aboucha avec un autre repris de justice, ancien
agent de la brigade de Vidocq, conservé au service de
sûreté comme indicateur, et lui dit en confidence que
si la police voulait lui donner 500 francs, il ferait connaître les auteurs de l'assassinat de la veuve Houet, et
fournirait des indications assez certaines pour retrou-
ver le corps de la victime.

La proposition fut faite au chef du service de sûreté,
et, comme on le pense bien, acceptée. C... commença
par déclarer que Robert avait été l'instigateur du crime,
et que Bastien ne l'avait commis qu'à la suite des promesses d'argent du premier, promesses qu'il n'avait
pas tenues, car le tribunal civil n'ayant alloué à la
fille de la veuve Houet qu'une somme annuelle de
1,500 francs jusqu'au moment de la prescription fixée
par la loi pour la succession des personnes disparues,
Robert, vu cette minime allocation qu'il n'avait pas
prévue, avait d'abord éludé ses promesses, puis les
avait en quelque sorte oubliées, ne se rappelant pas
que cette main que lui tendait son complice était encore teinte du sang de leur victime.

Tout dernièrement, ajouta C..., Bastien m'a confié

III.   23.

que, cette fois, il espérait voir Robert lui donner ce qu'il lui promettait depuis si longtemps, qu'il venait de lui écrire à Villeneuve-le-Roi, où il s'était retiré avec sa femme, et que sa lettre contenait entre autres menaces ces mots :

« *Souviens-toi du jardin de la rue de Vaugirard, 81... Tu sais, à quinze pieds du mur du fond, à quatorze pieds du mur de côté... les morts peuvent quelquefois revenir.* »

Voici maintenant comment s'était accompli cet horrible drame :

Au commencement de septembre 1821, Robert, après s'être assuré la complicité de Bastien, loua, rue de Vaugirard, 81, une maison isolée avec un jardin, dans laquelle il installa Bastien. Celui-ci creusa un trou profond, acheta une corde et eut soin de se munir de chaux. Après quoi, un dimanche matin, il se rendit chez la veuve Houet, et lui annonça que sa fille et son gendre l'attendaient pour déjeuner dans leur nouvelle maison. La vieille, qui connaissait depuis longtemps Bastien pour être l'ami de ses enfants, n'eut aucun soupçon. Quelques minutes après, tous deux, assis dans un fiacre, se dirigeaient vers la rue de Vaugirard.

Quelques maisons avant le numéro 81, ils descendirent de fiacre ; Bastien congédia le cocher pour qu'il ne pût savoir où ils se rendaient. En arrivant dans le jardin, Bastien passa la corde au cou de la vieille, et en une seconde elle fut étranglée. Il la jeta alors dans le trou, recouvrit le cadavre d'une couche épaisse de chaux, puis nivela soigneusement le terrain. Cette opération terminée, il alla manger le déjeuner qui avait été préparé pour servir, au besoin, de pipée à la veuve Houet.

L'enquête, éclairée par ces révélations, en confirma toutes les particularités ; le cadavre fut retrouvé à l'endroit désigné par un plan que l'on trouva dans le portefeuille de Bastien. Mais Robert et Bastien jouirent du bénéfice des circonstances atténuantes, et furent condamnés aux travaux forcés à perpétuité.

CHAPITRE X

La Préfecture de police sous Caussidière

Prise de possession de la préfecture de police par Caussidière le 24 février. — Correspondance entre M. Delessert et Caussidière. — Première proclamation. — Une initiation. — Premiers rapports avec les agents de l'ancienne police. — Caussidière montre aux commissaires de police qu'il n'est pas un Sancho-Pança. — Le nouveau préfet de police arrêté par ses propres agents. — Accusé d'avoir été ramassé ivre par la patrouille. — Les orgies de la préfecture de police. — Une page des révélations de Chenu. — Pornin. — Visite à Saint-Lazare. — Le retour de Saint-Lazare et les pensionnaires de Baptiste. — Lucien Delahodde. — Lettre authentique par laquelle Delahodde offrit ses services à la police. — Il passe devant un tribunal d'honneur. — Les quatre polices. — Anecdotes. — Budget de la police sous Caussidière. — Organisation républicaine de la police. — Le corps des Montagnards. — Le 16 mai. — Siège de la préfecture de police par la garde nationale. — Licenciement des Montagnards. — Retraite de Caussidière. — Sa dernière proclamation. — Témoignage éclatant qui lui est rendu par le peuple parisien. — La police reprend ses anciennes allures. — M. Carlier apprécié par Caussidière.

Caussidière raconte lui-même, dans ses *Mémoires*, la façon dont il prit possession, le 24 février 1848, de la préfecture de police d'où, quelques heures auparavant, un mandat d'amener avait été lancé contre lui :

« Lorsque j'entrai dans la cour principale de la préfecture, dit-il, accompagné de Sobrier et de Calmique, tout était désordre et confusion. La terre était jonchée de casques, de selles de chevaux et de divers objets d'équipements militaires; deux mille sept cents hommes environ, garde municipale et troupe de ligne venaient d'évacuer l'enceinte de la préfecture. Une compagnie de la 11e légion présentait seule quelque apparence d'ordre militaire. C'étaient les officiers de cette compagnie, secondés par l'adjudant Carrère et aussi par M. Carteret, je crois, qui, pour éviter un conflit, avaient obtenu la retraite de la garde municipale et de la ligne. Grand nombre de citoyens plus ou moins armés, et encore dans l'ivresse d'un succès obtenu sans effusion de sang, se promenaient dans les cours, aux cris de : Vive la liberté! vive la république! et au chant de la *Marseillaise*. Le coup d'œil était vraiment pittoresque; c'était un véritable délire! »

La lettre suivante, écrite au nouveau préfet de police par son prédécesseur, atteste les procédés qu'apporta Caussidière dans sa prise de possession de l'hôtel que M. Delessert avait dû abandonner par une fuite précipitée :

Londres, le 29 avril 1848.

« Monsieur le Préfet,

» Je viens d'apprendre, par mes amis de Paris, la bienveillance avec laquelle vous vous êtes exprimé au sujet du très-petit séjour que madame Delessert a été faire à Passy, et le regret que vous avez témoigné de ce qu'elle ne s'était pas adressée à vous. Permettez-moi de vous en offrir mes remercîments.

» Je le fais avec d'autant plus d'empressement, que c'est pour moi une occasion de vous dire combien j'ai été sensible à tous les bons procédés dont vous avez usé envers nous, en permettant avec tant de bonne grâce, la sortie de la préfecture de police, des effets, chevaux et autres objets qui nous appartenaient personnellement à ma femme et à moi. Je suis heureux, monsieur le préfet, de vous exprimer ma gratitude bien franche et bien cordiale.

» J'ai l'honneur de vous prier de recevoir mes sentiments de haute considération.

» GABRIEL DELESSERT. »

Nous croyons devoir rappeler, comme document historique, la première proclamation adressée au peuple de Paris par le préfet de police républicain :

« Au nom du peuple souverain,

» Citoyens,

» Un gouvernement provisoire vient d'être installé; il est composé, de par la volonté du peuple, des citoyens F. Arago, Louis Blanc, Alaric, Lamartine, Flocon, Ledru-Rollin, Recurt, Marrast, Albert, ouvrier mécanicien.

» Pour veiller à l'exécution des mesures qui seront prises par ce gouvernement, la volonté du peuple a aussi choisi pour ses délégués au département de la police, les citoyens Caussidière et Sobrier.

» La même volonté souveraine du peuple a désigné le citoyen Etienne Arago à la direction générale des postes.

» Comme première exécution des ordres du gouvernement provisoire, il est ordonné à tous les boulangers et fournisseurs de vivres de tenir leurs magasins ouverts à tous ceux qui en auraient besoin.

» Il est expressément recommandé au peuple de ne point quitter ses armes, ses positions, ni son attitude révolutionnaire. Il a été trop souvent trompé par la trahison ; il importe de ne pas laisser la possibilité à d'aussi criminels et d'aussi terribles attentats.

» Pour satisfaire au vœu général du peuple souverain, le gouvernement provisoire a décidé et effectué, avec l'aide de la garde nationale, la mise en liberté de tous nos frères détenus politiques, mais en même temps, il a conservé dans les prisons, toujours avec l'assistance on ne peut plus honorable de la garde nationale, les détenus constitués en prison pour crimes ou délits contre les personnes et les propriétés.

» Les familles des citoyens morts ou blessés pour la défense des droits du peuple souverain sont invitées à faire parvenir aussitôt que possible, aux délégués du département de la police, les noms des victimes de leur dévouement à la chose publique, afin qu'il soit pourvu aux besoins les plus pressants.

» Les délégués au département de la police,

» Caussidière et Sobrier. »

Donnons encore la parole à Caussidière et laissons-le nous dire comment eut lieu son initiation à des fonctions si nouvelles pour lui :

« Le lendemain, presque tous les chefs de division et chefs de bureau se rendirent à leur poste. Quelques-uns demandèrent une entrevue qui leur fut accordée sur-le-champ. J'invitai ces messieurs à redoubler de zèle dans leurs fonctions, le gouvernement du peuple ayant besoin du dévouement et de l'activité de tous ses agents.

— Si quelqu'un de vous, ajoutai-je, se rend coupable de trahison, il sera fusillé sur-le-champ, dans la cour de la préfecture.

» C'est la seule menace révolutionnaire que j'aie faite pendant ma gestion de trois mois, et je n'eusse point hésité à l'exécuter, si j'y avais été forcé. Ne devais-je pas me considérer comme entouré d'hommes ou de gens mal intentionnés, qui accepteraient diffi-

III.   24

cilement le nouveau maître que venait de leur imposer la force populaire?

» Le troisième jour de ma prise de possession comme délégué, une vingtaine de commissaires de police des quartiers environnants vinrent recevoir des ordres. Je fis entrer ces messieurs, qui eurent l'air de me prendre pour Sancho-Pança dans son île. Chacun d'eux me soumettait les besoins et les désastres de son quartier. Tous parlaient à la fois et cherchaient à m'étourdir. Je devinai leur manœuvre, et, les passant en revue d'un regard, je leur intimai l'ordre de parler seulement quand je les interrogerais :

— Je sais de quoi vous êtes capables, leur dis-je. Je sais que pour beaucoup d'entre vous l'avenir fera oublier le passé. Une nouvelle ère commence, soyez conciliants et humains. Aidez-moi à rétablir l'ordre, et surtout n'oubliez pas que votre premier devoir est de sévir contre le vol et le pillage, sous quelque forme qu'ils se présentent. A défaut de sergents de ville, vous invoquerez l'assistance des postes dispersés dans vos quartiers respectifs. Surveillez les repaires et laissez la politique de côté, elle ne pourrait vous attirer que des désagréments.

» Ces messieurs se retirèrent en protestant de leur dévouement, dont, pendant quelque temps, je n'eus guère lieu de m'apercevoir. »

Une anecdote piquante signala les premiers jours de

l'arrivée de Caussidière à la préfecture de police. Entre les divers récits qui en ont été faits, nous choisirons celui de Caussidière lui-même :

« Cuni, un de mes camarades de captivité à Doullens, arrivait à Paris; sa première visite fut pour moi. Il vint en costume d'artilleur, et il attendit jusqu'à deux heures du matin environ, que je fusse libre de causer avec lui. Je lui offris alors de l'accompagner jusqu'à son hôtel, rue Beauregard, voulant en même temps visiter les divers quartiers Saint-Denis, qu'on me disait négligés. On m'avait parlé de flaques d'eau stagnantes, et j'étais désireux de voir par moi-même comment on exécutait mes ordres.

» J'avais la tête lourde, fatiguée d'un travail de dix-huit heures, et par conséquent un immense besoin de prendre l'air. Nous nous acheminâmes donc, en devi-sant des affaires du jour, jusqu'à la hauteur de la rue du Petit-Carreau, où nous rencontrâmes une patrouille de garde nationale commandée par un lieutenant dont je n'ai jamais su le nom.

» Un *qui vive?* bien accentué, provoqué sans doute par l'uniforme de Cuni et suivi d'un *passez au large!* nous fit prendre la rue Bourbon-Villeneuve, où nous nous arrêtâmes pour nous dire adieu. Je me disposais à retourner à la préfecture, lorsque la patrouille revint, en nous demandant si nous avions des laissez-passer. Je montrai le mien formulé ainsi : Laissez passer le citoyen préfet de police Caussidière. — Signé : *le secrétaire de la préfecture de police.*

» Crurent-ils à une mystification, ou eurent-ils quelque défiance? c'est ce que je ne pris pas la peine d'analyser, toujours est-il qu'ils m'enjoignirent de les suivre. Arrivés au poste de la rue Mauconseil, trois de ces messieurs acceptèrent de me reconduire jusqu'à la préfecture. Chemin faisant, je fus reconnu par un officier, qui crut à une escorte d'honneur, tandis que je rentrais prisonnier.

» A la grande porte de la Préfecture, le lieutenant voulut se retirer avec ses hommes, mais je l'invitai à entrer, et une fois dans mon cabinet, je leur dis :

— Vous êtes mes prisonniers maintenant, et vous ne me quitterez pas ainsi.

» Un huissier apporta deux bouteilles de vin avec des biscuits. Après avoir trinqué à la République :

— Vous vous êtes vengé noblement, me dit l'un d'eux en se retirant.

» Ainsi, parce que j'avais répondu par une politesse à une exagération maladroite de service, on en inféra que j'avais été ramassé ivre par la patrouille! »

Ce serait le cas ici de parler des orgies dont, dit-on, la préfecture de police sous Caussidière était le théâtre habituel. Il entre beaucoup d'esprit de parti dans les accusations dirigées contre les républicains, et les récits de Chenu sur les orgies de la préfecture, sont

au moins suspects. Chenu était, on le sait, un ancien
membre des sociétés secrètes, un ami de Caussidière,
investi par lui d'une mission de confiance lorsqu'il
fut devenu préfet de police ; honteusement chassé
quand on eut découvert qu'il était déjà un des agents
secrets de la préfecture sous l'ex-roi, il se vengea par
des écrits pleins d'amertumes et de révélations scandaleuses.

Les récits de Chenu compromettent d'ailleurs moins
encore Caussidière que Pornin, le second du préfet de
police et le commandant des Montagnards. Nous en
faisons quelques extraits pour conserver à notre ouvrage son caractère encyclopédique. Nos lecteurs les
apprécieront pour ce qu'ils valent :

« Pornin, qui n'était pas rassuré sur les dangers
que courait la vie de son ami, du *soleil* de la République, comme il aimait à l'appeler, s'était installé
dans l'antichambre des appartements de l'ancien
préfet, qui venaient d'être mis à la disposition de Caussidière, — ou plutôt dans une vaste salle d'attente
située en face du cabinet même du préfet. Pornin fit
de cette pièce une véritable caserne de brigands. —
(Il est bien entendu que c'est Chenu qui parle). A
l'instar du préfet, il eut table ouverte à tout venant.
Caussidière, pour se décharger d'une partie de sa
besogne, lui avait confié le soin d'organiser de nouvelles compagnies de montagnards et les gardiens de

Paris. La chambre ne désemplissait pas de solliciteurs ;
il descendait avec eux chez les marchands de vins du
coin de la rue de Jérusalem ; car le vin qu'on lui dis-
tribuait le matin était loin de suffire à son immense
consommation. Il était constamment en état d'ivresse ;
il fréquentait de préférence les personnages les plus
dégoûtants ; il échangeait volontiers contre un petit
verre d'eau-de-vie la plaque de gardien de Paris ;
aussi, comme on doit le penser, faisait-il d'ignobles
choix.

» A sa table, la conversation ne roulait que sur les
projets les plus extravagants ; on évoquait les plus
sanglants souvenirs ; le thème favori de l'amphytrion
portait sur la manière dont on expédierait les trois
cent mille aristos qui devaient être immolés à la
consolidation de la République.

» A propos de ces trois cent mille têtes, un convive,
le papa Titon, revenu de Doullens plus féroce que
jamais contre les réacs, manifesta de sérieuses inquiétudes sur l'état des prisons de Paris, qu'il savait, par
expérience, n'en pouvoir contenir qu'une vingtaine
de mille, et encore en les entassant les uns sur les
autres, ce qui, du reste, ne pouvait être un mal
selon lui.

» — Mais, dit Pornin, en ma qualité de gouverneur
de la Préfecture, je puis, je dois même visiter les
prisons, et, dès demain, pour savoir à quoi nous en

tenir là-dessus, nous commencerons par Saint-Lazare, qui est la seule, je crois, que nous ne connaissions pas, et, d'ailleurs, il y aura à *rigoler*. Ainsi donc, à demain notre première visite ; mais comme là il y aura des dames, faisons un petit bout de toilette, que chacun soit *rupin*.

» Si Pornin abusa souvent du jus divin pendant le temps qu'il remplit les fonctions de gouverneur de la Préfecture, on ne peut pas lui reprocher d'avoir étalé un grand luxe dans sa toilette. Il portait constamment un vieux paletot en castorine couleur noisette ; mais pour la solennité du lendemain, il lui convint de faire un sacrifice et de porter une marque distinctive de sa haute dignité. Il fit donc appeler à l'instant même un nommé Duclos, ouvrier chapelier enrôlé dans les Montagnards, et lui commanda de lui faire immédiatement un magnifique chapeau à la Henri IV, qu'il surmonta d'une gigantesque plume rouge de plus de trois pieds de hauteur. Ce chapeau et ce panache cadraient assez mal avec le reste du costume ; mais Pornin, en austère républicain, n'y regardait pas de si près.

» A l'heure convenue, tous les convives de la veille étaient prêts à partir, et Pornin s'adjoignit un ami *compétent* dans la matière, et pouvant lui donner tous les détails nécessaires sur le personnel des prisonnières de l'endroit. On fit les frais d'une voiture, et l'on se fit conduire à Saint-Lazare.

» On se présenta au greffier, qui déclara qu'il lui
était défendu de laisser visiter la maison par qui que
ce fût, sans un ordre spécial et formel.

» — Je suis le gouverneur de la préfecture de police, dit Pornin ; et, à l'appui de son dire, il tira de sa
poche son écharpe rouge, qu'un montagnard lui cei-
gnit, puis, il présenta sa carte, et, le directeur étant
absent, le greffier fut forcé d'obéir.

» Pornin visita tout, depuis les cachots jusqu'aux
cuisines. Il goûta le pain dont les prisonnières se plaignaient. « *Chouette*, dit-il, j'en ai mangé de plus *toc*
» que ça. Allons, les petites mères, vous ne devez pas
» vous plaindre ici ; cette maison est superbe, la nour-
» riture bonne ; puis, vous ne me paraissez pas en-
» gendrer la mélancolie. »

» A celles qui réclamaient leur liberté, et lui racon-
taient l'injustice de leur arrestation : « C'est bien, pe-
» tite, ta demande me paraît juste ; j'en parlerai à
» mon illustre ami. » Puis, il leur prenait le menton
d'un air tout à fait galant.

» Il promit au greffier une bonne note auprès du
préfet, et le félicita sur la tenue de la maison ; il eut
un mot pour tout le monde, et pendant longtemps on
parla de ce grand homme maigre, qui avait un si beau
chapeau, et qui avait fait de si belles promesses.

» Jusqu'à la sortie de la prison, tout s'était passé
convenablement et d'une manière assez digne ; mais

Pornin, qui avait été une bonne heure sans boire, et
s'était livré à une conversation soutenue pendant tout
ce temps, se sentait tout altéré. Se tournant vers le
greffier, qui le reconduisait avec force salutations :
« Veux-tu prendre un canon, citoyen? lui dit-il. »
Celui-ci, abasourdi à cette étrange proposition, hésita
un instant ; mais, en bon courtisan, il s'empressa d'accepter, et l'on se rendit chez le marchand de vins, où
l'on porta plusieurs toasts de circonstance.

» Lorsqu'on eut quitté le greffier, on remonta en
voiture, et, chemin faisant, chacun fit part des observations qu'il avait faites sur le nombre de prisonniers
que pouvait contenir Saint-Lazare, et de toutes les
suppositions, il fut conclu qu'on pourrait y *coffrer*
trois mille aristos.

» — Nous ferons mettre ces pauvres poulettes en
liberté, dit Pornin ; sous la République, les prisons ne
doivent servir que pour les réacs. Toi, Piton, comme
je sais que tu les soigneras bien, je t'accorde la direction de cette maison que tu m'as demandée. Nous gar-
derons le greffier, qui m'a l'air d'un bon *zigue*.

» En revenant de Saint-Lazare, continue Chenu, le
sieur Baptiste, l'homme compétent dont j'ai parlé,
proposa de prendre un verre de vin dans un établissement situé rue de la Vieille place aux Veaux ; la motion fut acceptée d'autant plus volontiers que quelques-
unes des prisonnières avaient donné au chef de la

maison, intime de Pornin, différentes commissions
pour leurs compagnes. Une circonstance naturelle de
tout instant d'arrêt pour ces messieurs, fut une suite
non interrompue de libations, qui eurent bientôt
échauffé les têtes à un tel point, qu'on engagea une
partie de plaisir pour le soir même, et que Pornin invita à souper chez lui, à la Préfecture, toutes les dames
composant le personnel de l'établissement.

» Pornin prit donc les devants pour préparer la petite fête de famille, le souper régence qu'il voulait
donner à ses amis. Sa fille, la citoyenne Chatouillard,
l'aida avec intelligence, dans tous ses préparatifs, et,
à la nuit tombante, les convives s'étaient glissés dans
la Préfecture : on s'installa dans l'appartement de
M. le gouverneur.

» On donna une consigne sévère aux deux sentinel-
les, avec défense de laisser entrer qui que ce soit. Cet
ordre était plus facile à donner qu'à faire exécuter,
car la porte ne fermait pas à clé, et les Montagnards
obéissaient difficilement à des chefs qu'ils s'étaient
donné eux-mêmet, et qu'ils ne respectaient que fort
peu, les connaissant pour ce qu'ils valaient. Aussi, la
curiosité ayant été éveillée au plus haut degré lorsqu'on connut les singuliers hôtes que recevait Pornin,
trouva-t-on mille prétextes pour venir le troubler par
des visites importunes. Il se levait alors furieux, et
menaçait de passer sa jambe de bois — nous avons

oublié de dire que Pornin avait une jambe de bois —
à travers le corps des téméraires qui osaient le déran-
ger dans ses plaisirs. Il repoussa même brutalement
et jeta à la porte un Montagnard, qui avait 50 francs
à lui remettre au nom de la Commission des récompenses nationales.

» Ce ne fut donc qu'à une heure assez avancée de
la soirée que la société put se livrer à l'aise à tout le
dévergondage dont de pareilles gens étaient capables.
Alors s'engagea l'orgie la plus echevelée ; tout ce que
l'imagination la plus déréglée du marquis de Sade a pu
rêver de plus hideux, fut mis en pratique par cette
troupe éhontée. Le champagne fut versé à flots; d'immenses bols de punch éclairaient les scènes les plus
révoltantes et que la plume la moins chaste se refuse-
rait à décrire.

» Pornin, ivre de vin et de luxure, était l'âme de
cette dégoûtante bacchanale, et il poussa le délire jusqu'à déclarer qu'une aussi belle fête de famille ne
pouvait se passer de la présence de son ami, l'illustre
préfet de police. Caussidière vint en effet, et ne fit pas
chasser cette horde immonde. Il se joignit à eux et
partagea avec enthousiasme leurs plus sales plaisirs.
L'orgie se prolongea jusqu'au jour, et l'on se sépara
en se promettant bien de se revoir le plus souvent possible. »

Nous arrêtons là nos citations du livre de Chenu ;

peut-être aurions-nous dû nous dispenser complètement de le mentionner ; mais il était bon de faire connaître ce style de *mouchard,* qui veut venger sa honte
en la rejetant sur les autres.

Chenu nous sert de transition naturelle pour arriver
à Delahodde.

Lucien Delahodde avait su s'introduire au sein des
sociétés secrètes, et, comme membre de leur comité, il
était au courant de tout ce qui s'y faisait. Rédacteur du
Charivari et de la *Réforme,* il connaissait l'intention
des journaux de l'opposition et livrait leurs secrets à
la police. On retrouva un dossier volumineux, dont les
dates remontaient à 1838. Plus de mille rapports, signés *Pierre,* commençant aux affaires de mai, donnaient la nomenclature de tous les faits de petite ou
grande importance relatifs au parti républicain. L'i-
dentité ne peut plus être mise en doute après la découverte de la lettre suivante, avec une belle signature, l'adresse et la date :

A monsieur le préfet de police.

« Monsieur,

» J'ai l'honneur de vous adresser une demande
d'admission dans l'administration que vous dirigez.

» Je suis né à Wimille, près Boulogne-sur-Mer, département du Pas-de-Calais, et ma famille est très-

honorablement connue dans le pays. Mon père et plusieurs de mes parents sont électeurs. Depuis la révolution, plusieurs d'entre eux s'étaient abstenus de prendre part aux travaux du scrutin ; mais des démarches,
auxquelles j'ai pris une bonne part, leur ont, depuis
lors, fait mieux apprécier l'importance de leurs droits
électoraux, et je ne doute pas que, dans l'occasion qui
va se présenter, ils n'en fassent usage en faveur du
candidat qui sollicite leurs suffrages et qui en est digne à tant de titres.

Mon intention, en arrivant à Paris, était de m'occuper de littérature, et je travaille même un peu dans
le journal la *Presse*. Mais les profits que me procure
ma plume étant très-minces, et les ressources qui me
viennent de la maison trop bornées, je me vois forcé
d'abandonner la carrière littéraire, ou du moins de
n'en faire qu'une occupation secondaire.

La partie que je préférerais dans votre administration, monsieur le préfet, serait celle de la police secrète.
Cette partie conviendrait à mon caractère et à l'activité de mon esprit, et les préjugés qui s'attachent à
elle n'ont aucune puissance sur moi ; car je crois que
toute profession a sa moralité, et je ne pense pas que
celle qui a pour objet d'assurer le repos du pays et des
citoyens, puisse être mésestimée des hommes sages qui
ne regardent que la cause à travers les moyens.

» J'ai été victime comme bien des jeunes gens, de

III   -   25

l'exaltation politique qui a signalé si tristement les premières années de la révolution de Juillet. En 1832, je fus initié à la société des droits de l'homme. Peu après je pris volontairement du service dans l'armée. J'entrai dans le 38e ligne, et je m'y acquis une sorte de célébrité, en faisant représenter, sur le théâtre de Soissons, une pièce dans laquelle se trouvaient des allusions politiques que mes supérieurs ont jugées très-sévèrement. J'ai ensuite subi un procès en cour d'assises à Laon; mais je dois dire que les griefs politiques qu'on m'imputait n'avaient aucun fondement; le verdict du jury l'a, du reste, prouvé. L'espèce de réputation que me procurèrent ces deux événements me mit bientôt en rapport avec les principaux chefs du parti républicain. On me regardait comme tout-puissant dans le régiment, et M. Marrast, de la *Tribune*, m'engagea plusieurs fois à tenter une démonstration qui, disait-il, devait donner le branle à toute l'armée.

» Je quittai le service en 1830, et je passai un an à Paris à étudier le droit. A cette époque, je fus initié à la Société des Familles sur laquelle je pourrais donner quelques renseignements si on le désire. Je retournai ensuite chez moi; et c'est alors que je commençai à reconnaître que je m'étais rendu trop long-temps l'instrument d'hommes dont la plupart n'étaient que des ambitieux désappointés, et les autres des séi-

des égarés, voulant entraîner le pays dans leur éga-
rement; et j'abjurai les principes de sang et de des-
truction que j'avais eu la folie d'embrasser. Le contact
journalier du monde m'a, depuis, été bien d'autres
illusions de jeunesse; et c'est par cette décroissance
rapide de foi dans les apparences, que j'en suis arrivé
à dépouiller de toutes les préventions qui l'environ-
nent, l'emploi que je sollicite en ce moment.

» Je dois vous avouer, monsieur le préfet, que je
compte plus pour le succès de ma demande sur votre
bonté et sur mon désir ardent de me rendre utile que
sur les titres réels que je puis offrir. M. Boutmy, dont
je suis particulièrement connu, s'était chargé de vous
présenter une note sur ma vie, ainsi que quelques mots
en ma faveur. J'espère qu'il l'aura fait, et que les détails que je viens de prendre la liberté de vous sou-
mettre vous sont déjà connus en partie. M. François
Delessert, à qui j'ai eu l'honneur d'écrire, il y a quelque temps, au sujet de sa candidature dans mon pays,
a pris sur mon compte, à ce sujet, des renseignements
qui, je crois, ne m'ont pas été défavorables. Si vous
le jugiez convenable, et que vous daigniez vous en
donner la peine, vous pourriez vous en assurer auprès
de lui.

» Je finis, monsieur le préfet, en vous priant de
m'excuser de vous avoir entretenu si longtemps de
moi, et en réclamant de votre bonté, qu'elle veuille

bien prendre en considération l'objet de ma demande.

» J'ai l'honneur d'être, avec respect, monsieur le préfet, votre très-humble et très-obéissant serviteur.

» Signé L. DELAHODDE,

» Rue Coquenard, 9. »

Paris, ce 25 mars 1838.

Après cette découverte, Caussidière convoqua un tribunal d'honneur, composé de seize personnes, qui se réunit au Luxembourg dans la chambre d'Albert. La séance prit de suite une certaine solennité. Grand-mesnil fut nommé président, et Caussidière expliqua le but de la réunion.

Delahodde, croyant qu'on n'avait pas de pièces irrécusables, commença par rappeler sa conduite de républicain depuis dix-sept ans. Sur l'exhibition de quelques rapports, il continua à nier avec effronterie, et demanda une vérification d'écriture.

L'exaspération des assistants était à son comble devant une pareille audace. On l'écrasa des faits et des preuves nouvelles ; on lut la lettre que nous venons de citer. Alors l'accusé se courbe lentement, et déclare qu'en un moment de désespoir il s'est jeté dans les bras de la police, qu'il a fait des rapports, mais qu'il n'a jamais été agent provocateur, et qu'il n'a à se reprocher l'arrestation d'aucun républicain.

Quelques-uns de ses anciens amis, présents à cette scène dramatique, l'engagèrent à se brûler la cervelle. Il se contenta d'écrire l'aveu suivant :

« Je déclare que tous les rapports signés *Pierre* sont de moi.

Paris, ce 14 mars 1848.

» DELAHODDE. »

Le procès-verbal de la réunion fut rédigé séance tenante et signé : Grandmesnil, Tiphaine, Menier, Boquet, Pilhes, Lechallier, Bergeron, Louchet, Albert, Caillaud, Ch. Rouvenat, Mercier, Caussidière et Chenu.

Delahodde fut immédiatement conduit au dépôt de la préfecture, puis écroué à la conciergerie, et gardé au secret, comme ayant entretenu, après le 24 février, une correspondance avec des agents du pouvoir déchu. Quelques jours après la retraite de Caussidière, une ordonnance de non-lieu le rendit à la liberté, dont il profita pour attaquer, par diverses publications, la république et les républicains.

- Avant les événements de juin, il y avait quatre polices assez mal faites; celles du ministère des affaires étrangères, du ministère de l'Intérieur, de l'Hôtel de Ville et de la préfecture. Après juin, le nombre des agents secrets était évalué à quinze cents. En général ils étaient mal payés, et travaillaient pour leur argent.

III.   25.

Caussidière cite à ce propos l'anecdote suivante :

Un agent secret fut chargé d'exécuter un mandat contre un individu qu'on disait fort habile et difficile à prendre. L'arrestation fut cependant opérée, et le recommandé mis dans un fiacre.

Comme l'agent cherchait vainement dans sa poche une pièce de monnaie pour payer d'avance le cocher, le prisonnier offrit sa bourse, disant qu'il porterait cette course sur sa note de frais.

— Comment l'entendez-vous! demanda l'agent étonné.

— C'est bien simple, reprit l'autre ; comme vous, je suis agent, et toutes les fins de mois, on me paye mes déboursés.

Après explication devant qui de droit, le mandat fut annulé, les deux mouchards, émerveillés de s'être empoignés mutuellement, s'en furent déjeuner ensemble aux frais de l'État.

Quand Caussidière entra à la préfecture de police, le 24 février, il trouva l'état du budget présenté par M. Delessert, le 20 juin 1847, pour couvrir les frais de l'année 1848, porté au chiffre de 10,964,730 francs 67 centimes. Les propositions de son prédécesseur l'avaient amené à 11,139,538 francs 61 centimes.

D'autre part une somme de 270,000 francs par an était allouée au préfet comme fonds secrets, soit 22,500 francs par mois. Ces fonds confiés au pouvoir discrétionnaire du préfet, qui n'en doit compte qu'au ministre de l'intérieur, payent les agents secrets et les choses d'urgence qui commandent la discrétion.

C'est ce qui constitue le *livre-rouge*. Sur ce livre sont quelquefois des chiffres correspondants aux personnes qu'on emploie; mais rarement les noms propres s'y trouvent. Il est composé de bons à tirer qu'on remet au caissier, au fur et à mesure du payement.

Le 24, il ne restait des 22,500 francs du mois de février qu'une somme de 1,000 francs environ que le nouveau préfet fit distribuer aux combattants blessés.

Malgré les dépenses imprévues que nécessite le nouvel ordre de choses, il ne fut fait aucune demande de crédit extraordinaire.

Au mois de mars le caissier ne toucha que.	20,604 fr.	70 c.
Au mois d'avril.	22,500 »	»
Au mois de mai..	22,600 »	»
Total de la recette. . .	65,604 »	70 »
Le compte de dépense des fonds secrets s'élève pendant quatre-vingt cinq jours à.	27,430 »	08 »
Il restait donc en excédant de recette, le 17 mai.	38,174 »	62 »

Une des premières occupations de Caussidière fut de

réorganiser la police, et il forma le fameux corps des Montagnards, composée en partie d'ouvriers sans travail, qui tous avaient donné des preuves de civisme et de courage sur les barricades. Le premier titre exigé pour en faire partie, était un certificat d'écrou de détenu politique; le deuxième, un certificat de combattant de février; le troisième enfin, un congé et un certificat de bonne conduite, constatant que le candidat était un ancien et honorable militaire.

Il fut entendu que tous les grades jusqu'à celui de capitaine inclusivement, devraient être le résultat de l'élection.

Quatre compagnies furent immédiatement créées; la montagnarde, la compagnie de Saint-Just, la compagnie de Février, et la compagnie Morisset. Ces quatre compagnies, d'environ six cents hommes, furent renforcées plus tard, parties sous le nom de garde républicain, tant à pied qu'à cheval, au chiffre de 2,700 hommes environ. Cette garde primitive ne reçut qu'à partir du 1er avril une solde régulière de 2 fr. 25 c. par jour, pour chaque citoyen, quel que fût son grade.

L'uniforme fut d'abord une cravate et une ceinture rouge; on y ajouta ensuite une blouse bleue. Le préfet de police fit faire une distribution de souliers et de bottes à ceux qui étaient dans la plus grande pénurie; et certes, ce n'était pas inutile, car, durant plusieurs jours, bon nombre d'entre eux montaient la garde en sabots.

Le 10 mai, la préfecture de police fut cernée par une immense quantité de garde nationale et de garde mobile. Deux pièces de canon étaient braquées en face de l'entrée principale. Caussidière, n'échappant qu'à grand'peine à des accusations qui devaient se représenter plus tard, et l'obliger à fuir en face d'un ordre d'arrestation, essaya vainement de parlementer avec l'Assemblée et avec le gouvernement provisoire ; il lui fallut résigner ses fonctions, ou plutôt capituler avec ceux qui l'assiégeaient.

Caussidière raconte dans ses *Mémoires* comment eut lieu l'évacuation de la garde républicaine assiégée, et la dissolution qui en fut la conséquence. Mais restaient encore à dissoudre les montagnards. Laissons-le parler :

« Il restait une autre corvée de ce genre à faire.

» Il fallait inviter les montagnards licenciés à abandonner la caserne Saint-Victor où ils étaient casernés, et à se retirer *où ils pourraient.*

» La plupart étaient pères de famille et avaient perdu leur état. Le pouvoir exécutif, sachant leur position malheureuse, avait accordé qu'ils toucheraient encore leur solde pendant dix jours.

» De ce côté là, la République ne se ruinait pas.

» J'envoyai Crevot auprès d'eux. Cet ami joignait

l'esprit d'ordre à la fermeté du caractère; son patriotisme éprouvé l'avait fait accepter avec plaisir avec les
montagnards. Aussi, depuis qu'ils s'étaient épurés en
renvoyant quatre-vingts des leurs, avaient-ils repris
la discipline d'un corps armé et une conduite irrépro-
chable.

» Lorsque mon émissaire arriva près de la caserne
Saint-Victor, elle était cernée par la garde nationale
qui voulait expulser de force les montagnards, mais
toutefois sans oser pénétrer dans l'intérieur.

» Crevot revint, avec un officier de la garde nationale, m'informer de ce qui se passait. J'invitai cet officier à faire retirer la garde nationale et à laisser sortir
librement les montagnards. Presque tous avaient leurs
fusils depuis le 24 février, et voulaient les garder,
sauf à les déposer dans leurs mairies s'ils en recevaient
l'ordre.

» Il fut convenu que les montagnards sortiraient
six par six, avec leurs armes, et sans qu'on les in-
quiétât.

» Sur mon ordre écrit, les montagnards s'exécu-
tèrent comme il avait été dit; seulement, au lieu de
leur assurer une retraite paisible, la garde nationale,
qui stationnait dans les rues adjacentes, arracha les
armes à plusieurs d'entre eux; ils furent vexés et mal-
traités, quelques-uns même arrêtés.

» Ainsi a été dissoute cette garde des *féroces* mon-

tagnards qui, pendant près de trois mois, ne frappè-
rent ni ne tuèrent personne, et firent un rude service
contre les voleurs et les fauteurs de désordres.

» Leur seul tort fut d'avoir introduit, au bout d'un
certain temps, parmi cette troupe d'élite, des hommes
tarés, de toutes les polices; c'est alors qu'on leur
souffla de mauvais desseins et l'esprit de turbulence.

» Personne cependant n'a eu à s'en plaindre que
moi. Ils s'amendèrent; je leur avais pardonné de bon
cœur. »

Nous avons cité la première proclamation de Caussidière; nous allons citer la dernière, celle dans laquelle il indiqua aux habitants de la capitale les motifs
de sa retraite :

« Habitants de Paris,

« Je viens d'accomplir un devoir, car c'en est un
pour un homme d'honneur de ne pas endurer le
soupçon.

» J'ai donné ma double démission de préfet de police et de représentant du peuple; le gouvernement
avise à mon remplacement comme préfet; les électeurs
jugeront leur mandataire.

» En attendant un successeur, je continue de veiller
à tous les services qui dépendent de la préfecture,
comme je l'ai fait depuis deux mois et demi; et je vous

réponds de la tranquillité de la capitale, que j'ai eu le bonheur de rétablir, grâce à votre concours.

» Qu'il me soit permis, en déposant un si rude fardeau, supporté avec courage et dévouement, de vous rappeler quelle était la situation de la capitale le 25 février. Vous savez ce qu'elle est aujourd'hui ; la population de Paris m'avait su gré de mes efforts et de leur succès. Elle me l'a témoigné à plusieurs reprises, et notamment par les suffrages dont elle m'a honoré dans les élections. Je l'en remercie profondément, et je la prie de croire que je n'en ai pas démérité.

» Hier, dans le sein de l'assemblée, je n'ai pu faire que des réponses incomplètes à de vagues insinuations. Je m'expliquerai ultérieurement, s'il en est besoin.

» Aujourd'hui, je ne veux pas me séparer de mes fonctions sans vous adresser mes vœux ardents pour l'affermissement de vos libertés et de l'ordre qui les protége, et sans vous rassurer, avant tout, sur le maintien sévère de la surveillance que mon administration continuera d'exercer, jusqu'à mon remplacement, sur tous vos intérêts.

» Une bonne police est le ressort le plus efficace de la prospérité publique, car elle rend le mouvement à la consommation ; elle rend la confiance aux capitaux, et par conséquent elle assure, plus puissamment que toute autre combinaison, du travail au peuple, à ce peuple parisien, dont le bien-être était, je l'avoue, et

sera toujours ma première préoccupation, pour lui-
même, pour nous tous et pour la République.

Paris, le 17 mai 1848.

» *Le Préfet de police,*

» CAUSSIDIÈRE. »

Deux mois après sa décision, le peuple de Paris témoigna d'une façon éclatante à Caussidière le souvenir
qu'il avait gardé de son administration, en l'envoyant
à la Constituante, le 8 juin, par 147,400 voix; le
29 avril précédent, il en avait déjà obtenu 133,779.

Avec M. Carlier, vers la fin de 1848, la préfecture
de police qui, avec MM. Gervais, de Caen, et Ducoux,
avait encore gardé un caractère patriotique et républicain, reprit son ancienne et historique physionomie.

Caussidière a apprécié M. Carlier fort justement
dans ses *Mémoires :*

« Carlier est de la vieille école, c'est-à-dire de la
police de provocation. Sa mission principale consiste à
lancer des agents parmi les mécontents d'un parti,
surtout chez les républicains, pour les pousser aux
moyens extrêmes et préparer des journées. La tentative
d'émeute bonapartiste, le jour où on attendait *le
prince,* ressemblait fort à un de ses tours. Aux abords
de l'Assemblée nationale, quelques-uns de ses agents
ont été vus criant : Vive Napoléon !... Avec lui la
police reprit les allures des temps passés. »

CHAPITRE XI

La Police contemporaine

Comme toutes les choses de ce siècle, la police a été en se perfectionnant, et elle a réalisé d'importantes améliorations, notamment dans ces douze dernières années, de 1852 à 1864. Qui ne se souvient du sergent de ville de la Restauration et du temps de Louis-Philippe? C'était un personnage grossier, désobligeant, brutal, et — pour parodier un mot célèbre par lequel on a caractérisé l'administration d'un préfet de police de la République — *faisant de l'ordre avec du désordre*. Aujourd'hui, nos sergents de ville, disciplinés et embrigadés, font aux étrangers les honneurs de la capitale avec une politesse exquise, et ne sont connus des Parisiens eux-mêmes que par leur bonne tenue et leurs bons services. On peut dire d'eux, avec raison, qu'ils sont la protection du faible, la sauvegarde de l'ordre et la sentinelle du repos des honnêtes gens.

Nous avons vu la police de sûreté confiée, sous la Restauration et sous Louis-Philippe, à des hommes dangereux et tarés, à des repris de justice, sous le commandement d'un Vidocq ou d'un Coco-Lacour; si bien qu'on ne savait pas si la tranquillité publique n'était pas plutôt compromise que garantie par de pareilles gens, et que cela paraissait une amère dérision de placer sous une telle garde la propriété et la vie des particuliers. Aujourd'hui, ce sont d'honnêtes agents, bons fils, bons époux, bons pères, qui sont chargés de la poursuite des voleurs et des criminels, et le seul parfum de leurs vertus, empreintes sur leurs lèvres, suffit à faire rougir les scélérats qu'ils arrêtent. Ils n'ont pour cela rien ralenti de leur zèle; il n'est pas un crime, si obscur et si mystérieux soit-il, dont la trace puisse se soustraire à leurs investigations, et il leur arriverait plutôt d'arrêter dix innocents que de laisser échapper un coupable. Cette plaisanterie ne paraîtra pas malséante, si nous ajoutons que la police, maintenant, est placée sous la surveillance immédiate du pouvoir judiciaire, qui ne peut pas permettre aux erreurs, s'il s'en présente, de se prolonger longtemps; et nous ne pensons pas que les honnêtes bourgeois, nos lecteurs, songent à faire, aux agents dont nous parlons, un crime d'un excès de zèle déployé pour la préservation de leurs vies, de leurs bourses, de leurs montres et de leurs mouchoirs de poche.

La police des mœurs, cette source d'abus, de désordres et de réclamations sous les précédents régimes, s'est aussi transformée en se réglementant. Nous avons vu, sous l'Empire, les administrateurs de l'armée, découragés de pouvoir jamais parvenir à préserver la santé des soldats, allant jusqu'à ne voir de salut que dans le remède désespéré d'Origène, et retenus seulement par la crainte qu'à ce prix la patrie ne trouvât plus de défenseurs. Aujourd'hui, de semblables inquiétudes nous paraissent puériles, et tout cela a bien changé. Il est vrai qu'à l'époque des désordres dont nous parlons, on reculait devant les réglementations trop rigoureuses, et dans ses *Archives de la Police*, publiées en 1838, Peuchet cite, comme une curiosité administrative, une ordonnance prise, en 1816, par M. de Tocqueville, alors préfet de la Côte-d'Or, et qui contient, en somme, le germe et presque la formule de toutes les réformes par lesquelles sont réglementées aujourd'hui, à la satisfaction générale, les mauvaises mœurs parisiennes. Peuchet reconnaissait déjà, du reste, que, si « les bonnes législations sont une bonne chose, la santé publique vaut bien mieux. » C'est là un axiome que l'on a fort étendu depuis, et dont tout le monde se montre satisfait.

Pour juger de l'esprit du temps, et des progrès que nous avons faits nous-même dans la docilité à accepter une discipline, prescrite d'ailleurs pour notre plus

III   26.

grand bien, il nous paraît curieux de rapprocher les observations de Peuchet, de quelques-uns des articles de l'ordonnance de M. de Tocqueville, devenus les règles banales du droit qui régit la matière.

L'article 2 de l'ordonnance du préfet de la Côte-d'Or stipulait :

« A dater du 25 avril prochain, toute fille publique sera tenue de se présenter à la police pour faire inscrire, sur un registre à ce destiné, ses nom, prénoms, âge, lieux de domicile et de naissance. Passé cette époque, toute fille ou femme qui s'livrera à la prostitution, sans avoir fait à la police la déclaration ci-dessus exigée, sera enfermée. »

Peuchet faisait suivre cet article du commentaire suivant :

« La loi, l'ordonnance de 1713, par exemple, défend la prostitution publique comme atteinte aux mœurs; mais elle ne dit pas qu'à défaut d'être inscrite sur un registre, toute prostituée sera renfermée. L'inscription ne fait rien au délit, et la prison ne peut être infligée à qui y manquerait, comme l'inscription ne peut autoriser celle qui s'y soumet. La législation de M. de Tocqueville est ici en défaut. »

A propos d'un autre article qui rendait les filles publiques responsables des désordres qui se produiraient chez elles, et prescrivait que celles chez qui l'intervention de la force publique aurait été nécessaire, seraient renfermées pendant un temps que fixerait la police. Peuchet disait, avec une non moins naïve candeur :

« Il est possible qu'à Dijon toute cette police soit exécutable ; mais elle serait impraticable, à Paris, d'une manière aussi absolue. »

Parlerons-nous maintenant de la police politique ? Le sujet est délicat ; mais dire qu'en ce point aussi la police s'est perfectionnée, et qu'elle a organisé la prévention avec une habileté admirable pour rendre inutile le plus souvent la répression, ou du moins pour faire qu'on n'ait à s'en servir que quand cela est jugé profitable à l'effet d'intimider les méchants et de rassurer les bons, ce n'est que lui rendre justice. Les complots, les conspirations, les sociétés secrètes, sont devenus aujourd'hui chose complétement impossible. La police a partout son œil ouvert et son oreille dans toutes les murailles. Personne n'a oublié un récent procès où, parmi les principaux accusés, figuraient Miot et Greppo, duquel l'instruction tout entière a été faite par un officier de paix, qui rétablissait avec une précision incroyable les conversations les plus secrètes et les confidences les plus soigneusement enfouies.

Ici se présente une objection peut-être. N'en est-il pas un peu de la police comme certains politiques prétendraient qu'il en fût du gouvernement, soutenant que le mieux est l'ennemi du bien ; et de même que, suivant ceux-ci, le meilleur gouvernement est celui

qui gouverne le moins, ne pourrait-on pas nous dire
que la meilleure police serait celle qui, au lieu de
l'accroître sans cesse, tendrait, au contraire, à diminuer son action? C'est là une question que, simple
narrateur et simple observateur des faits qui se
passent sous nos yeux, nous n'avons pas à examiner.

Nous aimons mieux terminer cet ouvrage par une
énigme de la nature de celles qui sont souvent soumises à la perspicacité de la police, et dont nous lais-
serons à nos lecteurs le soin de percer et d'interpréter
le mystère. L'histoire remonte à quelques années déjà;
on comprend la réserve qui nous a empêché de puiser
à une source trop actuelle, en un sujet si délicat, mais
nous pouvons garantir à nos lecteurs qu'il ne serait
pas besoin de faire un retour aussi rétrospectif que
nous l'avons fait pour trouver dans les cartons de la
police des récits équivalents. Les lecteurs de la *Gazette
des Tribunaux* le savent aussi bien que nous, et les
débats de l'affaire d'Angélina Lemoine ne sont pas
encore oubliés; mais nous nous sommes fait une loi
de ne puiser qu'à des sources non encore livrées à la
publicité.

Une dénonciation terrible fut déposée, à la fin de 18..,
à la préfecture de police. En voici à peu près la sub-
stance :

« Monsieur le préfet, le 15 décembre courant, les
domestiques de la famille du marquis de C..., logé

rue D..., étant réunis à neuf heures du matin dans leur salle, qui s'ouvre par une fenêtre et par une porte sur le jardin de l'hôtel, virent un petit chien appartenant au chef cuisinier, tenir dans sa gueule une masse informe et sanglante qu'il se mit à ronger dans un coin.

» Le dégoût que causa la vue de cette voracité et de l'objet sur lequel elle s'exerçait fut tel, que plusieurs de ceux qui se trouvaient là se levèrent pour chasser l'animal, et un marmiton prit avec des pincettes le débris infect et hideux, et on reconnut avec horreur un membre de corps humain.

» C'était le pied d'un enfant nouveau-né. Un cri d'épouvante s'éleva; les femmes se trouvèrent mal ; les hommes se précipitèrent dans les jardins, et à la lueur de plusieurs lampes on découvrit, dans un tas de terreau de serre, le cadavre mis en lambeaux du malheureux être destiné sans doute à ce cruel sort avant d'en avoir été victime.

» Les domestiques de cette maison, nés sur les terres de leurs maîtres, conservent à ceux-ci la vénération des époques anciennes. Chacun, d'un commun accord dans cette fatale circonstance, s'engagea, par un serment solennel, à ne pas révéler hors de l'hôtel ce qui se passait dans ce lieu; on alla même plus loin, on s'interdit les moindres conjectures, et aucun n'a manqué à son serment.

» Le maître d'hôtel cependant avertit de ce qui venait d'arriver le vieux comte de M..., aïeul, qui vivait là avec ses deux fils, leurs femmes, ses trois filles, les gendres et une douzaine de jeunes gens des deux sexes provenus de ces mariages.

» Le jardinier de la maison était un veillard qui servait la famille depuis longues années. Ancien Vendéen, il avait fait avec ses maîtres, pour la cause royale, toutes les campagnes du Poitou, de l'Anjou et de la Bretagne ; deux des petits-fils de cet homme habitaient avec lui ; l'aîné, jeune homme charmant et dont le dévouement chevaleresque à la duchesse de Berry, dans la campagne avortée de 1832, avait fait une espèce de héros, devait à ses qualités personnelles la faveur d'être considéré comme un des enfants de la maison, les jeunes seigneurs en avaient fait leur compagnon, et il était traité comme un frère par les nobles demoiselles dont son aïeul était le serviteur. Cette position de tolérance n'était pas sans danger.

» Quatre jours après la découverte de l'enfant mort-né, le beau Louis (c'est le nom du petit-fils du jardinier) étant monté avec MM. de C... et de R..., deux cousins-germains, au belvéder pour y raffermir la flèche du paratonnerre qui vacillait dans un écrou, un malheur effrayant survint.

» Le superbe *gars*, voulant rattacher en dehors du belvéder et sur la toiture aplatie en forme de terrasse,

la chaîne conductrice du fluide électrique, fit un faux
mouvement, et, malgré l'effort des deux parents pour le
retenir, comme crut le voir un couvreur posté sur le
faîte d'une maison du voisinage, il trébucha et fut
précipité dans la cour des écuries de l'hôtel, d'une
hauteur de cent-vingt pieds; on le releva écrasé, res-
pirant à peine et n'ayant aucun moyen de manifester
sa reconnaissance à ceux qui, peut-être, s'étaient mis
en péril pour l'arracher à la mort.

» Le dimanche qui suivit cette épouvantable catastrophe, la seconde fille du marquis de C..., ayant été
avec sa mère, ses tantes, ses sœurs, ses cousines, entendre la messe au couvent de ***, demanda à faire une
visite à la supérieure. Introduite dans l'intérieur du
saint lieu, elle déclara ne plus vouloir en sortir; du
moins, voilà ce que l'on dit dans sa famille.

» Le même jour, une jeune femme de chambre, li-
béralement dotée, fut fiancée au frère du mort, et le
vieux jardinier, son petit-fils et la future épouse parti-
rent pour leur pays natal, où ils devaient être fermiers
pour un temps indéterminé.

» Telle est, Monsieur, l'histoire réelle arrivée dans
ladite maison, et réduite aux seuls faits matériels. Je
présume que de mystérieuses causes les ont préparés,
et qu'une enquête doit être ordonnée à cet égard. La
vindicte publique vous fait un devoir de ne pas négli-

ger de compléter l'ensemble de l'instruction que je viens de commencer.

» Je ne me fais pas connaître. La divulgation de mon nom serait sans profit pour la justice, et ne serait pas sans péril pour moi. . . . .

. . . . »

A la suite de ce rapport, il y avait, mais d'une autre écriture :

« Il ne sera donné aucune suite à cette affaire, que
» la méchanceté seule du dénonciateur a pu supposer ;
» car on n'a point trouvé, dans le jardin, de cadavre.
» Le lambeau humain, apporté par le petit chien du
» cuisinier, faisait partie du corps d'un enfant mort-
» né, disséqué par un chirurgien du voisinage, ainsi
» que ce praticien l'a déclaré ; la stupide nonchalance
» de sa domestique a seule occasionné une profanation
» sacrilége.

» Il est vrai qu'on déplore la fin tragique d'un ex-
» cellent garçon, victime de son imprudence. Il a failli
» entraîner dans sa chute ses deux amis qui se dé-
» vouaient pour le sauver. Mademoiselle de C... avait
» depuis longtemps, et c'est prouvé, le désir d'entrer
» en religion. La fin affreuse de son frère de lait a
» hâté de quelques jours son entrée au monastère.
» Elle a été frappée de la brièveté de la vie, et cette
» réflexion, aidant à ses saintes dispositions, elle s'est
» hâtée de mettre à exécution son pieux projet ; mais,

» avant de quitter le monde, elle-même a voulu ma-
» rier sa femme de chambre avec son second frère de
» lait. Les deux familles se sont séparées contentes
» l'une de l'autre. »

A cette double pièce, et en forme de rapport fait par
un agent, on avait joint, par une épingle, ce qui suit :

« J'ai causé avec le tapissier de la maison, parent
du défunt; il est convaincu que plusieurs crimes ont
été commis dans cette circonstance. Selon lui, Mademoiselle de C..., fille romanesque, de nature hystéri-
que, et déjà accusée d'avoir eu une intrigue avec un
séminariste, précepteur de ses frères, se serait éprise
de la plus folle passion pour son frère de lait; la facilité de se voir, au moyen du jardinage exercé par le
jeune homme, et de fréquentes promenades que la demoiselle faisait seule au jardin, un escalier dérobé qui,
de l'entresol où se trouvait la chambre à coucher de la
jeune personne, montait jusqu'à la mansarde habitée
par le beau Louis, toutes ces circonstances auraient
servi la liaison coupable des deux jeunes gens. D'ailleurs, cette liaison aurait été servie très-officieusement
par une soubrette de l'hôtel, maîtresse du second Vendéen.

» Par le secours de cette fille, la grossesse de Mademoiselle de C... aurait été cachée et un avortement
provoqué à sept mois; mais l'extraction de l'enfant
n'aurait pu se faire qu'en détachant successivement des

III.   27

flancs de la mère, des morceaux de la malheureuse
créature, assassinée avant d'avoir quitté le lieu où elle
puisait la vie. C'étaient ses restes mutilés que, provi-
soirement, on aurait enfouis dans le jardin; la nuit
suivante, ils auraient été jetés à la Seine; mais le chien
avide aurait tout découvert.

» Une enquête intérieure, conduite avec soin, ayant
fait connaître la vérité, deux des parents, dont un cousin, amoureux de la débauchée, se seraient chargés
de la vengeance. On serait monté au belvéder, sous le
prétexte avoué de raccommoder le paratonnerre, en
gens habiles qui n'ont pas besoin de serrurier, et là,
quatre mains se seraient unies pour précipiter le malheureux gars. Puis, de nouveau, la ruse et la violence
auraient fait, de la veuve sans hymen, l'épouse de
Jésus-Christ.

» Cependant, l'aïeul et le frère de Louis auraient demandé compte à la famille du sang de leur parent
mort. Une forte somme et une grosse ferme auraient
apaisé cette colère. Quant à la femme de chambre,
mariée au frère du défunt, elle fut écartée de Paris. »

Ainsi donc, sur chaque fait tout est contradictoire;
ainsi, deux bouches opposées maintiennent ou enlèvent
l'honneur d'une maison considérable et illustre. Qui
répond que le tapissier n'a pas eu un motif de vanité
ou de vengeance pour expliquer de la sorte une aventure, dont le premier rapport expose la succession

mystérieuse sans prétendre en percer le voile? Au reste, on s'y perd.

Le récit de cette affaire, demeurée à l'état d'énigme, suffit pour faire apprécier la discrétion, la réserve, la finesse que la police contemporaine, et particulièrement la police parisienne, économe de scandales, apporte dans l'étude des affaires délicates et obscures, dont la publicité serait de nature à troubler la moralité publique et à altérer la considération qui entoure les classes éclairées.

FIN

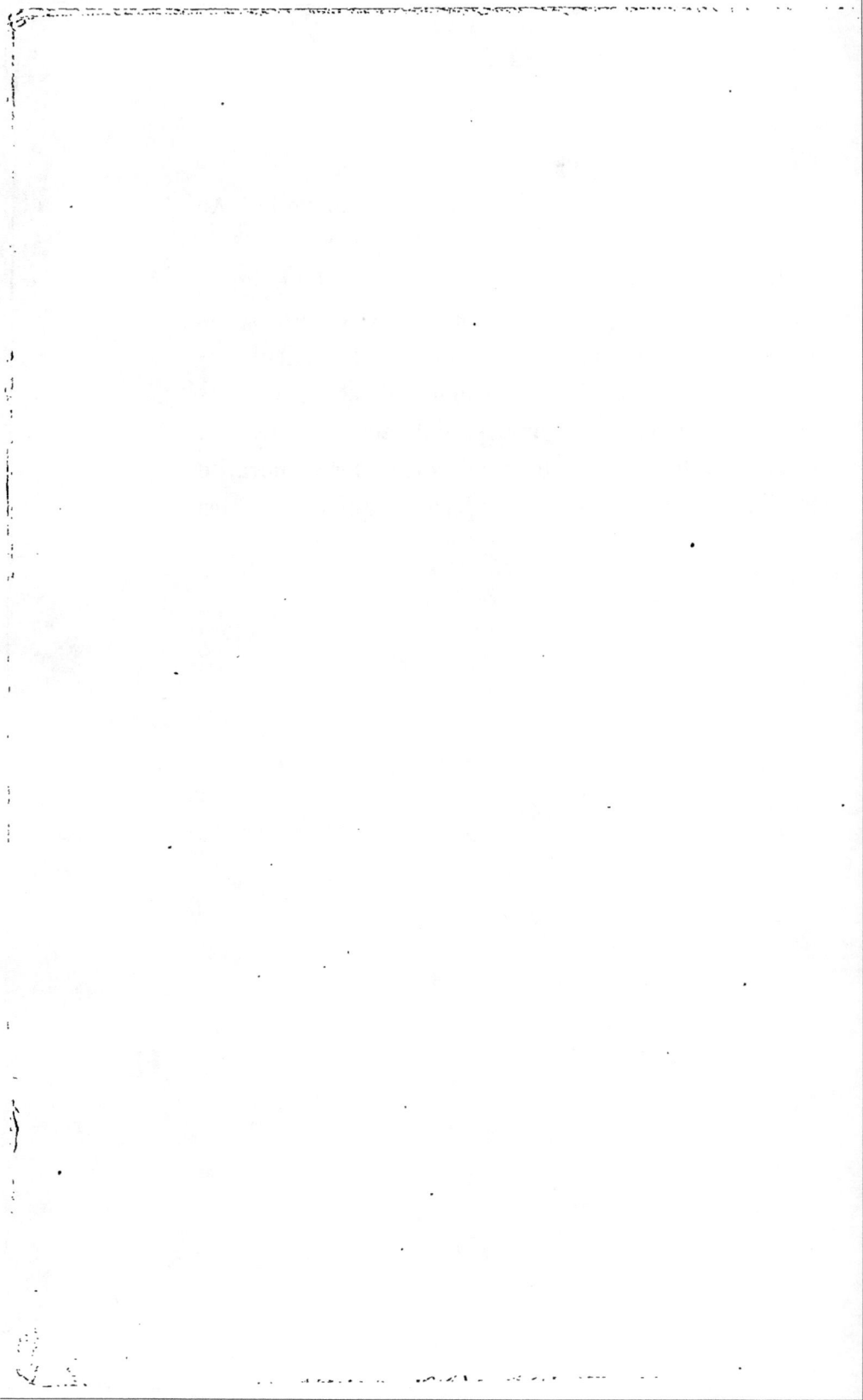

TABLE DES MATIÈRES

CONTENUES DANS CE VOLUME

CHAPITRE PREMIER

PHYSIOLOGIE DE LA POLICE MODERNE

M. Gisquet. — Devoirs de la police. — Police municipale. — Importance toujours croissante de la police politique.—Coup d'œil sur la police de l'ancien régime et la police révolutionnaire. —Comment la police serait une des conquêtes de 1789. — Réhabilitation des agents secrets. — Comment tout le monde fait de la police. — Anecdotes. — Les remords d'un jeune pharmacien. — Les trucs du métier.— Le joueur de bourse, les liserés verts, le profond calculateur et le tapage nocturne. — Qu'est-ce qu'un agent secret ? — Variétés de l'espèce. — Singulier effet produit par la lecture de l'*Espion* de Cooper. — Rôle des femmes dans la police. — Histoire d'une certaine baronne. — La police refaite et jouée. — Mystification. — Un moyen renouvelé de Rabelais de voyager aux frais de l'Etat. — Portrait de l'*Observateur*. — Les devoirs des préfets de police. — Ce que Caussidière entendait par une bonne police. — La police de provocation. — La police appréciée par Benjamin Constant.... ....   p. 1 à 34

CHAPITRE II

LA POLICE SOUS LA RESTAURATION

Les tablettes du baron Pasquier. — Police particulière de Louis XVIII. — Un héros de Balzac. — Le Palais-Royal et la police.— Diverses polices et contre-polices. — Organisation de la police. — M. Beugnot. — Son horreur pour les mouchards. — M. d'André. — Le retour de l'île d'Elbe. — M. de Bourrienne.— Mise à prix de la tête de Napoléon. — M. Decazes. — La terreur blanche. — M. Anglès. — Attaques contre lui à l'occasion de l'assassinat du duc de Berry. — Dénonciations de sa fortune scandaleuse.— Affaire avec M. Duplessis de Grénédan. — Institutions utiles.— Les abat-

toirs.—Le Baron Mounier.—Franchet et la coterie
jésuitique. — *La police dévoilée.* — Froment. — La
femme à Franchet. — Delavau et la congrégation.
— Le père Loriquet. — M. de Belleyme. —
M. Mangin... p. 35 à 57

CHAPITRE III

LA POLICE D'OBSERVATION

Les acteurs du théâtre de la Gaîté. — Béranger.
— Crémieux. — Daskalos. — Rapport sur les élec-
tions. — Manuel. — M***. — Ney. — Flocon. —
Decazes. — Le dîner chez Féret. — La Fayette. —
M. Piet. — Police française à Londres.— Le comte
de Brivasac-Beaumont........................... p. 59 à 105

CHAPITRE IV

LA POLICE DE PROVOCATION

Une anecdote sur M. Beugnot.— L'affaire du colonel
Labédoyère. — La conspiration de 1816. — La
police belge et la police française. — Conspiration
du bord de l'eau. — Affaire Millard. — Le pétard.
— Bouton et Gravier. — Chignard et le dépôt de
fusils. — Les coquetiers séditieux.— Les cannes à
effigie de Bonaparte. — Placards séditieux. — Affaire de Grandménil.......................... p. 107 à 166

CHAPITRE V

LE SECRET DES LETTRES

La poste doit au moins recacheter les lettres qu'elle
ouvre. — Réclamations des Anglais contre les procédés de la police française.— La correspondance
de l'ambassadeur anglais. — Le service du cabinet
noir. — Marche suivie. — Les lettres falsifiées. —
Les lettres volées.................................. p. 167 à 177

CHAPITRE VI

LA POLICE DE L'IMPRIMERIE ET DE LA LIBRAIRIE

Persécutions administratives. — Intelligences dans
la place. — Les infortunes de Constant-Chantpie.
— Les *Mémoires d'une jeune grecque.* — Histoire
d'un brevet. — Encore les agents provocateurs. —
Le libraire Terry et les chansons de Béranger. —
Le sosie. — Mouchette...................... p. 179 à 195

TABLE 319

CHAPITRE VII

VIDOCQ ET LA BRIGADE DE SURETÉ

Biographie de Vidocq. — Ses premiers exploits.— Il prend la fuite. — Aventure à Ostende. — Les *musicos*. — Vidocq chez les saltimbanques. — Retour sous le toit maternel. — Nouvelles escapades. — Vidocq au régiment.— La schlague et l'armée autrichienne.— Vidocq c..... — Arrestation. — Tentative d'évasion. — Les compagnons de prison.— Condamnation aux travaux forcés. — Pris dans la forêt de Compiègne. — Vidocq à Bicêtre. — Nouvelle évasion.— Merveilleuses péripéties.—Arrestations et évasions successives. — Clef de l'argot. — Apprentissage de Vidocq dans la police. — Le mouton et l'ange malin. — Le parrain de Vidocq. — La brigade de sûreté. — Éloge de Vidocq par lui-même. — Coco-Lacour. — Ses titres.— Le gamin du Jardin-Egalité. — L'éducation d'un voleur. — Conversion de Coco-Lacour. — La pêche à la ligne. — Transformation de la brigade de sûreté par M. Gisquet.............................. **p. 197 à 225**

CHAPITRE VIII

LA POLICE POLITIQUE SOUS LE GOUVERNEMENT DE JUILLET

Caractère de la police politique de 1830 à 1848. — L'ère de la résistance légale. — Arrestation préventive des journalistes. — Défi d'Armand Carrel. — Procès et acquittement. — La publicité des rues conquise sur la police. — Manifestation de Rodde. — Son allocution au peuple. — *Ce bon M. Gisquet.* — Procès des fusils-Gisquet. — Incidents d'audience qui précèdent les dépositions de M. le Préfet de police — M. Persil. — Les procès politiques sous Louis-Philippe. — Les caricatures de Daumier. — *Tu en as menti, misérable.* — Vignette.— Le procès des vingt-sept.— Le procureur général traité de faussaire. — Plaidoiries de MM. Dupont et Michel de Bourges. — *Accusé, parlez, la défense est libre,* — M. Michel à la Chambre des pairs. — Massacres de la rue Transnonain. — Attitude transie de la police................ **p. 227 à 246**

CHAPITRE IX

CONFESSIONS D'UN CHEF DU SERVICE DE SÛRETÉ

Canler et ses *Mémoires.* — Une police organisée sans

agents. — Les agents officieux. — Maison de tolérance. — Garnis *à voleurs*. — Marchands de contremarques. — *Camelots*. — Moyens d'action d'un
officier de police pour vaincre la mauvaise volonté
des récalcitrants. — Les *Coqueurs*. — Assassinat Séchepine. — Voyage de découverte à la recherche
d'un assassin inconnu. — Danger de prendre un
cocher de place quand on n'a pas d'argent pour le
payer et qu'on a intérêt à ne pas être signalé. — A
quoi peu tenir l'existence d'un hommet. — Trait
inouï de sauvagerie. — Un meurtre commis pour
s'emparer d'un livret d'ouvrier. — Disparition de
la veuve Houet. — Les assassins de la rue de Vaugirard. — Une révélation.................... p. 247 à 271

CHAPITRE X
LA PRÉFECTURE DE POLICE SOUS CAUSSIDIÈRE

Prise de possession de la préfecture de police par
Caussidière le 24 février. — Correspondance entre
M. Delessert et Caussidière. — Première proclamation. — Une initiation. — Premiers rapports avec
les agents de l'ancienne police. — Caussidière
montre aux commissaires de police qu'il n'est pas
un Sancho-Pança. — Le nouveau préfet de police
arrêté par ses propres agents. — Accusé d'avoir
été ramassé ivre par la patrouille. — Les orgies
de la préfecture de police. — Une page des révélations de Chenu. — Pornin — Visite à Saint-Lazare.
— Le retour de Saint-Lazare et les pensionnaires
de Baptiste. — Lucien Delahodde. — Lettre authentique par laquelle Delahodde offrit ses services
à la police. — Il passe devant un tribunal d'honneur. — Les quatre polices. — Anecdotes. — Budget de la police sous Caussidière. — Organisation
républicaine de la police. — Le corps des Montagnards. — Le 16 mai. — Siége de la préfecture de
police par la garde nationale. — Licenciement des
Montagnards. — Retraite de Caussidière. — Sa dernière proclamation. — Témoignage éclatant qui
lui est rendu par le peuple parisien. — La police
reprend ses anciennes allures. — M. Carlier apprécié par Caussidière.................... p. 271 à 301

CHAPITRE XI
LA POLICE CONTEMPORAINE   p. 303 à 315

FIN DE LA TABLE.

VERSAILLES. — IMPRIMERIE CERF, RUE DU PLESSIS, 59

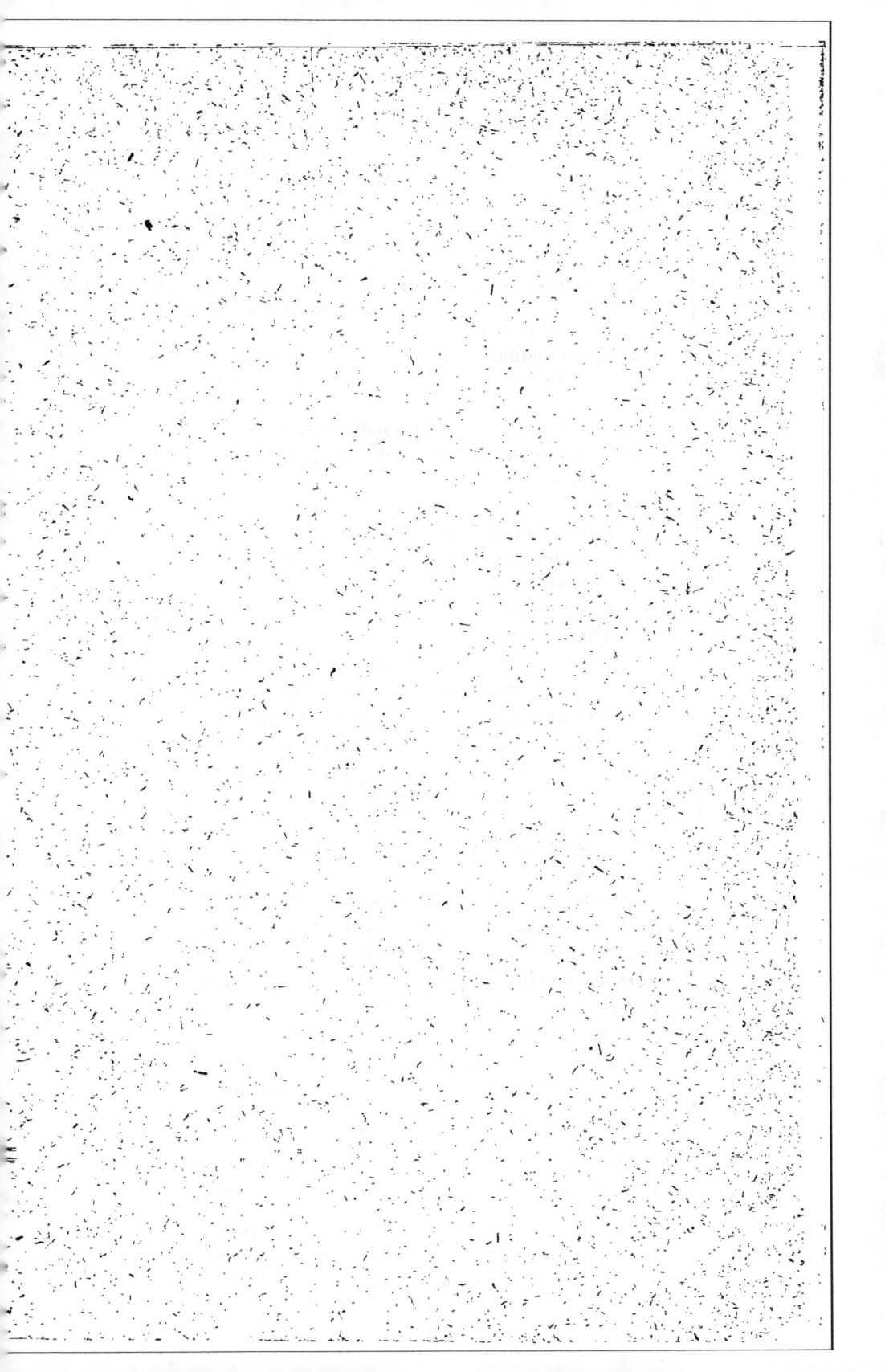

EN VENTE

A LA MÊME LIBRAIRIE

Les mystères de la Police, 1re partie, comprenant l'histoire générale et anecdotique de la Police, depuis le règne de Louis XIV, jusqu'à la révolution de 1789, 1 vol. in-18.

La Police pendant la révolution et l'Empire, 2e partie des *mystères de la Police,* comprenant l'histoire anecdotique de la Police, depuis 1789 jusqu'à 1814, 1 vol. in-18.

Sous les Tropiques, par Paul D'Hormoys, 1 vol in-18

La mort de Jésus, traduite de l'Allemand par Daniel Ramée, 1 vol In-8o (4e édition

La jeunesse de Jésus, par Kirchen, 1 vol. in-8o

Souvenirs d'un médecin de Paris, par le docteur Meltais, 1 vol. in-18.

Les quatre coins de Paris, par Léo Lespès (Timothée Trimm), 1 vol in-18 (2e édition).

Les Cousines de Satan, par Jules de Saint-Félix, 1 in-18, (2e édition).

Les oiseaux de Clichy, par Jules de Saint-Félix, 1 vol. in-18 (2e édition).

Organisation sociale de la Russie, par le comte Alfred de Courfois, 1 vol. in-8o

Les mariages de province, par J. Du Boys, 1 vol. in-18.

Le mariage du Vicaire, par Pierre Lefranc, un vol. in-18.

Mes chasses dans les deux Mondes, par Henry Gaillard, 1 vol in-18.

Le Palais de Saint-Cloud, description, histoire, anecdotes, par Philippe de Saint-Albin, bibliothécaire de Sa Majesté l'Impératrice, et Armand Durantin, 1 beau vol. in-8o.

Jean Diable, par Paul Féval, 2 vol. in-18, (2e édition).

Aimée, par Paul Féval, 1 vol. in-18.

Le roman de la femme à Barbe, par Pierre Véron, 1 vol. in-18 (2e édi.).

M. Personne, chronique de 1901, par Pierre Véron, 1 vol. in-18.

Maison Amour et Cie par Pierre Véron, 1 vol. in-18, (2e édition).

Avez-vous besoin d'argent? par Pierre Véron, 1 vol. in-18.

Une Lucrèce de ce temps-ci, par Valery Vernier, 1 vol. in-18.

Les morts violentes, par Eugène Sue, 1 vol. in-18.

Les petits-fils de Tartuffe, par Honoré Ponfois, 1 vol. in-18.

Les Cotillons célèbres, histoire anecdotique et historique des galanteries des rois de France, par Émile Gaboriau, 2 vols. avec portraits gravés sur acier, (4e édition)

Ruses d'amour, par Émile Gaboriau, 1 vol. in-18.

Les Comédiennes adorées, par Émile Gaboriau, 1 vol. in-18

Versailles. — Imp. Cerf, 59, rue du Plessis.

www.ingramcontent.com/pod-product-compliance
Lightning Source LLC
Chambersburg PA
CBHW071345280326
41927CB00039B/1786